中国农业大学国家农业农村发展研究院研究专著系列

问道乡村振兴

刘 奇◎著

中国农业出版社

北京

图书在版编目（CIP）数据

问道乡村振兴 / 刘奇著. —北京：中国农业出版社，2023.2（2023.3重印）
ISBN 978-7-109-30452-9

Ⅰ.①问…　Ⅱ.①刘…　Ⅲ.①农村－社会主义建设－研究－中国　Ⅳ.①F320.3

中国国家版本馆 CIP 数据核字（2023）第 029293 号

中国农业出版社出版
地址：北京市朝阳区麦子店街 18 号楼
邮编：100125
责任编辑：闫保荣
版式设计：小荷博睿　　责任校对：吴丽婷
印刷：北京中兴印刷有限公司
版次：2023 年 2 月第 1 版
印次：2023 年 3 月北京第 2 次印刷
发行：新华书店北京发行所
开本：700mm×1000mm　1/16
印张：17.25
字数：248 千字
定价：68.00 元

目 录

CONTENTS

「留住乡愁」

别让农民不食人间烟火

乡村治理从整治环境入手，抓住了问题的关键。环境是一个地方的脸面，一乡一村、一家一户，如果环境脏乱差，不要说与现代文明接轨，连古人的传统都没有继承发扬好。"黎明即起，洒扫庭除"，这是先辈们代代相传的每日必修课。眼下，一场旨在提高农民生活品质的环境治理风暴正席卷全国，乡村面貌焕然一新，成效大显。但一些地方脱离现实，为环境而环境，不顾农民的生产生活，强推一些"高大上"的做法，农民对此很反感，社会上也颇多微词。

"房前屋后，种瓜种豆"，这本是农民祖祖辈辈形成的一种生产生活模式。它的最大好处就是农民利用零碎的空闲时间就近解决自给自足的生活需求。但一些地方却只让种植花草，不许种瓜种豆。农民大把的闲散零碎时间被浪费，却还要花钱去集镇上买各种蔬菜，既要花钱，又不方便。

"采菊东篱下，悠然见南山"，想必陶渊明东篱的篱笆一定是一些废弃的竹木柴草所编，废物利用，整洁美观，古往今来多少文人墨客对那一道篱笆无限倾情。而当下，一些地方对村民院落的篱笆有明确要求，不得使用竹木柴草，有碍观瞻，必须使用漆成白色的木条或塑料片。一边是可以利用却不让利用、又无处堆放的废弃物，一边却又要花钱购买别的东西，农民只有叹气摇头。

鸡鸭鹅成群，猪牛羊成圈，曾是体现农民富裕之家的写照，而今有的地方和乡村为了环境，禁养家禽家畜，再也见不到这种景象了。从生活方式看，农民的肉蛋奶需求就是来自这些自己喂养的禽畜，不让养，农民便断了方便、廉价的食物来源。从生产方式看，植物是生产者，禽畜和人是消费者，人以消费种子果实为主，禽畜以消费茎叶为主，然后人禽畜粪便再还田作为下一轮生产的肥料，这是一个大自然安排的生态循环规律，没有家家户户养殖禽畜的消费，便打破了这一自然规律。集中养殖是适应现代化工厂化生产的新方式，问题是集中养殖后的粪肥到不了家家户户的田里。化肥农药猛上，土壤质量下降，难以保证农产品的优质。

联合国世卫组织把厕所定义为："人类最廉价的医药"，厕所改造对于改善卫生条件、提高人的健康水平尤其重要，但必须根据客观条件，以科学适用的方法予以改造，一些吃水像吃油的地方也要求装抽水马桶，一些冬天长达半年滴水成冰的地方也装抽水马桶，这就脱离了实际。即便用水充足的地方，农民也心疼用水，他们幽默地说：早晨起来一泡尿，马桶一按，一角钱没了。

桃李杏柿枣梅樱，绕村四季花果香。一般农家房前屋后都要栽植多种果树，一是自用方便，二是美化环境。但一些地方却要求整齐划一，要么全村都种常青树，要么全村都种一种果树，农民没有选择权，不仅造成景观单调乏味，也使人们多品种多口味的水果需求化为泡影，即采即食，新鲜方便的生活方式烟消云散。

袅袅炊烟，依依乡情。炊烟是乡村的独特景观，一曲经典的《又见炊烟》，勾起无数人的乡恋乡情。但凡人居处，皆有炊烟起，有炊烟就有熟食，而吃熟食是人和其他动物的重要区别。进入农业文明以来，人们以农作物秸秆烧煮食物，然后把焚烧后的灰烬还田做肥料已成习俗，这是处理农作物秸秆除喂养牲畜之外的第二条途径，这种生活方式造成的空气污染，比起压茬秸秆无处堆放带来的环境污染可谓微乎其微。而今一些地方却下令不准烧柴草，只准烧天然气。农民调侃说，这真是不食人间烟火，要成仙了！

改善人居环境，提高生活质量，农民拍手称快，但好事一定得办好，上述种种，究其原因，大体有四个方面：

一是脱离实际的城市思维。制度设计者久居城市，不了解乡村，只以城市人的视角和思维考虑问题。从生活空间看，农民的家里需要放置如铁锹、水桶、绳索、扁担等一些随时备用的简单农具和临时堆放刚刚收打下的农产品，大多数人家还要放置如机动三轮车等小型农机具，而市民不需要这些。从生活方式看，市民随时可到遍布市区的超市采买生活用品，但农村各种配套服务设施还很不完善，即便服务齐全，就目前农民的收入水平看，也无力承担超出支付能力范围的费用。对于有些日常消费的生活必需品，如瓜果蔬菜，大多还是在庭院附近自己种植，等等。以城市思维设计农村的制度必须改变，把选择权交给农民，让农民为自己谋划，才能使他们在乡村振兴的征程上不断增强获得感、幸福感。

二是追求极致的"仙境"思维。仙境是人类理想的乌托邦，只能见于文学作品中的描写。在那里：山清水碧，地绿天蓝，云蒸霞蔚，清气怡神，玉宇琼楼，纤尘不染，处处泉水叮咚。理想不是现实，用理想做标准要求现实注定不会成功，也将遭到社会的诟病。经过举国上下多年的拼搏努力，到2020年脱贫攻坚决胜之后，中国农民才刚刚摆脱贫困，在这样的背景下要求建设一个仙境般的新农村，不现实，不可能，更没必要。实实在在、脚踏实地，摒弃子虚乌有的仙境梦，尊重常识，尊重现实，因地制宜，循序渐进，因村施策，让乡村充满烟火气，让农民真有幸福感，才是乡村振兴的要义。

三是过于重视形象的政绩思维。为官一任，造福一方，这是每个为政者的追求。在一个地方当官几年，总要弄出点名堂，造出点政绩，于是急功近利者便从人造形象工程打主意。形象工程与政绩工程是一对孪生姊妹。追求政绩是对的，但要树立正确的政绩观，所出政绩要经得起实践的检验、民众的检验、历史的检验，那种不顾群众需要和当地实际，不惜利用手中权力大上劳民伤财、浮华无效工程，好大喜功，纯为自我标榜的政绩，是虚浮的政绩，不光群众反感，也害人害己，多有后患。

四是整齐划一的军事思维。中国的乡村经过数千年的历史积淀，形成了方方面面既丰富多彩又符合规律的自然生态和社会生态两大系统，山水田园、路树沟渠、屋宇院落，都经历了时光的磨洗、环境的考验、习俗的应对、物种的竞择，都具有存在的合理性。为了适应所谓现代文明的生活方式，一些地方强行拆旧村建新村，房屋都盖成一个模式，绿化都栽植一个树种，道路横平竖直，禁养各类禽畜，几千年厚重的历史没了踪迹，多姿的文化淹没于单调的空间，"诗意的栖居"变成了乏味的存在。这种现象不是对传统文明的继承，而是对传统文明的破坏。

（本文原载于《中国发展观察》2019年第20期）

"乡愁"十脉

"让城市融入大自然，让居民望得见山，看得见水，记得住乡愁。"中央城镇化工作会议以诗化的语言为社会提出一个宏大的哲学命题。乡愁是什么，乡愁是游子对故乡记忆的眷恋和思念，愁之所生者多元，有"独在异乡为异客，每逢佳节倍思亲"的游子之愁；有"偶闲也作登楼望，万户千灯不是家"的民工之愁；有"日暮乡关何处是，烟波江上使人愁"的文人之愁；有"若为化得身千亿，散向峰头望故乡"的士大夫之愁；不论哪种愁，其源盖出于异乡的孤独、思乡的愁苦、归乡的尴尬和盼望旧景重现的期冀。"乡愁"其实是"城愁"，是从乡间走到城市里的那个群体在"愁乡"，他们不光"愁乡"，且因找不到融入感也"愁城"，陷入"回不去的乡村、进不去的城"的困境。"乡愁"因"城愁"而生，"愁城"因"愁乡"而起，"乡愁"的完整意义应当是"城乡之愁"。概而言之，"愁"出十脉。

一愁被城市一元文化包裹。身居水泥森林之中，拥挤的空间、阻塞的交通、污浊的空气、充耳的噪声，不胜其烦，不胜其扰，不胜其愁。城市人口的集聚，来自天南海北，每个人都承载着自己家乡各具特色的文化走到这里，而这个陌生人社会需要的却是用一元文化的模式来"化人"，让所有在这个环境中生活的人必须去掉家乡味，用这个被格式化的标准改造自身，适者才能生存。这种单一的文化对于从熟人社会走来的群体而言，是呆板的、单调的、生硬的、冰冷的，失去了乡村文化的多元、自由、和睦、温情的特性。"家家包铁栏，户户装猫眼。电话聊千户，不与邻家言。"是城市人现实生活的写照。这种由乡而城的两种文化冲撞，自然产生"暝色入高楼，有人楼上愁"的况味。

二愁"小桥流水人家"的故乡风貌何以得见。"谁不说俺家乡好"、"月是故乡明，人是故乡亲"这是中华民族融化在血液中的传统文化。故乡不论贫穷或富有，落后或发达，是自己可以骂一千遍也不许别人骂一句的地方，家乡的颜色、家乡的声音、家乡的味道、家乡的情调、家乡的一草一木、一山一水都镌刻在每个人大脑的"硬盘"上，不管身居何处，常会触景生情，常于梦中浮现，这是有着几千年农耕文化的中国人有别于其他民族的一种特殊情感，下至黎民百姓，上到达官贵人，不论官多大、多富有，大体如是。刘邦虽然贵为天子，但也未能免俗，在当了12年皇帝之后的公元前196年10月，回到故乡沛县住了20多天，天天大宴乡邻，并意气风发地唱出了"大风起兮云飞扬，威加海内兮归故乡"的千古名句。每个从故乡走出去的炎黄子孙，尤其身居闹市者，思乡念家自是情理之中，他们思念"绿树村边合，青山郭外斜"的美景，思念"明月松间照，清泉石上流"的宁静，思念"倚杖柴门外，临风听暮蝉"的闲适，思念"采菊东篱下，悠然见南山"的淡然，那些住胶囊公寓、蜗居的大学毕业生和农民工尤其愁肠百结，乡情倍增。电视里和各种媒体报道中"灭村运动"如火如荼，赶农民上楼的呼声一浪高过一浪，"农村脱农"的谋划一地比一地现代，似乎农村无农才算过瘾了，那些人哪里知道农业文明是与工业文明、城市文明并行不悖的一种文明形态，是人类文明的三大基本载体之一。"灭村运动"喊声震天，异乡游子心惊肉跳当属自然。

三愁承载几千年文明的物质文化遗产的消逝。在意大利、希腊等欧盟诸国，几千年的历史遗存、文物古迹，保存完好者屡见不鲜，而在中国想找到明清时代的这类完整建筑已属凤毛麟角，更不要说宋元、汉唐、先秦了。据第三次全国文物普查称，近30年来有4万多处不可移动文物消失，其中半数以上是毁于拆迁。中国的村庄2000年时约有360万个，到2010年十年间，减少到270万个，平均每天差不多要减少300个，全国除港澳台外的31个省份上报传统村落11 567个，首批入选的才648个，其余不能入选的如靠地方保护，其命运难测。传统古村落的保护尚且如此，那些零星分布于数以百万计的村落中的古旧建筑、石雕、木雕、文物古迹乃至衣着服饰更是可想而知，它们正遭受建设性的破坏、开发性的毁灭、商业旅游性的改造。有着几千年文化艺术积累的民族传统建筑得不到保护，却不惜巨资建造"求高、求大、求怪、求奢华气派"的荒诞建筑。2013年11月22日，"中国当代建筑设计发展战略"高端论坛在南京召开，中国建筑界的高层官员、学者、设计者几乎悉数到场，工程院院士沈祖炎以详尽的数据"炮轰"有的建筑铺张浪费惊人，应一票否决。会议执行主席程泰宁称它们是"反建筑"的建筑，这情景世界罕见且极易传染。此风近几年正由城而乡劲吹，全国8 000多个超亿元的村，有些建大高楼、大广场、大雕塑的投资花费惊人。祖先为我们留下的极其珍贵的物质文化遗产，本该很好地继承保护，这才是有价值的文明产物。但在一些人的头脑里，一切都该推倒重来建新的，这样才能展示自己的才华和业绩。我们有些干部如果到英国牛津剑桥去看看，可能会认为那里没有现代气息，那么多古旧建筑太丢脸，该拆掉重建。在这种荒谬逻辑指导下的中国物质文化遗产的命运，怎不令人发愁！

四愁非物质文化遗产的承继断了"香火"。全世界都十分重视保护非物质文化遗产，而中国对物质文化遗产保护尚且如此，对非物质文化遗产的保护更是乏力。但却舍得花巨资大建没有多少文化含量的"非文化物质遗产"。中华文化的历久不衰、薪火相传，大多仰仗于流布乡村的非物质文化。大到世界上独一无二、放之四海而皆准的农业哲学思想"天时地利人和"；中到农业税收制度、土地制度、农户管理的村社制度，农业生产中的稻鱼共生、猪沼鱼、草灌乔、立体、循环、生态等经济模式，动物的杂交、鲤鱼通过转基因分离出金鱼等技术；小到民风、民俗、方言、礼仪、节日、节令、时序、民族、杂技、地方戏、中医药、传统乐曲、传统手工艺等，乡村中蕴藏着的非物质文化遗产是一个巨大的科学技术和文学艺术宝库，如今在"快文化""洋生活""超时空"的现代生活方式引导下，这个宝库不要说开发利用，大多无人延续，其消失的速度十分惊人。日本之所以在不长的时间里能以科技立国，赶上发达国家的技术水平，与日本十分重视非物质文化遗产传承的理念密切相关。当今世界，美国以高新技术胜，中国以数量居首胜，日本则以历代传承的精巧工匠胜。一项技艺只要社会需要，哪怕不赚钱，几十代人一脉传承，百年老店，甚至千年老店遍布全国，这是非物质文化遗产传承最具体的体现。13亿人的中国历史上流传至今的百年老店已是屈指可数，而且不少还在迅速消亡，这是民族的悲哀。2亿多农民工涌入城镇寻找生计，剩下的"386199"部队自顾不暇，谁来承接祖先几千年来留给我们的非物质文化"香火"。纵观人类历史，城市只是晃动在人类眼前的诱惑，乡村才是链接人类心灵的脐带。如果只知道从乡村索取食物，索取肉体的营养，不知道从乡村汲取传统，汲取精神的营养，人们所追求的现代文明将只是空中楼阁。

五愁"近乡情更怯，不敢问来人"的窘迫。怕"物是人非事事休"，会"欲语泪先流"。作为"少小离家老大回"的游子，面对急剧变化的时代大潮，不知故乡近况如何。"朱雀桥边野草花，乌衣巷口夕阳斜。"沧海桑田，物换星移，那儿时玩伴还在吗？他们生活得怎样？过去那种勤劳不勤奋、勤俭不节约、艰苦不奋斗的状况有多大改观？他们中还有新时代的"闰土"吗？有走遍天涯海角，带"半身"城里人的洋气，说着地方普通话的当代"阿Q"吗？有被改造成"杀马特"的流行青年吗？有会经营、善管理、懂技术的新型职业化农民吗？有富压一方的"新土豪"吗？那村头的老槐树还在吗？那是全村人集会的场所。那村中的祠堂还在吗？那是村里人祭拜祖先的去处。那婚丧嫁娶的复杂礼仪，热闹场景还像当年吗？太多的回味，太多的问号，太多的牵挂。这也许是一个为了追求天堂般美好理想而颠沛流离半生的游子之愁。对于人类而言，最容易创造的神话就是天堂，不知道该怎样度过一生的普通人往往经不住发明者的诱惑，跟着追梦，结果丢下了有毛病的故乡，也没能住进没毛病的天堂。人间的许多悲剧往往就发生在为了建造一个个完美天堂而抛弃了自己的故乡。不爱故乡的人寻找天堂，热爱故乡的人建设故乡，人人都爱故乡，到处都是天堂。

六愁亲善和睦的乡邻关系是否依旧。"开轩面场圃，把酒话桑麻"

的相见，亲情依依；"待到重阳日，还来就菊花"的邀约，温情脉脉。问题在于那张旧船票还能否登上今天的客船。传统兼业化的小农家庭与多样化的村社功能有机组合，使乡村自治权力结构下产生一种"自治红利"，使乡村成为邻里相望的伦理共同体，这是一种巨大的"家园红利"，是中华民族一笔独具特色的取之不尽用之不竭的无形资产。"家园红利"的向心力、归属感使人们不致因外部的福利更优厚而轻易选择离开。目前这种任由城市去"化"农村的城市化，打破了根深蒂固的农户理性和村社理性，打破了沿袭几千年的道德纲常。亲睦和谐的诚信体系和熟人社会的道德纲常是维系基层社会治理的基石，义为人纲，生为物纲，民为政纲是基本原则。处于转型中的中国正面临重建新纲常的艰难挑战。人口大流动、物欲大泛滥、文化大冲撞，导致乡村礼法失范，敬畏感缺失，羞耻感淡薄，价值观混乱，潜规则盛行。报载，广西某村女童被多名中老年人性侵，其父得知真相报警，10人被判刑，其后女童及其家人遭到全村人的敌视，认为都是她把那么多人送进牢里。中国传统农村社会是一个"礼治"的社会，这里已看不到合乎礼治的行为规范，长辈性侵晚辈，即使在封建社会也是罪大恶极，十恶不赦，一定会受到族规家法的严惩，而在今天的这个村庄里，竟然出现了这套荒唐无耻的价值标准。令人不安的是，这套荒诞不经的价值观，岂止这一个村庄！岂止这一个方面！我们不禁要向尚存的270万个村庄发问，那种"相见无杂言，但道桑麻长"的诚挚无邪，那种"能与邻翁相对饮，隔篱呼取尽余杯"的邻里亲情，不知还存在多少？

七愁谁在误读城镇化。城镇化的本意应是不论你在哪里生活，都能享受到与城市一样的公共设施和公共服务。城镇化不是赶农民上楼。农民的生产生活方式与城里人不同，他们远离集市，不像城里人下楼即可买到想买的东西。他们需要在房前屋后利用空闲时间种瓜种菜，养点家禽家畜，以供自用，他们需要有存放农具的场所、晾晒农产品的场地，不像城里人夹个皮包下楼坐车上班，生产工具充其量只需一台电脑。赶他们上楼，生活条件是改善了，可生活成本却大大提高了，本来就不富裕的农民承受不起猛增的巨大生活成本，用他们的说话，早晨起来一泡尿，马桶一按，一角钱就没了。本来可以用于解决自给自足的大量空闲时间也白白流失，上楼的农民闲暇时间找不到用武之地，无所事事，倍感空虚。他们热切盼望在改善生活条件的同时，尽快改善生产条件，尤其粮食主产区的农田水利等基础设施和公共服务，是关涉国家粮食安全的根本问题。城镇化不是消灭村庄。乡村既是食物资源的供给者，也是几亿人生活和精神的家园；既是城镇化廉价土地的供给者，也是生态环境的保育者；既是内需市场的提供者，也是新兴产业的发展地；既是传统文明的载体和源头，也是现代文明的根基和依托。乡村与城镇的关系就像一对夫妻，各自承担着不同的功能，谁也不能取代谁。城镇化不是把农民都迁到大中城市。发展小城镇是解决农民就地就近城镇化的最佳途径，中国13亿多人如果都涌到大中城市，其后果将难以想象。即使在发达国家、小城镇也是主体，美国3万人以下的小城镇多达34 000多个，10万人以下的小城镇占城市总数的99%，10万到20万人的城市131个，3万到10万人的有878个。德国10万人以下的小城镇承载着60%以上的人口。由于城市病的泛滥，在欧洲及南美洲逆城市化的人口回流农村已成趋势。德国有40%多的人口居住在农村和城市近郊，整个欧盟的最新数据统计，居住在农村的人口高达58%，只有42%的人口居住在城市。中国的城镇化何去何从，需要有一个清醒的认识。

八愁"田园组团"和"建筑组团"交叉展开的现代城市理念何日在中国落地生根。这是解决"乡愁"的一剂良药。"逆城市化"现象的发生为未来城市建设提出了一个崭新的课题，城市建设中如何把农业作为城市生态的有机组成部分，以有效提升城市环境生态质量是发达国家正在探索实践的新思路。巴黎市提出，要通过城市文明与农耕文明的交替迭现，满足市民越来越浓的回归自然的田园兴趣，方法就是把"建筑组团"和"田园组团"错杂排列。伦敦的城市农场和社区果园遍布学校公园，农作物一直种到市民的院落和阳台。日本的市民农园已超过3 000家，仅东京就有几百家。新加坡在城市发展中保留一半的面积作为农业用地，这些农业用地与城市建成区绿地相互渗透，形成了极富特色的城市优美风光。"都市中的田园"和"田园中的都市"相映成趣，使人们在现代文明中体验着传统文明，在传统文明中享受着现代文明，让两个文明不仅没有"割裂"，而且在互相交融、相互依存中共生共荣，同步发展。这种两个组团交叉展开的城市发展新理念，不仅可以稀释久居城市的游子的乡愁，同时还可具有科普教化功能，让城里长大的孩子和广大市民有机会参观体验参与农业生产，使他们知道动植物的生长过程，了解生命的来之不易，从而懂得珍惜生命，不做或少做那些违背规律的荒唐事。

九愁谁来建构"草灌乔"的城市文化生态。这是缓释"乡愁"的添加剂。一个良性的城市文化生态应该是精英文化、大众文化和草根文化"草灌乔"结合的多元体系。现在各大中城市都在投巨资建造豪华甚至超豪华的歌剧院，在发展"精英文化"上费尽苦心，而对于大众文化、平民文化、草根文化的发展却摆不上议程，投资甚少。在一些人头脑里，似乎高档次的、世界一流的歌剧院才是主流文化，才是自己政绩和才能的代表。在这种理念的指导下，使本来就投入不足的城市文化建设只向精英层偏斜，而适合大众口味、平民口味、草根口味的文化建设很少有人关注。尤其是那些背井离乡进城打工的农民，高档歌剧院看不起，也不愿看，适合自己的大众化文化又极其贫乏，工余时间，无所寄托。无事则生非，打牌、赌博、酗酒、混迹色情场所者屡见不鲜。矫正理念，少一些只供少数人享受的"阳春白雪"文化，多一些适合底层社会自娱自乐的"下里巴人"文化，如图书阅览、书法绘画、乡村歌舞、杂技戏曲等，让大众文化、草根文化成为城市文化主体主导主流，是一个城市活力和城市精气神的体现，也是城市文化丰富多彩的象征，它可以让占人口绝大多数的中下层社会找到精神栖居之所。

十愁本真时间意识何日回归。德国哲学家海德格尔曾把时间分为两类：一类叫本真时间意识，一类叫流俗时间意识。所谓本真时间意识具有三维结构，即过去、现在和将来，三者是一个相互渗透、相互勾连、相互缠绕又相互重叠的统一体，三者的关系恰如一座演出剧目的舞台。"现在"是舞台中央正在上演的一场，"过去"是已经演过的上一场，"未来"是即将出演的下一场。有了上一场的背景铺垫，才有了这一场的精彩呈现，进而发展出下一场的趋向结果。具有本真时间意识的人们常常回首来路，端详眼下，眺望将来，遵循事物的规律，用"历史的耐心"从从容容地走好每一步。流俗时间意识则割断了过去、现在和未来三者之间的联系，心目中只有"现在"，不愿回忆"过去"，无暇思考"未来"，一切聚焦现在。以"活在当下"为生活目标，且对当下来不及感受、来不及感动、更来不及感悟，生活的轴心就是紧盯眼前、急于求成、急功近利、及时行乐，"今日有酒今朝醉"。"只要垒起金山银山，哪管日后洪水滔天"是流俗时间意识者的座右铭。在流俗时间意识里，"过去"被删除，人们失去回忆，乡愁便没了生处；"未来"被无视，人们失去畅想，乡愁便没了盼头。从这个意义上说，流俗时间意识让乡愁消解、让生活凝固、让人们的期盼和向往死亡。"今人还照古时月，今月曾经照古人。古人今人皆作古，古月依旧照来人。"今古一脉，光阴不会以人们意识的有无而消逝。今天，时间被压缩成"前不见古人，后不见来者"的一座现代孤岛，人们无忆可追、无念可想、无思可恋、无梦可盼，思维枯竭，想象中断，怎不令思想者"念天地之悠悠，独怆然而涕下"！如何让社会回归理性，让本真时间意识重新引领人们的世界观、人生观、价值观，自然是当下思想者的"愁"中之"愁"。

故乡是每个中国人都急于挣脱，挣脱后又天天怀念的地方。这就是人生旅途中对家乡的情感纠结。乡情和爱情一样是中国人永恒的主题。这里有一个宏大的哲学命题摆在我们面前，今天的乡村是前线还是后方，农民进城是攻入了城市还是撤退到了城市，值得我们思考。今天中国的乡村是时代的前线，是灵魂的后方。说它是前线，因为三农是全社会聚焦的焦点；说它是后方，因为每个从那里走出来的人都会时时泛起挥之不去的怀念。今天，社会生态在退化，城市建得越来越漂亮，乡村变得越来越凋敝，但人们在城里想找口饭吃却越来越难了，尤其穷人更难，他们的乡愁自然会更浓。

城镇化是文明社会化的基本特征。当下中国，城镇化还远远不够，还需要不断向前推进，但是，推进城镇化不是建立在一刀切地消灭村庄的基础上。只要人类还需要粮食，就必须有一定的村庄保有量。应充分认识乡村的价值，没有乡村，就没有城市，城市的存在是以乡村为基础的，乡村是城市的源头活水。上海世博会以城市为主题，但在世博会上却开设了一个乡村馆，它以宁波滕头村的生动实践告诉人们：城市让生活更美好，乡村让城市更向往。"浮云游子意，落日故园情"，一个人的一生其实就是对故乡的两个"真好"的感叹：年轻时，终于离开家了，真好！到老年，终于又回到家乡了，真好！"乡愁"贯穿于人生这段从"离"到"归"的全过程，但如"归"后已找不到往日的记忆，"乡愁"将变成无尽的延续。"乡愁"是中华文化之根之源，中央提出城镇化的发展，要让居民"记得住乡愁"，这是顺应世情人心的卓见，这是对承继传统文化的呼唤，这是对中华民族须保根护源的告诫。

我们无法阻挡乡村的变化，但我们必须留住乡村的文化。

（本文原载于《农民日报》2014 年 3 月 25 日）

「粮食安全」

以大食物观统筹粮食安全

2020 年以来的新冠肺炎疫情，催发了世界各国对粮食安全问题的高度关注。部分地区出现恐慌，部分粮食出口国甚至出台严格的粮食出口管控措施。面对波诡云谲的国际大势，我国应提高警惕，站在大食物安全观的高度，多措并举、全方位保障食物安全供给。

在强调粮食安全的同时，把粮油菜肉蛋奶、鱼虾蟹食用菌及瓜果类等一切有营养、利健康的可食之物，作为一个整体范畴纳入考量并作出全面部署，树立大农业、大食物的观念，已成为全社会面临的新课题。

一、多元化保障食物供给

大食物安全观不但要满足对能量摄入的总量需要，还要满足人们日益多元的食物消费需求，必须多向度提升食物保障能力。

不但要保障主食产品供给安全，还要保障副食产品供给安全。当前我国最大的副食缺口是食用油，植物食用油自给率仅约 30%。随着单边主义、保护主义抬头，国际贸易摩擦及新冠肺炎疫情影响，进口的不确定性激增，需要在稳步提升常规食用油产业发展的同时，下大功夫深入挖掘植物油生产潜能，大力发展豆油、菜油、茶油等草本及木本油料产业。

不但要开发陆地潜力，还要大力开发水资源潜力。我国拥有 18 000 公里海岸线和大量的淡水湖泊河流资源，水产养殖潜力巨大。2018 年中国水产养殖总产量超过 5 000 万吨，占全国水产品总产量的比重达

78％以上，是世界上唯一养殖水产品总量超过捕捞总量的主要渔业国家。海产养殖也积累了丰富的先进技术和经验。应加大力度，全方位挖掘水生食物供给潜力。

不但要考虑人的口粮，还要考虑饲料用粮。近年来肉蛋奶需求节节攀升，我国城乡居民膳食结构中碳水化合物比例在下降，脂肪供能和优质蛋白质摄入量不断增加。世界范围看，粮食用于口粮、工业和饲料的消费比例大体已形成 4∶2∶4 的结构。目前我国口粮自给率超过100％，但饲料用粮缺口巨大，在我国进口粮食中占比达到 80％左右。2020 年大豆进口首次超过 1 亿吨，应在继续推行大豆振兴计划的同时，积极鼓励饲草及菜粕生产，寻求多元化的产品替代。

不但要开发动植物潜力，还要挖掘微生物潜力。动物、植物、微生物在自然界中相互联系，缺一不可，应重构传统农业植物、动物、微生物封闭的"三物"内循环系统，提高农业的绿色化。让动物、植物、微生物"三物"思维的理念深入人心。从逻辑上看，植物是生产者，动物包括人是消费者，微生物是分解还原者，它把动植物的残渣废料包括人畜粪便分解还原再作为植物肥料进行下一轮生产。没有微生物的参与，便没有农业的生态循环。要大力开发微生物产品，比如食用菌。

二、发挥好种子耕地源动力

种子是农业的"芯片""基因"。我国传统种子资源十分丰富，但开发利用极其有限。尤其与发达国家相比，我国育种工作推进相对较慢：一些仍在大面积推广的粮食品种已经二十多年没有更新换代；青贮玉米、特色玉米、鲜食玉米的种质基本来源于美国；种猪、奶牛、白羽肉鸡等畜禽品种的优质种质也主要依赖进口。

要全方位加大对种业发展的支持力度，推进种业变革。一方面，建设好种质资源库，将我国传统的种子资源基因保留下来。我国已在中国农业科学院建有可保存粮棉油果蔬等 340 种作物、50 多万份保存期 50年以上的种质资源库，同时在青海西宁还有一座复份库，但还远不能适应需求。资料显示，从 1994 年到 2007 年，我国本土猪种市场占有率从 90％暴跌到只有 2％，来自国外的猪种几乎完全占领了中国老百姓的餐桌，大量本土猪种已经灭绝或者濒临灭绝。曾经被誉为"四川回锅肉标配"的成华猪，2013 年的存栏量仅仅有 100 头左右。另一方面，推进种业创新，增加对农业创新的政策扶持和资金支持力度，大力发展分子标记、全基因组选择、基因编辑、分子设计等现代生物育种技术，全力推进种源"卡脖子"技术攻关，打好种业翻身仗。

耕地是农业生产的"命根子"。我国耕地总面积世界第三，但人均耕地面积不足世界平均水平一半，用不到世界 9％的耕地，养活将近世界 20％的人口，这是一个伟大的奇迹，但这个奇迹的背后是对地力的大量消耗。延续这个奇迹，耕地的数量不能减少，质量也不能降低。一定要严守耕地红线，全面落实永久基本农田特殊保护制度，坚决遏制耕地"非农化"，建立起保护补偿机制，确保耕地总量不减少、用途不改变。还要持续加大基础设施建设力度，不断改善和提高耕地的质量。要保护好山、水、田、林、湖、草、空气等农业生产的大环境，重建全社会的"生态道德"。尤其要做好高标准农田建设和粮食生产功能区建设工作，真正做到藏粮于地、藏粮于技。

三、系统思维四措并举

大食物安全观，是重大的民生问题，更是重大的政治问题，除了围绕种子、耕地做文章要效益之外，要有系统思维，多措并举。

积极探索科学生产方式，深挖农业的高效生态潜能。高效生态是未来农业的发展方向。高效就要借鉴现代工业文明的先进技术，生态就要借鉴传统农业文明的精华经验。一是不断提高农业生产科技含量，探索创新无土栽培、水肥一体化、立体种养、工厂化生产、庭园立体生态农业等生产模式。二是强化对农业废弃物的资源化利用，尤其是要提高对秸秆和畜禽粪便的资源综合利用率。三是总结提升一些好的传统生产模式，大力推广套种轮作、立体农业、循环农业等模式，积极发展粮草兼作、农牧结合的种养方式，提高土地利用率。一本被美国农民视为"圣经"的《四千年农夫》，记载的就是中国、日本、朝鲜农民在生态循环农业方面的做法和经验。中国农业理应继承发扬，丢弃传统、邯郸学步只会贻误自己。

坚持标准化品牌化路径，提升食物供给质量。食物安全不仅有"量"的需求，还有"质"的要求。当前我国食物供需的主要矛盾已由总量不足转变为结构性矛盾，城乡居民的需求不只是要买得起、买得到，还要买得如意、买得放心。传统农业生产的不可控性、食品产业大而不强、多而不优和市场信息的不对称等问题，导致我国食物质量安全仍存在诸多隐患，解决这一问题的最有效途径就是要发展标准化和品牌化农业。应不断完善食品标准评价体系，规范推广生产技术，制定以产品标准、试验方法标准、投入品使用准则为主的国家标准体系，支持食品协会提升行业标准，引导有条件的食品企业完善企业标准，推动食品标准体系不断健全。在制度建设方面，更要加大力度制定出台促进农业品牌发展的奖励和保护政策，将品牌的培育和保护纳入法制化轨道，严厉打击假冒伪劣产品，保护品牌形象和利益，集中力量打造一批有竞争力的区域公用品牌和国际知名品牌以及食物产业链链主和价值链链主。

强化流通和预警体系建设，理顺食物供应链。疫情的严峻考验让我们更加清醒地认识到，食物不但要产得出，还要运得走、供得上。加强政府对农业产业运行的宏观调控力度已成当务之急，完善产、加、购、运、储、销供应链，推动农产品全产业链的深度融合发展，有序搞好搞活国内农产品购销是做好国内大循环这篇大文章的关键。要不断完善预警和农业应急管理体系，运用人工智能、大数据、云计算加大对供应链风险的预测力度，健全应急预案和快速反应机制，构建多部门联合联动的全产业监测体系，持续提高农产品安全风险防范应对能力。

着力人才培养，保障人力支撑。劳动力是唯一具有主观能动性的农业生产要素，是农业生产创新发展的源头和动力。但在现代化进程中，我国农村劳动力大规模转移就业，农业劳动力数量不断减少，而且进城务工的农民工多是学历较高的青壮年男性劳动力。2019年的农民工检测调查报告显示，21～50岁的农民工占73.4%，男性农民工占

64.9%。大量劳动力的外流导致农业农村出现严重的人才荒，很多地方从事农业生产的都是五六十岁的老人，他们接受新产品新技能的主观能动性弱，很难跟上发展越来越快的农业现代化进程。未来不光要向耕地要食物，还要向江河湖海要食物，向山林草地要食物，而要广泛开发这些领域，首先需要的是人力资源。鼓励各地内培外引，全面推进人才培养，是保障大食物安全的重中之重。一方面积极培养农业本土人才。按照现代农业发展的要求，以电大、技校、高职院校等为载体，构建职业教育、继续教育、终身教育、农村社区教育四位一体的教育体系，培养一批懂技术、能生产、会管理、善经营、愿服务、留得住的高素质农民。另一方面建立农业人才回流和引进机制。积极鼓励和引导社会人才和资本流入农村。

四、统筹利用两个资源

据测算，满足我国食物消费需求，需要有35亿亩农作物播种面积，但即使算上复种面积，我国的农作物播种面积也只有25亿亩，还有10亿亩缺口，因此要保障食物安全，必须充分利用好国际国内两个市场、两种资源。

国内方面，应继续统筹利用耕地、林地、草原、河湖、海洋等资源，拓宽资源利用和食物来源；还要充分发挥市场作用，充分利用市场化手段调控生产，防止生产与价值的脱节。

国际方面，应积极开展交流与合作，通过租赁、购买土地，合作共建等方式全方位开拓国外可利用资源，鼓励农业企业走出去，打通新的食物供给渠道。

但在引入外来品种的同时，特别应注意生物安全问题。《2019年中国生态环境状况公报》显示，全国已发现660多种外来入侵物种。其中71种对自然生态系统已造成或具有潜在威胁并被列入《中国外来入侵物种名单》。67个国家级自然保护区外来入侵物种调查结果表明，215种外来入侵物种已入侵国家级自然保护区，其中48种外来入侵物种被列入《中国外来入侵物种名单》。一定区域内的物种经历成百上千年的竞争、排斥、适应和互利互动，才形成相互依赖又相互制约的稳定平衡。一旦打破平衡，整个生态系统便发生紊乱。在引入新品种之前要充分论证其对生态环境的影响，坚决杜绝可能对本地生态带来负面影响的国外物种。

（本文原载于《瞭望》2021 年第 5 期）

遏制"五非"藏粮于地

"藏粮于地、藏粮于技"是国家战略，能否科学合理可持续利用耕地是关系到国家粮食安全，关系经济社会发展大局的根本之策。近年来，党中央、国务院多次发布重要文件，对保护耕地良田提出明确要求。2022年中央1号文件更是明确提出要落实"长牙齿"的耕地保护硬措施，但由于粮食生产比较效益低，耕地使用不规范、撂荒、地力破坏等问题依然存在，有必要出重拳、下猛药，坚决遏制耕地的非农化、非粮化、非耕化、非"绿"化和非劳化现象，确保"藏粮于地"的国家战略落到实处。

一、落实和监管并重，遏制"非农化"

由于利益驱使，非农化问题屡禁不止，自然资源部每年公开通报非法占用耕地典型案例数百起。第三次全国国土调查主要数据成果显示，目前我国耕地面积19.18亿亩*，近10年间耕地面积就减少了1.13亿亩，平均每年减少1 000多万亩，如果按照这个速度减少下去，再过十几年就会突破18亿亩耕地红线。我们已经退无可退，必须全面落实永久基本农田特殊保护制度，坚决遏制耕地"非农化"，完善保护补偿机制，确保耕地总量不减少、用途不改变。我国目前600多个城市占地约6万多平方公里，加上县城及乡镇驻地建成区面积总计已达12万多平方公里，按照国际标准每平方公里一万人的密度，可容纳12亿多人，

---

* 1亩＝1/15公顷。

即使一点不再增加，也足以实现80％以上的城镇化率用地。遏制非农化用地应实施统一领导，分级负责，条块结合，层层压实，责任分解从严从细从实。在监管中，严格源头管控，强化过程监管，依法依规、科学有序推进耕地保护与土地开发利用。要对新增自然资源违法违规问题"零容忍"，严格控制耕地"非农化"增量，并对存量问题摸清情况，从实际出发，有序推进分类稳妥处置。同时，结合数字化手段，提升监督管理效能。结合遥感技术，充分利用信息化手段加强耕地"非农化"监督管理。在省级或地市级层面建立耕地信息数据库，利用地理信息系统、大数据、卫星遥感等现代信息技术，对县市区排查上报的台账数据，与基础GIS地图对比、分析、标注，进行深度检验审核，再对数据进行矢量化后批量入库，形成耕地信息一张图。

二、保粮与增收兼顾，遏制"非粮化"

我国耕地总面积位列世界第三，但人均面积不足世界人均水平的1/3，必须将有限的耕地资源优先用于粮食生产，确保谷物基本自给、口粮绝对安全。但是，由于种粮的比较效益低，地方政府和农民主动种粮的积极性都不高，"非粮化"问题在不少地方比较突出。尤其是随着生产力的提高，城乡人均工资不断攀升，与外出打工和经营经济作物相比粮食生产的效益越来越低，三大主粮的利润甚至一度为负，产粮大县往往是财政穷县。想要防止耕地"非粮化"，就要继续增强粮食生产的政策扶持力度，加大对产粮大省和产粮大县的财政、金融、保险等政策资源支持力度，健全种粮农民补贴，增强基层政府抓粮和农民种粮的内生动力。同时，要探索形成与粮食生产挂钩的补贴机制，健全中央和粮食主销区对粮食主产区的利益补偿机制，提高粮食在确定财政转移支付规模中的权重，激发地方政府和生产经营主体重农抓粮积极性。应清醒地看到，粮食安全是国家关心的事情，不是农民关心的事情，农民关心的是如何实现收益的最大化，一旦种粮不赚钱，农民就会选择"非粮化"，提高种粮农民收入才是解决问题的根本之策。

三、引导与服务并举，遏制"非耕化"

所谓"非耕化"，即农田"撂荒"，不再耕种。这种现象在一些山区、丘陵等地块零碎的地方比较突出。"非耕化"成因主要在于耕作不便、人力不足、效益不高等因素。建议对连续多年撂荒的耕地，乡村干部要与承包户沟通，讲清土地资源有限、种好地是承包者的责任义务的道理，如不及时改正，应由村集体经济组织表决通过后，收回并重新发包。在撂荒比较严重的地方要加快构建以公共服务机构、合作经济组织、龙头企业为骨干，其他社会力量为补充的新型多元化农业社会化服务体系，并充分发挥其在农业生产和耕地保护中的作用，采取财政扶持、信贷支持、税收优惠等综合措施，重点扶持供销社、农技推广站、合作社、合作经济组织开展公益性服务和经营性服务相结合、专项服务和综合服务相协调的农业社会化服务，鼓励其主动承担"撂荒"地的生产服务。还可以通过政府购买的方式支持具有一定资质的经营性服务组织从事可量化、易监管的耕地开发和耕地保护等公益性服务。同时，要加快小型智能农机具的研发推广，缓解人力不足。山地丘陵撂荒严重的一个重要因素就是缺乏适宜小块土地耕作的各类智能化农机具，国家应组织力量重点研发推广。

四、理念与实操齐抓，遏制非"绿"化

所谓非"绿"化，即违背绿色化发展的理念，损害耕地质量的发展方式。解决非农化、非粮化、非耕化问题都是从"量"的方面考量，非"绿"化则是从耕地"质"的方面考量。我们用不到世界 9％ 的耕地，养活将近世界 20％ 的人口，这是一个伟大的奇迹，但这个奇迹的背后是对地力的过度消耗，如果想要延续这个奇迹，耕地的数量不能减少，质量更不能降低。近年来，在各方努力下，耕地质量有所恢复，但有待继续恢复的空间仍然巨大。《2019 年全国耕地质量等级情况公报》显示，耕地分为十个等级，基础地力较高（1～3 等级）的占比只有31.24％，中低质量耕地高达 2/3 以上。因此，要坚决贯彻"绿色化"

发展的新理念，高度重视耕地保护，多措并举，不断改善和提高耕地质量。应像重视非农化问题那样重视非"绿"化问题，把土地质量考核列入各级主官任期目标考核，只能提高，不能降低。一是变植物动物的"二物思维"为植物、动物、微生物的"三物思维"。三物循环利用是农业的基本业态。植物是生产者，动物包括人是消费者，微生物是分解还原者，它把植物动物的残渣废料包括人畜粪便分解还原作为植物的肥料进行下一轮生产，这是农业生产的基本规律，"石油农业"发端以来，化肥农药的大量施用，把微生物排除到循环圈之外，土地质量严重下降，一亩好的土壤应有十多万条蚯蚓，300千克的真菌细菌，5%～12%的有机质含量。当下，我国有些地方的土壤有机质含量还不到1%。因此应调整思维方式，强化微生物肥料的开发和在耕地保护中的应用，为土壤修复和可持续利用打牢基础。美国的生物肥已占总用肥量的50%多，我国仅占10%左右。二是强化监管和评价，落实耕地保护共同责任，严格耕地质量保护责任监督考核，并加强黑土地保护、轮作休耕等重点区域耕地质量监测，推进耕地质量等级评价，推进检测体系建设。三是推广应用土壤改良技术模式，针对土壤酸化、盐渍化及设施蔬菜土壤连作障碍等突出问题，探索示范土壤改良、地力培肥、治理修复等技术模式。

五、劳动比财产优先，遏制非劳化

土地首先是生产资料，其次才是财产，土地本身不会创造财富，土地只有通过劳动才能创造财富，产生价值。因此，深化农地制度改革首先应保护生产者的生产权，对于不通过劳动创造财富随意圈占土地的行为应予禁止，对于长期靠出租土地不劳而获的行为应逐步限控。一些发达国家在土地制度设计上，就充分体现了劳动权大于财产权，一个农场主的土地是自己的，但如果子孙想继承财产持续经营农场，必须取得职业资格证书，否则必须另聘懂技术、会经营、善管理具有职业资格的CEO从事农场经营。土地是稀缺资源，且不可再生，最大化地利用土地资源是人类面临的共同课题，而只有体现劳动权优先的制度设计才能促进土地最大化地创造财富。我们是社会主义制度，这一制度的优越性就在于彰显劳动创造财富这一永恒真理；彰显劳动创造幸福这一高尚情操；彰显劳动最光荣这一价值取向。尤其在人多地少这一刚性资源约束不断加剧的国情背景下，更需下大功夫遏制非劳化现象，做活劳动权优先这篇大文章。

保障三大安全是乡村振兴的基础

满足多样食物供给、提供良好生态环境、弘扬优秀传统文化是乡村之于社会的价值所在，保障食物安全、生态安全、文化安全是社会关注的聚焦点、乡村价值的实现点、乡村振兴的支撑点。乡村要振兴，必须以保障三大安全为基础，这是社会的需要，规律的要求，历史的选择，是乡村存在意义的集中体现。

一、食物安全：生存的依托

基辛格曾预言：谁控制了石油，谁就控制了所有国家；谁控制了货币，谁就控制了世界；谁控制了粮食，谁就控制了世界上所有的人。一日三餐，人人需要，这是铁律。尤其一个 14 亿人口的大国，保障食物供给比任何事情都显得重要。前不久发布的 2019 年《中国的粮食安全》白皮书显示，近年来，我国谷物自给率超过 95%，我们依靠自己的力量实现了粮食基本自给，不仅成功解决了 14 亿人的吃饭问题，而且居民生活质量和营养水平显著提升，用现实有力地驳斥了西方"谁来养活中国"的质疑。

由吃不饱到吃得饱，由吃得饱到吃得好，由吃得好再到吃出营养、吃出健康，我们在短暂的四十年里已经跨越了食物供给的几次飞跃。但无论从宏观、中观还是微观层面，食物安全问题远没有真正解决。

就宏观层面而言，乱占耕地、蚕食良田的现象尚在不断发生，人多地少的基本国情决定了死保硬守耕地红线任何时候都不能放松；小农户与现代化如何有机衔接的问题尚未真正破题；一遇旱涝风霜，农业生产即大幅震荡，靠天吃饭的现象尚未彻底改观；农产品价格偏低，农民生产积极性不高，青壮劳动力宁愿进城打工，不愿在乡务农的局面尚未出现转机。可见总量的安全仅仅是常态下的安全，一遇非常态则难保安全。

就中观层面而言，农业供给侧结构性改革，直指问题关键，市场供给的结构性失衡矛盾突出，"大路货卖不掉，好东西难买到"的现象普遍存在。在不少地方，出售的农产品依然"披头散发"（采摘后不加整理）、"赤身裸体"（没有包装，顾客不便携带）、"没名没姓"（没有注册商标，不用牌子）、"来历不明"（没有产地，无法追溯），品牌观念淡薄，对于市场需求仍处于蒙昧状态，缺乏大众需求、分众需求、小众需求、个性需求的基本分层意识，生产的产品缺乏针对性。

就微观层面而言，生态、绿色、有机食品需求旺盛，但生产端农药、化肥、除草剂的过量施用，超标残留现象始终难以杜绝。从思想观念、思维方式上看，很多地方的农业还未走出"石油农业"的老路。消费者想要按常规饲养一年才够出栏的鸡、鸭，而市场上却是 30 多天就出栏的鸡，40 多天就出栏的鸭。吃得放心，吃得安全，尚且让人犯疑，吃出健康就更须多方努力。生产端如此，在加工环节、销售环节也都存在让消费者难以安心的问题。可见食物安全任重道远，马虎不得，小视不得。食物是人类生存的基础，基础不牢，地动山摇。乡村要振兴，打好基础是关键。

二、生态安全：生活的基础

优质农产品的生产需要有一个良好的生态环境，作为高智商的人当然更需要生活在良好的生态环境之中。在我国 960 多万平方公里的土地上，城市、县城以及乡和镇所在地占地面积只有 12 万多平方公里。随着生活水平的提高，生活方式的改变，交通通信的发达，以及城市病的加剧，七八亿拥挤在这十多万平方公里空间里的人们，正纷纷寻片刻安宁，找一片乐土，休闲观光，养生养老，哪怕是吃一顿土菜，买几样土产，钓两条鲜鱼，摘几根黄瓜，也自得其乐，尽兴而归。民谚云：现在是"忙人进城，闲人下乡；穷人进城，富人下乡；为生存的人进城，为生活的人下乡"。虽然偏颇，但也从一个视角折射出某种现实。

自然生态是人类生存和发展的前提和基础，马克思在《1844年经济学哲学手稿》中指出："人靠自然界生活。这就是说，自然界是人为了不致死亡而必须与之处于持续不断的交互作用过程的、人的身体。所谓人的肉体生活和精神生活同自然界相联系，不外是说自然界同自身相联系，因为人是自然界的一部分。"生态安全与食物安全一样具有基础性，马克思的话意在告诫人类，"要像保护眼睛一样保护生态环境，像对待生命一样对待生态环境。"

当下实现生态安全，首先应严以保护。利用法律和政策对现有生态环境予以监管，真正落实好古今中外最严厉的责任终身追究制，还应在全社会建立一套生态道德体系，从学校从娃娃抓起，培养全民生态道德意识。其次应做好修复。对长期以来由于各种因素遭到破坏的生态环境予以修复，让地球不再哭泣，让天空不再发怒。再者应加强建设。运用系统观的思维，采取现代高科技手段，深入研究生物生态圈这个神秘莫测的庞大体系，如何在这个系统中趋利避害，与之和谐共生，是人类永远需要探求的命题。就农业领域而言，当务之急是需要变革农业生态链，从"二物思维"转向"三物思维"。

农业的本质是开发利用生物资源，过去我们的农业主要是开发植物、动物资源的"二物"农业，对微生物的利用也只是菌菇采集、食物发酵等自然阶段。随着科技发展，我们对土地的生物化学认识逐渐深入，今天应改二物思维为三物思维，把微生物的开发利用纳入农业生产的视野。从逻辑上看，植物是生产者，动物包括人是消费者，而微生物是分解还原者，它把植物、动物的残渣废料分解还原再作为一产的肥料进行下一轮生产，没有微生物的参与，什么循环农业、生态农业、绿色农业、有机农业等都只是一个空洞的概念。

从宏观视野上看，绿水青山要保护。从微观层面上看，微生物的开发利用就是对绿水青山的基础性、源头性保护，没有良好的生态链，绿水青山、蓝天白云就难以实现。绿水青山就是金山银山的"两山理论"

已经家喻户晓，妇孺能诵，失去绿水青山，就失去了金山银山，没了金山银山，乡村振兴何谈？

三、文化安全：文明的根脉

2018年发布的《乡村振兴战略规划（2018—2022年）》中指出"乡村振兴，乡风文明是保障"。乡风文明的根基就在于牢牢守住乡村优秀文化，守住了乡村文化就是守住了中华文明的灵魂。乡村振兴战略实施以来，全国上下对文化保护、传承与发扬空前重视，诸多民间文化如舞龙灯、耍狮子、传统戏剧、传统美术、传统技艺、民间曲艺等大量非物质文化遗产不断被发掘、整理和传承。但这些都只是乡村文化的表象，我们需要更全面地理解优秀传统文化，更深入地挖掘表象背后蕴藏的思想理念、思维方式、经验智慧、制度设计等，从文化的本质上予以继承和弘扬。如果只重表象而忽视本质，乡村文化的安全就面临新的挑战。

"天时、地利、人和"在我国可以说是尽人皆知，但很少有人了解它是我国农民通过长期实践总结出来的一套农业哲学思想，被国外认为是放之四海而皆准的人类文明的"黄金定律"，"顺天时，量地利，应人和"成了人们行事的准则，是一条颠扑不破的真理。在乡村振兴实践中，既要尽力而为，又要量力而行；既要因地制宜，又要不失时机；既要统一规划，又要因村施策；既要政府强力推进，又要充分调动广大农民的积极性、主动性。这就是对这一传统思想观念的最好传承和弘扬。

现代工业文化的理念只要求遵循市场规律，赚钱就干，不赚钱不干，由此构建起西方经济学供给需求规律的基础。传统农业文化的基本理念是道法自然，但它需要遵循三个规律，一个是自然规律、一个是社会需求规律、一个是市场规律。春种夏管秋收冬藏就是遵循自然规律，违背自然规律，往往就会事倍功半甚至颗粒无收；农产品是社会必需品，是刚性需求，不管赚钱不赚钱，必须种必须养，这是社会需求规律；农业在遵循前两个规律的同时，还要遵循市场规律，最好能赚钱，不然就难以为继。农业提质增效，适应市场，就是既能满足大众多元需求，又能有利可图，持续发展。因此在农业生产经营活动中，绝不能只以工业文化的理念作指导，以工业文化的思维方式搞经营。

立体种植、间作套种、桑基鱼塘等种养模式是古代农民经验的总结。"人靠地长，地靠人养"，"麦苗盖上雪花被，来年枕着馍馍睡"等是他们的智慧发现。神农尝百草，进而有中医药的诞生。中医药是中华民族的瑰宝，今天已经走进 183 个国家。这些长期实践经验智慧的结晶，至今仍惠及我们。外国人只分一年四季，我们的祖先早在两千多年前的先秦时代就将一年分为 24 个节气并以此安排生产生活，如今二十四节气已经被联合国认定为人类非物质文化遗产，国外有评价说这是中国人对人类的第五大发明和贡献。这些凝结着先辈的经验、知识、智慧的闪光成果，将永远泽被后人。

传统的乡村社会是一个自治为主体的社会，乡村的许多制度设计，也具有很强的现实意义。比如江西万载县 100 多年前就成立了用水协会，每家每户都遵守制度利用水资源，直到现在都没有破坏过。由官民合建于 1885 年的陕西大荔县"丰图义仓"，慈禧太后给它题名"天下第一仓"，粮仓的防火、防盗、防鼠、防虫、防潮、防雨、通风等综合功能设计得全面且科学合理，全县 50 多个村每村在这里都有一间粮仓，丰年的时候，大家把余粮放到粮仓，灾年的时候再下发给受灾的民众。历朝历代官家都设常平仓，像现在的国家储备粮库，丰年收储灾年放粮，从而实现有求有供平抑市场粮价。"丰图义仓"这种地方自救的制度设计，今天也应发扬光大。在实行村民自治的现实乡村社会，有些事务即可借鉴这种自救的思维方式，设计出新的地方制度，不应全由政府包揽。

乡村文化是中华民族文明的根脉和精魂，继承弘扬乡村文化既要注重表象，注重形式；更要注重本质，注重内涵，如此，乡村文化才能保住根脉，守好精魂，中华民族五千年文明史的续写才能薪火相传，代不绝人。

（本文原载于《中国发展观察》2020 年第 3 期）

耕地之外，乡村还有红线要守

农村改革需要"底线思维"，除了要坚守 18 亿亩耕地红线外，农村发展中还有一些红线亟待坚守。

一、旧村改造"止推"

传统村落是中华民族传统文化的基因库，承载着中华民族的历史和文化记忆，传统村落最为原真、完整、集中地反映我国灿烂悠久的农耕文明，是中华民族五千年文明的主要载体，是民族精神的源头和"老根"，是炎黄子孙共同的"精神家园"。它深深植根在中国人内心，潜移默化地影响着人们的思维方式和行为方式。但一些地方为了改变乡村面貌，动用行政力量大规模地进行"拆村并居"，把存在数百年甚至上千年的旧村庄统统夷为平地，另起炉灶，建起新社区，这种行为看起来很现代、很时尚，然而，这是一种与传统"断舍离"的时尚。村落中原生态格局没了，世代构建的人际关系没了，长期积淀的传统文化没了，约定俗成的乡里制度没了。几千年的历史在这里化为灰烬，从零开始；千秋万代遗传的民族基因在这里库毁物逝，烟消云散。农民失去了亲切熟悉的家园，游子失去了寄托乡愁的场景，民族失去了文化传承的根脉。在一个有着悠久历史和美好传统的国家，乡村的转型与发展如果"一刀切"地斩断"传统之脐"，带来的灾难与混乱将是长久与深重的。传承优秀传统文化是一个国家、一个民族发展的根本，如果丢了传统，就割断了精神命脉，陷入历史虚无主义的境地。我们需要发展现代、融入未来，但必须建立在传统的基础之上，而不是与传统决裂，伟大的民族总是善于评价传统、解释传统、继承传统、重塑传统，从传统中寻找智慧和力量。中华民族正是依靠重视优秀传统，五千年文明才连绵不断，源远流长。有历史才有根基，才有归属感和厚重感。我们走向未来，需要的不是否定过去，割断历史，而是应该妥善地利用过去，在过去这块既定的地基上构筑未来大厦。如果眼高于顶，只会在白纸上描绘未来，那么，建起的只能是沙滩上的大厦。乡村建设应该遵循的是在传统的基础上合理注入现代元素，以"外面五千年，内里五星级"的理念让传统与现代在村落里和谐统一，这样既能保留传统文明和乡土记忆，注重村庄的价值、影响和历史地位，又具有现代精神。因此，乡村建设决不可统统推倒重来，这是不可逾越必须坚守的红线。

二、生态环境"止恶"

耕地、水和空气是人类生存与发展最重要的三个基本要素，建立在耕地基础上的粮食安全是社会稳定的基础，不仅要保证农产品的数量，更要注重农产品的质量。生态安全给社会提供健康的自然环境。而自然生态的安全直接关系到耕地质量，没有优质的土地，也就生产不出优质的农产品。在城市化进程中，污染企业正从东部发达地区向中西部欠发达地区、从城市向农村梯度迁移，再加上农药、化肥、除草剂、农地膜的污染，农村生态环境不容乐观。中央把环境作为突击战的硬仗全面展开攻坚，成效巨大，但这是个积重难返的老问题，也是一个世界性的大难题，需要下大功夫持之以恒防止恶化。连年持续高频率使用化肥，在提高农作物产量的同时，也造成了土地板结、土壤酸化、食物质量下降。很多有益元素已严重低于历史的最好水平，比如钙质，根据相关研究，用化肥生产出来的小麦面粉，比用有机农业模式生产的面粉缺钙76%，其余蔬菜、水果缺钙现象也是非常普遍的。为了弥补钙的缺失，人类就发明补钙的方法，但那些无机钙很难被人体吸收，这是本末倒置的无奈之举，食物补钙才是王道，这是最朴素的道理。乌克兰人体清理专家对死亡病人体内的有毒垃圾进行分离，平均每人清理出 3～5 千克毒垢垃圾，相当于体重的 4%～6%。世界卫生组织指出全世界有 30 多亿人不能吃到健康食物，因为饮食结构不合理、缺乏必要的有益元素，中国有3亿多人处于"隐性饥饿"状态。生态环境需要"止恶"，再恶化下去恐怕真的会导致人类健康无药可治的后果。要杜绝城市污染向农村转移的现象，引导民众提高生态环境保护的意识，严格控制以化肥、农药、农膜和抗生素等为代表的农业化学品使用量。在乡村建设中，还应坚守原生态理念，不过度削山填坡，不过度硬化河沟驳岸。在强化约束上，借助和使用好全国生态环境普查数据，设置具体考核指标。地方各级主政官员，在任期内生态环境的主要指标只能改善，不能恶化，这是不可逾越的底线。在离任时进行考核，出现恶化应严格落实责任终身追究制，用考核指挥棒引导地方主政官员把好农村生态环境关。

近二十年来，农村一直在进行"撤点并校"改革，大量撤销农村中小学，使学生被迫集中到乡镇和县城读书。学校撤了，教师没了，学生走了，乡村教育进入恶性循环的怪圈。乡村孩子从小就脱离了乡村生活环境，导致认知缺失、情感缺失和价值缺失。从认知上看，生活在农村的孩子，才能熟知农民的生产生活方式，对自然环境的近距离观察，对农业知识的日积月累，了解农作物的生长方式和规律，在耳濡目染下掌握从播种到收割的整个农业生产过程；从情感上看，只有在农村长期生活，才能对农村产生深厚感情，即使长大后来到城市工作，仍然情牵故土，心恋家乡；从价值观上看，脱离农村的生长环境，也就难以形成真正热爱农村的价值观，往往是从城市本位出发来看待乡村。在农村接受教育长大的孩子，才会更加热爱乡村。乡村振兴靠人，尤其是靠本地的人，不注重对本土人才的培养，乡村振兴就缺乏长远的发展动力，而乡土人才培养的关键在于发达的乡村教育。只有乡土环境才是乡土人才的孵化器。全世界义务教育的共同特点就是就近和免费，我国乡村义务教育务必严格落实政府责任，充分体现这两个特征：一是大力恢复乡村学校，全面贯彻国家"单程不能超过半小时的路程"的标准；二是消除农民的隐形负担。乡村孩子到镇上读书，每年要多开支上万元，到县城读书要多花2万元左右。只有就近读书，农民才能免除这种本不该承受的负担。这是防止乡村教育持续下滑、守好乡村教育底线的关键点。乡村教育必须"止衰"，否则，乡村振兴的历史重任便缺乏人才支撑，应学习日本经验，哪怕再偏远的乡村只要有一个孩子，学校也要办下去，这是乡村孩子接受义务教育的基本权利，谁都无权剥夺。

三、农民利益"止损"

一个社会的文明尺度，取决于对待弱者的态度。农民处于社会分层的底端，理应在改革中分享更多的利益，承受更少的代价，这才是一个理想中的社会，一个公平正义的社会。但是在现实生活中，一些地方农民往往成为利益的隐性受损者。例如，在"拆村并居"中，看似让农民住上了楼房，提高了生活质量，实质则是让农民上楼然后腾出宅基地，而被腾出的宅基地用地指标拿到城市高价售卖后，农民却分不到水涨船高后的增值利益。农民上楼后，生产生活更不方便，减少了收入，增加了生活成本支出。在吸引资本下乡过程中，一些地方通过行政干预实现土地规模化经营，表面上看增加了农民财产性收入，但却侵害了农民的土地承包权和经营权，资本下乡大面积圈占土地而不精心经营，对农民带来了事实层面上的"挤出"效应而不是"带动"效应；在环保风暴下，看似是要改善农民的人居环境，禁止农民养猪养鸡，宣称"无猪市""无鸡县"，但实际却减少了农民的生计来源，降低了农民的收入，影响了小农户自产自销的生活质量。一些基层政府追求"一刀切"管理，运动式推动，表面上显得十分"积极"，从本质上却是懒政、惰政、庸政，让农民成为农村改革社会成本和代价的承担者，违背了改革的初衷。民生是头等大事，农村改革的目的就是要维护农民利益，尊重农民主体性，增强农民发展权，这是一切农村工作的出发点和落脚点。只有保护好农民合法权益，才能充分调动他们的积极性和创造性。不尊重农民的意愿，没有农民的参与，即使是最完美的发展方案，从农民的眼中看来，也是外部强加的，与己无关，是不可持续的，没有生命力的。乡村改革务必避免把乡村变成"城市剩余资本"投资分肥的竞赛场，如果只有少数精英、商人、能人大户从中获益，就违背了乡村振兴的初衷。农民利益必须"止损"，农村一切工作都应站在农民的立场上加以审视，同时应提高农民的参与度和组织化程度，增强其话语权，提高农民的谈判地位，保障和维护好自身的合法权益。

（本文原载于《中国发展观察》2021 年第 2 期）

应建立"三口农业"制度

粮食安全事关国运民生。从世界范围看，粮食消费已经形成口粮、工业用粮、饲料用粮4：2：4的总体结构，中国是一个有着14亿多张嘴需要吃饭的人口大国，粮食安全的首要任务是保障口粮安全。当今时代，世界各国无不把口粮安全视为实现社会稳定和国家发展的基本前提，每遇不确定性的重大突发事件，各国首先想到的是如何保证国民的吃饭问题。这次新冠肺炎疫情之初，为了稳定国内社会，一些粮食出口国迅速反应，实施了严格的粮食出口管控制度。

近年来，我国不断强化粮食安全措施，粮食总产量已连续6年稳定在1.3万亿斤*水平以上，口粮更是多年产大于需。但这并不代表着我国的粮食安全问题已经高枕无忧，高产出的代价是对耕地、水等资源的高消耗，粮食的持续增产增收压力正在逐渐加大。即便是现在，我国每年进口粮食也超过1亿吨。尽管其中以饲料用粮和工业用粮为主，但如果饲料用粮价格过高，养殖企业就会用口粮替代，出现人畜争粮的现象。例如2020年以来玉米价格大涨，很多农户和养殖企业在饲料配方中采用小麦替代，导致小麦拍卖成交火爆，截至2021年5月，2021年小麦拍卖成交已达2 779万吨，同比增长2 245万吨。还应清醒地认识到，粮食安全是国家关心的事情，农民只关心如何实现收益最大化，一旦种粮不赚钱，农民就会选择非农或非粮。玉米的教训还历历在目，2015年时，玉米的临储库存差不多相当于一年的消费量，但价格下跌

---

* 1斤＝500克。

后，只用了几年的时间，就从供过于求变成明显的产不足需，市场价格大涨，引发世界广泛关注。这种现象如在口粮领域发生，那就是天大的问题！一个世界第一人口大国，一旦自救不成，口粮靠国际市场调剂，空间十分有限。比如国际市场大米贸易总量仅 400 多亿千克，不足我国大米消费的三成，都买回来，也救不了我们，况且都被我们买光，我们就成了上百个需求国的公敌了。因此，我国应把口粮从饲料粮、工业用粮中分离出来，制定稳定可控的口粮安全政策，这样既能减轻国家粮食安全的巨大压力，又可满足居民健康口粮的消费需求，还可缓解高标准农田建设投资不足的问题，也方便管理，稳定社会，不致因口粮造成恐慌。解决这一问题可从口粮农业、口粮农地、口粮农民三个方面入手制定有关政策。

一、发展"口粮农业"

饲料用粮和工业用粮重点解决人们的生活品质问题，汽油贵，我们可以几天不开小汽车，猪肉贵，我们可以调整膳食多素少荤，而口粮满足的是人们的基本生存和社会安定问题。一日三餐，人人需要，缺一不可，这是铁律。要保证口粮供给的绝对安全和持续稳定，应对口粮和非口粮进行政策上的区分：口粮由国家把控数量和质量，实行统购统销；饲料用粮和工业用粮交给市场，完全放开。国家应出台针对口粮的专项制度：顶层设计上，由中央农办或农业农村部设置专门部门负责口粮的生产与购销，从宏观上把控国家口粮安全。但这种统购统销不同于 20 世纪的统购统销，应借鉴管仲盐铁专营的做法，放开生产端，发挥社会活力，管控住经销环节。生产管理上，建立起科学的口粮生产消费估算系统，相对精确地测算出每年口粮的产量、消费和损耗，根据测算结果发布宏观生产指标，并结合遥感卫星和数字乡村建设精准确定口粮生产地块面积。口粮售价上，由政府根据国民经济情况、当年生产情况、人民需求情况等综合确定，既要确保农民生产口粮有利可图，又要保证普通市民消费不吃力、多样化需求有保障。质量保证上，充分发挥社会主义制度优势，由国家根据标准大力推行有机种植，严控化肥农药使用量，严格把控成品口粮供给品质，保安全、保健康。这也是实施健康中国战略，防止病从口入的百年大计。

二、建设"口粮农地"

按照现行标准，到 2020 年底，我国已经建成了 8 亿亩高标准农田，但每亩 1 500 元左右的建设费用，用于基础设施投资尚且勉强，土壤改良更无从谈起，想要实现耕地设施和质量的全面提升，一般每亩要花费 6 000～7 000 元甚至上万元。我国拥有 18 亿亩耕地，全部改造成高标准农田所需财政资金总量太大，短期内难以保障，低投入改造建不成高标准农田。因此，不能眉毛胡子一把抓，必须集中资源保重点，优先保障口粮生产用地建设。国内的口粮主要是水稻和小麦，参考当前水稻和小麦种植规模，应划定 8 亿亩左右的耕地集中建设，专门用于生产口粮作物。这里的"专门"有两层含义：既要保证这 8 亿亩耕地全部种植口粮，又要保证口粮全部集中于这 8 亿亩耕地之中，只有这样才能真正做好宏观统筹，确保绝对安全。同时，在建设过程中要从基础设施、土壤结构、有机质含量等多个方面制定科学合理的高标准建设指标，并严格按照指标标准进行验收和动态跟踪。还要开发好现代种业、做好科技支撑、做好现代化服务配套，实现口粮田的真正旱涝保收和可持续发展。

三、培育"口粮农民"

高标准口粮田建好后，土地集中连片，基础建设和地力相对一致，易于扩大生产规模，建议由地方政府主导，因地制宜确定单户经营规模，并负责进行土地集中流转，控制土地使用权限，聘用专业"全科农民"进行口粮生产。对于口粮农民的选择，可以采取鼓励一些经验丰富的农民主动申请，经过严格的培训、考核、审批后，正式授予口粮生产资格证的做法，同时规定只有口粮农民可以生产口粮，原则上应优先从家庭农场、种植大户等具有种植经验的农民中选拔。口粮农民必须树立生态道德理念，遵循生态农业规律，严格按照国家标准进行生产。产品由政府确定合理价位，签订生产合同，确保口粮农民的合理利润空间。

有了合理的口粮定价、旱涝保收的口粮田、适度规模的经营面积，种植口粮也可以成为具有竞争力的职业，在竞争条件下，农民生产的积极性更高、责任心更强，口粮的生产和供给必将更加优质和稳定。

建立口粮农业制度是由中国特殊国情决定的，古今中外无成规可循、成例可鉴，这也是一项复杂的系统工程，需要循序渐进，不断探索，逐步完善，不可能一蹴而就。但只要沿着这个方向走下去，口粮农业制度一定会在不久的将来成为可期可待的成熟制度。

（本文原载于《中国发展观察》2021 年第 18 期）

乡村发展

产业变革：农业的新挑战

产业兴旺是乡村振兴的物质基础，而乡村产业要兴旺，就当下的情势看，必须大力实施以构建绿色安全、优质高效的产业体系为导向，以为农民持续增收提供坚实产业支撑为目标的产业变革。随着人们认识的演进，"产业"一词的概念已经由物质部门扩展到非物质部门，它是指从事物质生产和非物质生产的部门或行业。产业变革是指产业的经营管理者主动对产业原有状态进行改变，以适应产业内外环境的变化，并以某一目标或者某一愿景为导向的一系列活动的总称，中国农业正处于一二三产全面融合，产业体系全面创新的历史阶段，亟需跨界互渗，重塑结构，再造动能，提升价值，变革产业。产业变革是一项涉及多主体、多维度、多内容的系统工程，结合乡村产业的特点，其内涵大体可以概括为六条链的变革。

一、变革产业链

农业产业包括农、林、牧、渔等，涉及国民经济行业的第一产业、第二产业、第三产业多个产业部门，而且农业产业链链条长、覆盖范围广。当前在我国农业由传统农业向现代农业转型过程中，只重视第一产业，以生产环节为主，为市场提供初级农业产品的传统农业思维尚未打破，"东西少了办法多，东西多了办法少"的格局套路在长期与"不足"作斗争中形成定势，缺乏像发达国家那样长期与"过剩"作斗争的经验。农业的第二产业和第三产业发展严重滞后，农业产业链存在发展水平低、产业链环链简单、发展布局不平衡以及可持续能力薄弱等问题。

在向农业现代化转型过程中，变革产业链是农业产业转型升级的关键举措。从农业产业链延长的方向上看，分为向前延长，如种子的研发、生产资料的提供等；增加中间环节，如生产过程的社会化服务、农机的智能化等；向后延长，如加工、设计、储藏、包装、运输、销售等。主要目标就在于优化产业结构、提高农产品加工程度。从产业链的结构上看，应将农业产业链中各个环链有机结合，跨界叠加，互融互渗，加强各个生产环节的合作与衔接，整合物流、信息、价值等产业链形态要素，整合经营主体，尤其应在一定区域内着力打造能左右一个产业的产业链链主，以其为龙头，培植能够带动一方经济的主导产业。从产业链的品质上看，增加科技含量是根本。以农产品精深加工为例，其不仅仅是劳动密集型产业，更是技术密集型产业，而我国同世界先进水平在此方面的差距还十分显著。一些食品加工技术与我们中华民族传统风味的体现还有较大差距，如中餐烹调、手工水饺等，机器尚无法做到人工水平。中国工程院院士罗锡文认为，我国农机装备水平与国外比还相差30年，智能化高端农机在农机总规模中占比不足10%，且主要依靠进口。要增加农业产业链科技含量，整体提升现代化水平和科技水平，提高农业生产效率、提升农产品竞争力，农业科技的创新和应用任重道远。

二、变革生态链

农业供给侧结构性改革对农产品的绿色有机程度提出了更高的要求，而农业生产活动中对开发对象的利用是变革生态链的主要方式。农业产业发展中的生态问题主要表现为忽视微生物的作用，农业生产活动开发对象只重视植物、动物。被美国农民视为农业"圣经"的《四千年农夫》一书，讲述的就是中国、日本、朝鲜东亚三国可持续农业的经验。生态循环可持续的发展模式被美国农民奉为"农业圣经"，而当下中国却要坚持学习连美国农民都认为过时了的所谓现代农业生产模式。这种理念已经泛滥到学术界、政策界等主流社会。自100多年前石油农业诞生以来，世界农业正遭遇生态环境恶化和食品安全失控的"双重负外部性"侵袭，近几十年来，中国尤甚。石油农业的最大危害就是斩断了传统农业植物、动物、微生物三物构建的生态循环链条，让微生物无处栖身，导致动植物残渣废料包括人畜粪便不能分解还原为下一次循环生产的能量。

变革农业生态链，关键就在于改变只重开发植物、动物的"二物思维"，树立"植物、动物、微生物"共同开发的"三物思维"。通过微生物分解还原，从根本上改变土壤性状，从而生产出绿色生态的有机产品。利用现代高新科技开发微生物已经形成六大领域，即微生物饲料、微生物肥料、微生物能源燃料、微生物食品、微生物药品和微生物清洁剂等。当前这些领域的产品技术研发较为成熟，但是其被社会应用的广度却较低，究其原因这和公众对微生物开发利用的认知度较低有关。因此，农业生态链变革首先需要公众实现农业"二物"思维向"三物"思维认知的转变，这一转变必须坚持不懈，持之以恒地在全社会营造浓厚氛围，让社会成员形成共识。其次应充分发挥制度优势，大力推广六大领域的技术应用。靠石油农业发达的美国农业，今天生物肥的施用量已占50%多，而我国仅占10%左右。再次要进一步处理好农业产业发展和环境的关系，解决农业污染问题，让放错地方的废弃物变成循环农业的新能量。

三、变革供应链

农业供应链是指以农业生产资料供应为始点，以农产品最终消费为终点的物流有效配置和科学流动，使产、加、供、储、运、销等环节有机衔接，并与市场之间形成符合需要的系统优化运转状态。它能够缩短需求响应时间和市场变化时间，大大降低需求预测偏差，改善送货可靠性和客户服务，有效降低成本，增加库存周转率，强化竞争优势。它既关注上游流入要素的最佳配置，又关注下游流出要素的最佳配置，是将物质流动过程综合化、系统化、整体化进行统筹谋划、协调运作的量化管理模式，具有科学利用资源、维护自然生态平衡等特征。

我国农业供应链尚处于起步阶段，环链之间衔接松散，流通环节过多过滥，物流不畅，流通成本过高，基础设施不配套，标准化水平低，信息化、智能化建设滞后等诸多问题，均需要下大功夫解决。从宏观战略层面看，新冠肺炎疫情在短短两个月里蔓延到世界 200 多个国家和地区，实现"全球化"的速度比人类经济全球化速度不知道快多少倍，给全球经济带来的冲击无可估量。例如，全球有超过 120 万海员在 65 000 艘船舶上完成世界贸易总量 80%～90% 的运输，一旦海运中断，世界上将有一半人挨饿、一半人受冻。这次疫情使数万艘船舶长时间滞留海上不能靠岸，全球供应链大受影响。因此，像中国这样的人口大国，必须重新考虑供应链的战略布局，走国内国际双循环的路子。不然一张包装纸断货，就有可能逼停一条生产线；一个集装箱迟到，就可能使一个企业破产。就国际层面而言，应建立多源头、多渠道的海外农产品供应体系，通过直接投资、并购、共同开发或援建等方式，在重点国家和地区布局生产、加工、储运等供应链体系建设，提高进口农产品的稳定性、可靠性，提升国家对全球农产品供应链的掌控能力和重要节点的主动权。就国内层面看，农业供应链变革应以规模化、区域化、本地化、城乡一体化为发展导向。农业供应链规模化发展要求农产品产地化、地标性产品结构规模化，"小生产大市场"的趋势逐步通过并购或更大规模的产业企业合并，形成更大产量、更大规模的供应系统产业。

农业供应链区域化发展是区域经济一体化的一个方面，它要求农业产业重视区域内自身供应链的完整性和自主可控性。农业供应链的本地化是节本增效的一个重要方面，对于人口稠密的东中部地区尤其适用。日本自 2000 年前后政府就推广以"食育"为核心的农产品"地产地销"理念。美国一些地方市民在疫情防控期间遭遇供应链断裂购物难后，自发联络农民开展农产品本地化运动，这些都说明本地化正在普遍兴起。农业供应链的城乡一体化是城乡融合发展的重要环节，应通过城乡市场一体整合、产业合理分工、要素自由流动等方式，克服城乡"两张皮"的顽疾。应推广山西建设成熟商圈，培育带动性强的品牌连锁便利企业，实施"邮政在乡"，升级"快递下乡"等做法和经验。

四、变革组织链

以何种方式提高农民的组织化程度是引领农民实现现代化的关键。从全球视野看，比较成功的路子有两条。一条是以美国为代表的人少地多的西方"大农"，主要以各种专业协会、专业合作社的形式实现农民的组织化。早在1815年和1841年，美国就分别在纽约州和威斯康星州建立了两个奶牛合作社。1922年美国国会通过被誉为"合作化大宪章"的《帕尔·沃尔斯太德法》，促进农业合作社飞速发展。目前，美国230多万个农场主基本参加多个各类专业合作组织。在众多专业合作组织的引领下，西方"大农"得以互惠互助、适应市场、紧跟现代化的步伐。

另一条是以日本、韩国为代表的人多地少的东亚"小农"，主要以综合性的农协实现农民的组织化。1947年日本就制定了农协法，然后成立日本农协，包揽农民从摇篮到坟墓的一切事务。到20世纪70年代，日本农协已经发展成可以影响国家政治走向的"压力团体"，为农民争取了很多优惠政策，日本农业也在这一组织的作用下，成为"小农"实现现代化的典范。但是这两条道路都不适合中国的国情，西方"大农"耕种着几千上万甚至几万亩土地，实力雄厚，有条件参加各类专业合作组织，而中国是小农户经营，一家耕种着十来亩土地，需要从事土地之外的兼业才能发展，如参加众多的农业专业组织，代价太大，影响兼业，不划算。由于历史背景、发展阶段等方面的差异，东亚的农协道路目前在我国也难以走通。因此，中国必须立足国情，探索具有中国特色的组织农民步入现代化的第三条道路，即充分发挥制度优势，大力培育政府、市场、社会三位一体的组织体系，带领农民实现农业现代化。当下被边缘化了的供销合作社就是这样一个组织架构，具有这样的功能。几乎与共和国同时成长的供销合作社，计划经济时代在农村曾经一统天下，只是在市场经济的冲击下没能与时俱进，才开始萎缩凋零。就供销合作社的功能看，它可以代替政府实施有关农村政策；它可代替市场，构建一个覆盖全国、通达世界的市场体系，有些产品可独家经营；它可以代替社会组织，帮助农民互助合作并实现与政府、与市场的合作。

变革组织链，就是彻底变革供销合作社的"异化现象"，恢复其引领农民合作的本质属性，充分发挥其政府、市场、社会三位一体的功能优势。这是 2.3 亿小农户与农业现代化有机衔接的关键点，是深化农村改革的重头戏，也是市场经济背景下农村公有制实现形式的大文章。农村集体经济有纵横两条线，即以村镇为单位的社区型横向系统和以乡镇、县区、市、省、国家为单位的层级型纵向系统，中央设立纵向系统的集体经济组织的初衷就在于能让其利用自身的市场、资金、人才等方面的优势，带起横向系统的集体经济组织和千家万户的小农户。计划经济背景下供销合作社这一作用的发挥比较充分，市场经济背景下，则需要重塑理念、创新思维，抓住农村集体产权制度改革的契机，积极投身经营制度改革，利用自身得天独厚的市场、资金、人才等优势，下沉到村到户，与各类经济主体合作，与专业大户、家庭农场合作，与农村集体经济组织和乡村基层组织合作，探索出一条符合中国国情的农户与集体共同步入农业现代化的新途径。

五、变革知识链

这是一个知识爆炸、技术爆炸、信息爆炸的时代。自给自足背景下的传统农民只要掌握种植养殖方面的知识，即可当好农民，而今天的农民，只懂种养技术，远远不能适应农业已经成为一种产业的现代农业需要，他们必须具备多方面综合知识。"士农工商"是传统的社会职业分类，现代农民必须做到四种职业全能。但是统计数据显示，农村劳动力中，小学、初中文化程度占农村劳动力 70% 以上，而且随着农民外出就业规模不断扩大，务农劳动力整体素质还在不断下降。农村留守劳力主要以"3899 部队"（妇女、老人）为主，因而，农业要走向现代化必须全面提高新型农民的综合素质。正所谓"70 后不愿种地，80 后不会种地，90 后不提种地，00 后不知种地"，而人类社会的文化传承已经由前喻时代、并喻时代转化为后喻时代，回家问问儿子、问问孙子的事情经常发生。因此，"大云移物智"时代背景下的现代农民，必须掌握现代化水平的农业生产、经营、管理等方面的全息知识。首先要充当"士"的角色，了解领导层需要掌握的一系列农村改革政策。其次要充当"工"的角色，一是农产品加工业知识，农民不仅要了解初级农产品加工销售的知识，还要掌握以农产品加工为主的增加产品附加值方面的知识；二是指务工方面的知识，在相当长的一个历史阶段，中国农民还需要兼业才能发展，外出务工的农民扮演农民和市民双重角色，农民需要掌握如何当好农民和市民的相关知识。再者，还要充当"商"的角色。"商"指的是服务业、农产品贸易等方面的知识，即农民需要具备农产品商业化方面的知识，包括产品的竞争力、销售的渠道平台、销售的模式等信息，懂得如何经营管理，具有农产品品牌营销的意识。此外，还要改变传统线下销售渠道的观念，单靠传统的线下销售已经不能适应现代农业发展，农民需要结合线上线下销售，想方设法挤进农业产业链后续环节，进而提高农业产业附加值。总之，农业产业化背景下的现代农民，变革传统的知识链，充分发挥劳动力要素的主观能动性是他们生存与发展的基础依托，也是提高农业劳动力对农业增产增效贡献率的根本途径。

六、变革价值链

实现产业变革的最后关键点在于变革价值链。农业产业价值链是指其在整体系统中一系列相互关联的上下游主体构成的增值链，这包括农产品生产者驱动、农产品消费者驱动、农产品协调组织推动的价值链板块及其一体化的价值链集成等多种形式。农业产业价值链从构成上看包括三个维度：基本链、辅助链、可拓展链。基本链指从种子研发到销售整个农业生产环节的价值总和，辅助链是指辅助各个农业生产环节而形成的配套产品或服务的价值总和，可拓展链指在基本生产环节和配套生产环节之外的、影响农业生产的其他产品和服务的价值总和。从价值链内涵上看，价值链变革包括两个层面的内容，一方面是提升农业产业链各个环节的价值，即农业产业价值链要在纵向延伸、横向拓宽、厚度加深的各个链环上发力，重点关注农产品加工环节。农产品加工处于农业产业链的中游，起着承前启后作用，其产业附加值增值空间巨大，增值保值效益较高。另一方面，要在区域范围内培植价值链链主，下大功夫提升链主对整条产业链把握、整合、调控的能力。价值链链主的培育要整合农业一二三产业，把握产业转型方向，以带动产业链各环节提升价值。农业价值链的变革应"以低端传统产业对接高端现代需求"为导向，开发市场潜力，适应现代消费，提升农产品价值。今天，人类的物质幸福时代渐行渐远，奢侈消费追求悄然淡化，健康消费理念正在成势。

　　有关研究认为人类的财富积累已经进入第五阶段，前四阶段分别为土地、机器、金融、教育，第五阶段是康养，消费绿色健康的农产品已成为社会的普遍追求，这一现象为农产品增值提供了难得的契机。从生产环节看，按照高端消费者需求，养殖一万元一头的土猪、五千元一头的山羊、五百元一只的土鸡、五元钱一个的鸡蛋，种出 50 元一斤的大米、白面，30 元一斤的蔬菜水果是不难做到的。从加工环节看，创意设计、深度研发、精准料理，让产品适应人们不断变化的消费胃口。如方便面的开发，已经由 20 世纪 80 年代的一个味变成数十种味道，年销量几百亿碗的势头经久不衰。从服务环节看，应瞄准从大众型、分众型、小众型到个性化的不同层面，做细做精；充分利用线上线下双轨运行的市场形态，做足做活；深度开发品牌效应、规模效应、集群效应，做实做透；大力发掘物质丰裕时代的消费潜能，组织集团消费、合作消费，引导时尚消费、前卫消费，培养潜在消费、健康消费。总之，通过价值链的变革，旨在引领传统农业生产方式的变革和人们生活方式的变革，从而反作用于农业产业链生态的系统变革，全面推进农业的高质高效发展。

（本文原载于《中国发展观察》2020 年第 22 期）

融合两场　嵌入文化
打造绿色食品新高地

　　食品产业是关系国计民生的生命产业，改革开放以来，食品工业已成为我国现代化工业体系的第一大产业，出口 210 多个国家和地区，出口量位居世界第一。安徽是农业大省，农产品资源丰富，理应成为食品产业大省。从消费角度看，近些年中国最牛的产业是房地产，一年十来万亿，而食品消费也是一年十来万亿。房子买一套可以住几代人，而食品每年都需要如此巨大的消费量。安徽省委、省政府高度重视绿色食品产业发展，专门成立工作专班，出台产业规划，加强双招双引，在延伸产业链、完善供应链、提升价值链上取得了显而易见的成效，这是抓住了现代农业发展的关键和要害。作为农业大省，安徽在打造绿色食品产业高地上前景广阔、大有可为，关键发力点在于融合两场、嵌入文化。

　　所谓融合两场，就是农场和市场，要靠这两端发力来塑造品牌、提升价值。

　　融合农场，就是抓好产业前端，以生产环节的质量安全控制，从源头上保证产品质量，保障农产品稳定供应。食品产业的原料来自农业的生产基地，从生产端做起，首先要从改良土壤开始，大力推广测土配方施肥等农业技术，推行绿色生态生产模式，以有机肥、生物药替代农药、化肥。美国的有机肥施用量已占总用肥量的 50％以上，我国仅10％左右。一个重要的工作推手，就是要实现"三物循环"，特别要重视微生物把植物、动物残渣废料包括人畜粪便分解发酵循环利用方面的独特作用，以此建立植物、动物、微生物"三物循环"的生态系统，推动绿色发展、高效利用，否则农产品质量难以稳定有效保障。这次全球范围的疫情使许多供应链中断，不少产业因此受挫，一些企业更是面临灭顶之灾。一个螺丝钉断货，可能会逼停一条生产线；一张包装纸迟到，可能会拖垮一个企业；一个集装箱滞留海上，就有可能毁掉一个产业。食品企业与当地农场建立紧密的合作关系，便可减少甚至杜绝全球化背景下供应链中断的危害。

融合市场，就是抓好市场终端，根据市场需求，把握消费流向，市场需要什么就生产供给什么，赢得市场占领市场，进而提升市场竞争力和品牌美誉度。目前市场消费分为大众消费、分众消费、小众消费、个性化消费4类。比如，大众消费的典型代表就是方便面，方便快捷、老少皆宜；十分畅销的食品"辣条"就是分众消费，迎合了小青年的消费需求；小众消费是瞄准特定人群的，比如100元/斤的猪肉、5元/个的鸡蛋，有人愿意花这个钱消费；个性化消费就是私人定制，满足一部分消费群体的特定需求。在推进绿色食品产业发展过程中，要适应不同层次、不同流向的消费需求，精准把握细分市场，在差异化需求多元化市场中占得一席之地。终端为王，只有占领终端消费市场，才能立于不败之地。

所谓嵌入文化，就是不仅满足物质消费需求，还要满足精神文化需求。温饱时代，人们主要是满足物质需求。今天进入丰裕时代，人们在满足物质需求的同时，还追求精神文化的满足。

一是嵌入中医药文化。随着经济社会的发展，人类的财富积累已经进入第五阶段，第一阶段是土地，第二阶段是机器，第三阶段是金融，第四阶段是教育，目前就是第五阶段康养，在这个发展阶段，人们更加重视养生，更加讲究食物营养，更加追求身体健康。食品产业要顺应这种发展趋势，发掘好中医药养生文化资源，变资源潜力为现实生产力，变过去"病从口入"为"病从口出"。安徽具有中医药资源独特优势，有新安医学、有药都亳州，在推进绿色食品发展上，应该打好中医药这张牌，向日本、韩国学习，把中医药融入食品，大力开发食品的康养保健功能。

中医药是中国的国粹国宝，但可惜的是世界中药材贸易的 90% 是日本人在做，5% 是韩国人在做，中国人的中药材贸易量不到 5%，我们的资源都被日韩拿去赚了大钱，这条短腿亟待加长。熊猫是中国的，功夫是中国的，功夫熊猫却成了美国的。猕猴桃原产中国，1902 年一个走亲戚的华人把它带到新西兰，后来成了新西兰的支柱产业。今天我们的猕猴桃 5 元一斤，人家的奇异果 10 元一个。大豆的原产地是中国，美国把它转基因后成了称霸世界的战略武器。这些现象都值得我们深思。人类通过上万年的探索，已经找出 6 000 多种植物可以食用药用，目前我国公布的既可食用又可药用的药食同源食品 115 种，食品行业应重点开发这些具有养生功能的食品。

二是嵌入知识型文化。现在人们在食品消费时，不仅满足口腹之欲，还要能增进知识增长见识。世界上一些知名企业，比如做饼干的，在包装盒上印上饼干的来历、世界饼干发展史；做调味品的，把调味品的发展历程、流派分野、各种调味品的特点做成微型宣传卡装进包装袋，等等，既普及了专业文化，也提高了知识含量。安徽省的企业这方面的做法似乎不多。

三是嵌入趣味性文化。食品与趣味文化具有天然的联系。山西运城万荣县以创作笑话闻名，是民间艺术一朵奇葩，他们将人们生活中的趣事编排创作成很多笑话，出了很多笑话集，广泛流传于全国各地，这个县还专门建了占地几百亩的笑话博览园。万荣苹果在产品包装上都印满笑话，而且刻成光盘随产品赠送，十分受欢迎，一下打开了市场。

四是嵌入美食文化。5 000 年中华文化中积淀最厚的不是哲学、不是文学、不是医学，积淀最厚的是中国人的舌尖文化，孙中山先生在《建国方略》中自信地说："我中国近代文明进化，事事皆落人之后，惟饮食一道之进步，至今尚为文明各国所不及。"中华美食文化博大精深，不同地域、不同风味、不同流派，无论品种品类还是制作技艺，都花样繁多、不一而足。据专家研究，仅仅面条的种类全国就有 1 200 多种。绿色食品产业要镶上美食文化标识，往深里做、往实里走。中国历代文人大多都是美食家，苏东坡曾写过 50 首关于美食的诗词，如果拍成电

乡村发展……

视片，就是一部完整的舌尖上的宋朝。《红楼梦》写了180多种美食，最权威的美食著作是清代袁枚的《随园食单》。我国第一部美食著作是安徽老乡曹操编写的《四时食制》，该书已经失传，但其内容在《太平御览》和《颜氏家训》两本书中都有不少引用。这是安徽人的宝贵遗产，也是安徽人的骄傲，应该继承发扬。中国人为增强文化自信，在世界大办孔子学院，推广哲学上的中国，如果把舌尖上的中国向世界推广，国际上接受的程度恐怕比哲学上的中国更便捷、更容易。中国人更能在世人的一日三餐里，从美食中找到文化自信，从舌尖上传播中华文明。

五是嵌入风俗文化。中国人性格含蓄内敛，表现在食品身上，凡是带馅的都包在里面，饺子、汤圆、粽子、月饼等。西方人性格开放张扬，表现在食品上，披萨、汉堡、热狗等，馅一看便知。有人抓住这一文化特点，在美国专卖陕西肉夹馍，一下子就发了财。合肥的老乡鸡在北方市场就很难打开，北方人嫌太清淡，分量也不足。太和板面在南方市场不大，石家庄的太和板面却红遍大街小巷。一个地方的风俗习惯，是世世代代长期积淀的一种文化，做食品产业必须针对地域文化特征开拓市场。有外国人在中国吃麻圆，觉得太神奇了，专门买了一个带回去研究，看看中国人到底是用什么高科技手段把那么多芝麻均匀地粘在上面。有外国人吃了中国的粽子十分感慨：里面的馅很好吃，外面的包皮吃下去太费劲了。他不知道皮不能吃。

六是嵌入时尚文化。知识爆炸、信息爆炸时代，人们对食品追求的时尚性越来越强，时尚的周期性也越来越短。抢抓机遇，不断创新，引领时尚，很可能使企业一夜暴富。方便面是1958年日本人发明的，20世纪80年代，方便面在中国是前卫食品，鼎新企业创了一个叫康师傅的牌子，不仅救活了濒于倒闭的企业，且一下子发了大财，至今仍然畅销。河南的辣条一度成为年轻人的时尚消费，据说在美国最高峰时创造了500亿元的市场。今天奶茶是时尚，大街小巷的奶茶店排长队的现象司空见惯。咖啡店在西方相当于中国的茶馆，近两年，中国县城里已经不断冒出咖啡店，年轻人以到咖啡店消费为时尚，但这些店里不是以售卖咖啡为主,什么都卖。消费者不需要咖啡,需要的是咖啡店。预制菜火了,"加热即食、堂食口感"的预制菜已经在悄然占领市民餐桌,成为消费新宠。一些品牌餐饮、连锁商超、生鲜电商都在加快布局。预制菜已经成为食品餐饮行业的新蓝海,涉足这个新领域,应围绕口味、品质及供应链的可追溯打造核心竞争优势,利用数字技术实现线上线下的深度融合。

七是嵌入企业文化。很多时候吸引消费者的不单是产品,还有企业的经营宗旨、价值取向、文化精神、时尚气质。比如有企业把宣传传统文化作为价值取向,把冰棍做成三星堆、兵马俑、红山玉龙、良渚玉琮等古代文物形状,冰吃完了,留在棍上的是这个造型的名称。消费者十分青睐,很具有吸引人的谜之魔力。有企业做儿童食品,把饼干做成各种时髦的卡通造型,儿童十分喜爱。洛川苹果为增加文化内涵,创意设计出人类第四个苹果,第一个是亚当夏娃偷吃的那个,是生命之果;第二个是砸中牛顿脑袋的那个,是智慧之果;第三个是乔布斯的那个,是科技之果;第四个就是洛川苹果,是康养之果。这都是值得我们企业效仿学习的。

吃是一个永恒的主题,食品行业是永远的朝阳产业。基辛格曾预言,谁控制了货币,谁就控制了世界;谁控制了石油,谁就控制了所有国家;谁控制了粮食,谁就控制了地球上所有的人。今天,在食品领域,谁能抓住消费者的胃口,勇立潮头,谁就是市场的骄子、业界的宠儿。

微生物农业：未来农业的新蓝海

人类农业已经走过了上万年历史，但人类自诞生起就与微生物打交道，直到 300 年前，才由荷兰科学家列文虎克第一次发现微生物，从此开启了微生物研究、开发、利用的时代。科学研究发现，微生物在地球上无处不在，在 80 千米的高空，在 11 千米的深海，在 2 千米的地下，都可以找到微生物的踪迹，且种类繁多，专家估算达上万亿种，但 99％未被认识。植物、动物、微生物三物循环利用，是农业的本质特征，现代科技的介入，使农业对微生物的开发利用出现奇迹，仅以我国食用菌为例，改革开放以来产量增长了 700 多倍，产值一跃成为继蔬菜、谷物、水果、中药材之后的第五大农产品，如把中药材中的灵芝、天麻、茯苓、虫草、桑黄等分离出来加到食用菌中，它已稳居第四位。联合国粮食及农业组织已将菌菇作为广义的粮食，参评世界粮食英雄，被称为"菌菇院士"的李玉也因此获得"粮食英雄"称号。他概括食用菌具有五不争的特性：不与人争粮，不与粮争地，不与地争肥，不与农争时，不与其他争资源。纵观农业领域，这个看不见、摸不着的微生物更具有"无中生有，实现九增"的特点，开发潜力巨大，前景十分广阔，是未来农业的新蓝海、新风口。

一是增链，拉长产业链。随着科技的发展，人类农业已经从传统的中观世界分别向宏观世界和微观世界延伸，在宏观世界里探索太空种子、太空种养、火星地球化；在微观世界里，开发利用微生物技术已经形成"三料二品一剂"六大领域，即：微生物饲料、微生物肥料、微生物能源燃料、微生物食品、微生物药品、微生物清洁剂，六大领域都能各自开发诸多产品，生成诸多新产业，使农业产业链条不断拉长、加宽、增厚。当前这六大领域技术研发已较为成熟，但是，由于公众对微生物开发利用的认知度不高，其不可估量的经济价值、社会价值、生态价值远未形成社会共识，总体上社会应用面偏窄、开发深度偏低、效益偏小，微生物农业开发潜力尚待下大功夫挖掘。面向产业变革，微生物农业一马当先。

二是增能，开发能源链。基辛格曾预言：谁控制了石油，谁就控制了所有国家；谁控制了货币，谁就控制了世界；谁控制了粮食，谁就控制了世界上所有的人。但是，以石油为代表的化石燃料污染环境且目前正在枯竭，解决经济社会发展急剧增加的能源问题，需要风能、水能、太阳能、海洋能、微生物能多种清洁能源并举，尤其微生物能源来源广、成本低，几乎不受地理因素影响，更具优势。目前利用生物技术分解开发能源链，已形成生物柴油、燃料乙醇、沼气、制氢等四大领域，其中沼气利用在我国已普及千村万户，生物质能源风头正劲。利用微生物发酵技术将农作物秸秆分解转化为能源燃料的新技术已经基本成熟，改变了以往化工工艺分解转化、污染环境的弊端。据测算，此项技术推广后，仅农作物秸秆就能为农民每亩增收 500 元，并且构建起一条乡镇初加工、企业出中间产品、再到转化为燃料乙醇、纺织品、制药等各类终端产品的产业体系，不断拉长产业链，提升价值链，拓展功能链。美国宾夕法尼亚州立大学科学家还利用微生物将二氧化碳转化为燃料，为人类走出能源困境开辟了新希望。面向能源革命，微生物农业独辟蹊径。

三是增绿，打通循环链。在三物农业中，微生物将植物秸秆、动物粪便分解还原入土，一可清洁环境卫生，把动植物的残渣废料包括人畜粪便收集利用，无疑是对生产生活环境的净化。二可改良土壤，针对长期过量施用化肥、农药等造成的土壤八大病"板、馋、贫、浅、酸、咸、脏、杂"，具有良好的修复作用，从根本上改变土壤性状，改善农作物生长环境。有研究表明，将微生物中的固氮菌使用到非豆科作物上（如水稻、蔬菜、果树）等，不仅减少了化肥使用量，提高化肥利用率，减少了对环境的污染，维护了生态平衡，更使作物产量增长 5％～30％，并大大提高农产品的品质。三可构建被石油农业中断的植物、动物、微生物三物循环链，没有微生物的参与，绿色农业、有机农业、循环农业、生态农业都将是一句空话。可见，微生物是守护绿水青山的卫士，是生态安全、粮食安全、食物安全的大功臣。美国的生物肥施用已占总用肥量的 50％以上，我国仅 10％左右。中央提出推进农业供给侧结构性改革，就是要全面贯彻绿色化发展的新理念，利用生物技术改良土壤，净化水质，从源头上保障农产品质量。面向生态文明，微生物农业不辱使命。

四是增值，提升价值链。新材料、新能源和生物技术是现代三大前沿科技，生物技术已与生命科学融合，成为最受社会关注的"显学"。日本从香菇中提取的名为"天地欣"的治癌药物，每毫克已卖到 1 600 多元。据李玉院士测算，1 000 万吨农作物秸秆加上 1 000 万吨牛粪，理论上可生产 700 万吨双孢菇，即使打一下折，也可生产 400 万吨双孢菇，即 40 万吨干菇，干菇蛋白质含量按 30％计算，相当于生产出 400 万吨牛奶，或 92 万吨鸡蛋，或 60 万吨肉类。我国年产农作物秸秆约 9 亿吨，畜禽粪便 38 亿吨，即使利用 10％的农作物秸秆加畜禽粪便生产食用菌，也是一个惊人的增值空间。这仅为微生物"三料二品一剂"六大开发领域中的食品药品一个领域，其他领域也可由此窥斑见豹。尤其值得关注的是，这一增值是无中生有的增值，是点草成金、点粪成金、点废成金的增值。是在传统三物循环利用基础上的额外增值，增值后的废料再还田作为肥料参与三物循环，肥效不减，且能减少病虫危害。随着微生物研发技术的深入，小蘑菇不仅正成为高档保健品、高档饮品、食品、药品，还能成奢侈的化妆品及纺织材料、装饰材料、建筑材料。我国已成为世界上食用菌第一生产大国、消费大国，仅日产 200 吨以上的企业就有数十家。但种源短板严重制约发展，影响价值链的提升，如一瓶金针菇我们就要付日本 3 分钱的专利。"中国菌物谷"的问世将为解决种源短板问题做出应有的贡献。面向增效增值，微生物农业前景无限。

五是增食物，拓展食物链。人类食用蕈菌的历史悠久，食用菌是人类食物家族中的"老成员"，但今天它却成了"新显贵"，高档盛宴，有"无菇不成席"的讲究。在大食物观指导下，"一荤一素一菇"健康膳食结构日益为人们所接受，越来越多的食用菌成为餐桌上的新显贵，我国已公布115种食药同源食物，珍稀食用菌如玉木耳、金耳、羊肚菌、蛹虫草、红托竹荪等越来越受到欢迎和追捧。目前，在已发现的2 000多种食用菌中，有80多种可以人工栽培，近30种实现商品化生产，使人们的吃菇选择更为多元丰富。随着老百姓食物需求更加多样化，我们不光要向耕地草原森林海洋等平面空间要食物，还要向立体空间要食物；不光向看得见、摸得着的植物、动物要食物，还要向看不见、摸不着的微生物要食物，不断拓展食物链，以更多更优质的蕈菇"菜粮"来满足人民群众舌尖上的幸福。福建农林大学林占熺团队在沙漠中种植菌草生产食用菌，中科院科学家利用二氧化碳生产淀粉，展示出微生物技术"无中生有"、增加食物来源的现实和未来图景。面向美食中国，微生物农业异彩纷呈。

　　六是增空间，构建多维链。食用菌喜潮湿阴暗环境，不需要阳光，林下、草丛、荒滩荒地、防空洞都可生产，不与粮争地，不与其他农作物争空间。电视剧《山海情》利用沙漠、荒山种植菌草发展食用菌，构建了种草、养菌等多维产业链。历史悠久的林下栽培、稻田种菇等，是食用菌立体种植、巧用空间的初始阶段，随着现代科技进步，食用菌进入立体化、工厂化、周年化阶段。李玉院士团队创造的智慧菇房，集成40余项专利技术，既适用于大型工厂化菌菇生产，又可以移动方舱形式摆放于农户房前屋后和庭院、晒场，实现智能化立体生产。这种节地型智能设备，无异于增加了耕地空间资源。相较于粮食、油料、养殖和经济作物，食用菌立体化工厂化技术最为成熟，效益也最为可观，是守护耕地红线、藏粮于地的有效措施。面向藏粮于地，微生物农业凭空造"地"。

　　七是增健康，延长生命链。在饮食领域，微生物食品是健康食品。食用菌生产不需要施用化肥农药，含有丰富的蛋白质、菌类多糖、三萜和人体必需的氨基酸、维生素和多种矿物质，尤其蛋白质含量超过鱼肉禽蛋，高达 19％～42％（除大豆外的粮食、水果、蔬菜蛋白质含量均在个位数以下），1 千克干菇相当于 1.7 千克猪肉。它又横跨绿色食品和生命健康两大领域，适应了人们从"吃饱"到"吃好"、变"病从口入"为"病从口出"的高品质生活需要。在医疗领域，生物技术是延长人的生命链的利器。目前治疗癌症的四种途径分别是手术、化疗、放疗和生物药的靶向疗法，有些癌症应用靶向治疗效果颇佳，可完全治愈。以基因工程药物为主导的基因工程应用产业，现已成为全球发展最快的微生物药物产业之一，发展前景非常广阔。据报道，专门用于治疗肿瘤的生物药"肿瘤基因导弹"将在不久完成研制，它可有目的地寻找并杀死肿瘤，将使癌症的治愈成为可能。面向健康中国，微生物农业厥功至伟。

八是增速度，加快产出链。1978 年我国食用菌产量仅 5.7 万吨，产值不足 1 亿元，到 2021 年，产量已达 4 000 多万吨，增长 700 多倍；产值 3 000 多亿元，增长 3 000 多倍，世界上没有哪个国家的哪种人类食物创造出如此高速增长的奇迹。食用菌与一般农产品相比，生产周期短、产量高，而且种植不受气候、季节、地理环境等限制，有菌种就能种植，几天就可以食用。当遇到洪涝干旱等自然灾害，错过了作物播种农时，食用菌就是"救灾神兵"。为此，李玉院士呼吁要把食用菌列为救荒作物，注意发挥菌菇的救灾作用。同时，它也可成为人类应对新型灾难的救命作物，一旦突发动植物灭绝的灾难，食用菌应急生产即可拯救生命。食用菌原料随处可见，可以随时生产，一年可生产三四茬，有的甚至五六茬，工厂化更是周年不断，菌菇加工成干品后保质期在一年以上，是应对天灾、疫情甚至战争条件下食物的可靠来源渠道。近年来，日本根据地震、台风灾害多发和疫情频发特点，加大食用菌生产和进口，并推进以菌菜肉粮为原料的救灾食物开发，值得我们借鉴。食用菌等微生物食品是优质蛋白的可靠来源，科学家认为这是未来食品的发展方向。在国内外对高蛋白需求日趋增长的背景下，重视食用菌等微生物食品的深度系列开发，加快食物产出速度和产出质量应成为当务之急。面向补救应急，微生物农业无可替代。

九是增主动，创新科技链。人类社会在经历了一百万年的原始文明、一万年的农业文明、300多年的工业文明后，正步入"第四文明"形态，即生态文明时代。这一阶段，既需要克服工业文明过度消耗资源污染环境的盲动，也需要克服农业文明在自然状态下利用资源的被动，开启有意识利用高科技开发利用微生物的主动时代。近些年，高科技开拓了微生物"三料二品一剂"六大领域，促进了农业自石油农业以来的封闭型二维结构向开放型三维结构转变，使微生物主动参与农业三物循环，促进三物自然融合发展。微生物新品种、新产品、新技术、新产业、新业态喷涌而出，生物发酵、菌物工厂、生物育种、活性成分提取、食药同源、生命科学等新事物层出不穷，让人目不暇接，展现出"微生物，大产业"的无穷魅力。毫无疑问，科技主动作用于微生物世界，已结束人类"被动农业"的旧时代，开启"主动农业"的新纪元，且日新月异，甚至秒新时异的微生物科技链创新，将有力推动解决生态文明背景下"三农"领域需要解决的一系列重大问题，为我国农业高质量绿色发展增添强劲动力。面向主动融合，微生物农业跨界迭代。

微生物农业是"养在深闺人未识"的新产业，其"九增五不争"的鲜明特性，需要广而告之，创造浓厚的社会氛围，形成强烈的社会共识，使决策者纳入规划，着力推进发展；让企业家争相投资，倾心打造产业；令消费者心向往之，演绎时尚追捧。如此，微生物农业这片未来农业的新蓝海才能蓝光四射、活力无限，成为农业领域的劲旅。

菌物种业：一个被忽略的新种业

　　农业生态系统是由植物、动物、菌物三物构成的自我循环链条。植物是生产者，动物（包括人类）是消费者，菌物是分解还原者，它把植物、动物的残渣废料包括人畜粪便分解转化，既能作为植物的肥料进行下一轮生产，也可培育出食用菌供人们食用。

　　要彻底解决农业种业"卡脖子"问题，除高度关注植物、动物种质资源外，还应高度关注菌物种质资源的开发保护和利用。三物互为作用，共同构建起农业的生态循环系统，缺一不可，同时也是低碳农业的最佳路径。

　　我国菌物种质资源丰富，初步调查仅食用菌就有1 409种，其中食用类963种，药用类473种，居世界首位。改革开放以来，我国食用菌迅速发展，2012年起即成为农业领域中仅次于粮、油、果、菜的第五大类农产品。食用菌成为大产业，突出表现在四个方面：一是年产量从1978年的5.8万吨增长到目前的4 000多万吨，40年猛增近700倍，这是世界上任何一个国家、任何一种农作物都没有的增速，在人类粮食安全正向大食物安全突飞猛进的演进过程中，其价值作用无与伦比；二是产量占全球75%，成为我国具有地域优势的纯出口产品，仅食用菌相关技术就已推广到100多个国家；三是为脱贫攻坚做出巨大贡献，490多个国贫县中，80%以上选择食用菌为脱贫攻坚首选产业，出现了习近平总书记多次点赞的以陕西柞水小木耳产业扶贫为代表的一批食用菌精准扶贫典型；四是新冠肺炎疫情后，食用菌出口攀升，增加了10%，灵芝、茯苓、猴头、桑黄等药用菌类成为出口新宠。

食用菌在国际上被誉为 21 世纪的健康食品，营养、保健、安全，不仅是世卫组织推荐的"一荤一素一菇"膳食模式的组合成分，更是功能性食品、膳食营养补充剂、生物药品、化妆品的重要原料。

我国虽然是全球最大的食用菌生产国和消费国，但在产业的核心技术如科技研发、人才培养、智能化控制等方面，与欧美发达国家还存在较大距离。特别是作为核心技术的菌种，长期受制于国外，国内自主研发菌种能力薄弱，品种开发利用水平多数仍处于初级阶段，资源优势尚未有效转化为产业优势，亟须加快种业系统研发和技术创新。突出表现在：

一是大宗菌种被"卡脖子"。除木耳、银耳外，目前大宗食用菌类品种几乎被国外全部垄断。比如香菇是中国菇，但实际上在中国大面积种植的香菇，基本上都是日本品种。双孢菇品种主要受荷兰、美国控制。日本千曲化成公司垄断了我国 100% 的白色金针菇菌种市场，并按照每瓶 1 分钱收费，每年支付品种使用权费用 3 500 万左右。美国垄断了我国 87% 的双孢菇菌种市场，每年进口 3 000 吨，费用支出超过 5 000 万元。

二是菌种质量标准不统一。长期以来，食用菌生产小而散，菌种自产自用，利益驱使导致生产用种"异物同名"，严重制约了食用菌良种化。中国农业科学院曾将收集到的 2 100 余份菌种进行鉴定，真正有区别性的只有 388 个。由于菌种混乱、质量低下和品种的环境适应性差，食用菌生产中大面积的霉菌侵染报废、减产、绝收等问题频发，给农民造成严重损失。

三是菌种保护不够。我国自 2005 年才将食药用菌纳入农业植物品种保护名录，先后有 3 批次 15 个种属的食药用菌新品种被纳入品种保护范围，仅占已知品种的 1.06%，对食药用菌品种权保护较之发达经济体差距较大。以香菇品种为例，申请数量上，邻国日本达 229 项，而我国仅 15 项。品种申请主体上，国外以企业为主，国内以科研机构为主，育成品种主要向市场推广而非申请品种权，在这个过程中他人对品种的侵权、不合理利用等现象被长期忽视。育种者正当权益无法得到有效保护，难以从育种中获得商业利润，因此食用菌生产企业较少涉足菌种选育工作。社会企业参与度的下降进一步导致了食药用菌创新活力的低下。如参与我国香菇品种申请的国外企业有4家日本菌种公司，占香菇品种申请量15件的27%；国内科研机构占申请量的66%，而中国企业仅1家提出1份申请。

四是缺乏现代化菌种企业。如我国第一食用菌产业大省河南省，拥有大大小小食用菌菌种企业近200家，大多办理了三级菌种生产许可证，但是缺少一级、二级生产资质的企业，没有一家具备育种能力及现代化生产能力。这直接导致了食用菌主产区存在"菌种外地来，菌棒小厂卖，参差不齐瓜菜代"现象。我国食用菌"资源大国、菌种小国；生产大国、研发弱国"的尴尬局面，给整个产业的长期发展埋下隐患。

习近平总书记2020年三次提出"小木耳，大产业"，实际上是针对整个食用菌产业提出的课题。如何消除菌物种业这一产业之痛，实现高质量可持续发展，必须下更大功夫补上种业短板，打好菌种"翻身仗"。为此建议：

第一，组织开展食用菌种质资源调查。我国正在开展第一次全国林草种质资源普查与收集、第三次全国农作物种质资源普查与收集、第四次全国中药资源普查等全国性大型资源调查研究项目。建议国家加强对这些行动的统筹协调，除了聚焦既定的科学目标外，还应加强对菌物种质资源的系统性采集、保存和信息共享。同时，组织开展对重点地区菌物种质资源的调查与收集，促进提升国家在种质资源管理工作中的整体性和协同性，摸清我国菌物种质资源底数。

第二，加强野生菌物种质资源保护。野生菌物种质资源是国家的生物战略资源，然而，目前野生菌类资源保护存在疏严不一的现象，禁采、偷采、"杀鸡取卵"式的不良采挖（如在子实体成熟散发孢子之前采挖）并存。如何有效保护和利用？近年来，吉林农业大学李玉院士团队与地方合作，在西藏山区、祁连山、武夷山、大别山及我国其他边境地区建立了菌类种质资源保育区，开展特定区域野生菌类种质资源调查、收集和研究工作，在当地建设小微型菌物保藏体系。在此基础上，开展食用菌新种质资源创制研究，做到了有效保护与合理利用。建议推广这一做法，鼓励高校科研机构在我国自然保护区建立野生菌类保育区及菌物保藏体系，加强珍稀和濒危菌物资源保藏、保护、良种繁育及其生物转化和人工替代品研究。

第三，建立国家级食药用菌种质资源库。菌物可将植物秸秆、畜禽粪便等转化为食用菌或有机肥。发展菌物农业有利于实现农业减碳目标。而建立菌物种质资源库，则是发展菌物农业的开源立基之举。但是，目前我国已建立起植物、动物（包括水生物）种质资源库，菌物种质资源库尚是空白。已批准建立的国家级种业产业园，亦无菌类种业一席之地。为此，建议抓紧设立国家级食用菌种质资源库，建设"一馆"（菌物标本馆）"五库"（菌种资源库、菌种活体组织库、菌种有效成分库、菌种基因库、菌种信息库）体系，弥补菌物种质资源库缺项。

第四，实施食药用菌种业创新工程。国家拿出与农业领域第五大产业相匹配的专项资金，支持食药用菌种业创新，建立揭榜挂帅机制，调动科研机构、食用菌企业科技人员种业创新积极性，力争实现四个一批：创制一批遗传背景丰富、关键性状优异的核心种质资源；构建一批系统化、流程化、规模化、信息化的科学育种技术体系；育成一批适于轻简化和机械化生产且在产量、品质、抗病性、抗逆性、加工特性等方面有重大突破的育种材料和新特优品种；培育一批具有国际竞争力的育、繁、推一体化食药用菌产业龙头企业。

第五，加强食用菌菌种保护。①要在国家植物保护名录中增加新的菌类，扩大保护范围。除常见食药用菌属、种外，我国高附加值、国际认可度高的特有食药用菌品种也应纳入保护名录，以保护育种者权益。②设立专项基金，建设专门用于食药用菌新品种的 DUS［特异性（Distinctness）、一致性（Uniformity）和稳定性（Stability）］测试站，弥补菌类 DUS 测试站的空白；同时鼓励联合开发新品种 DUS 的测试指南，以有效检测品种特性，保护知识产权。③加强大数据、区块链等数字化技术应用，推行菌种"一物一码"，建立防伪和质量追溯体系。同时严格依法打击菌种假冒伪劣的侵权行为，切实加强食用菌的知识产权

69

保护。

第六，加强菌种市场管理。抓紧制定食用菌菌种质量标准，实现一级、二级、三级菌种的分级管理，严格把控一级种源，落实生产许可证制度，全面提升食用菌菌种生产水平，构建中国特色现代食用菌产业菌种体系。分区域建立高标准食药用菌菌种厂，培育国家级、省级食用菌种业，强化食用菌菌种的科技支撑。鉴于我国周边地区和非洲对食药用菌的需求日益增长，建议主动面向"一带一路"沿线国家建立食药用菌菌种制作基地，开展食用菌菌种及相关设备、技术的配套输出，农业农村、市场监管、商务、科技、海关等部门应加强协调，切实做好服务工作。

（本文原载于《中国发展观察》2021年第14期）

深刻领悟"小木耳，大产业"的
丰厚内涵

2020 年 4 月 20 日，习近平总书记在柞水县金米村作出"小木耳，大产业"的重要指示，不仅是对柞水及全国食用菌产业在脱贫攻坚中重要作用的高度认可，更是为我国以小木耳为代表的特色农业指明了发展方向，它包含的信息量巨大。应以敏锐的思想领悟力，充分挖掘总书记重要指示的丰富内涵，坚定信心，奋发有为，扎实推进食药用菌等富民产业发展，为乡村产业振兴助力，为农民创业致富探路。

一是巨大的经济意义。我国地域广阔、资源禀赋各异，如何因地制宜、因时制宜探索发展农业产业？柞水选择木耳为主导产业，依靠科技增量赋能，使小木耳成为农民致富的金耳朵，小产品带动大发展，蹚出致富路。2020 年总书记深入调研时作出"小木耳，大产业"的重要指示，紧接着 5 月份在山西大同考察、12 月份在中央农村工作会议上的重要讲话中，总书记又再三强调"小木耳，大产业"。其中蕴含的经济意义，与总书记此前对茶产业发展作出的"一片叶子可以致富一方百姓"的重要指示，其精神实质可谓一脉相承。应跳出小木耳这个产品、跳出柞水这个区域去深入思考、去理性判断、去深刻领悟、去贯彻落实。"小木耳，大产业"重要指示，体现了总书记对发展乡村产业的高度重视，指明了我国乡村产业发展的道路和方向。产业振兴是乡村振兴的基础。总书记明确指出，要"把产业发展落到促进农民增收上来"，"发展特色产业、特色经济是加快推进农业农村现代化的重要举措"。我国以小木耳为代表的食药用菌产业、特色产业大船，只要锚定目标不松懈，定能在富民强国的产业蓝海上，直挂云帆济沧海，乘风破浪，创造无限未来。

二是大食物意义。粮食安全、食物安全是国家战略。满足我国食物消费需求，需要有 35 亿亩农作物播种面积，但是，即使算上复种面积，我国农作物播种面积也只有 25 亿亩，还缺口 10 亿亩。必须树立大食物安全观，多向度提升食物保障能力。向江河湖海要食物，向森林草原要食物。总书记"小木耳，大产业"的重要指示，揭示了发展食用菌产业、多元化维护国家食物安全的重要意义。

食用菌具有"五不争"的特点，利用林下、地下（防空洞）、山下、荒地、废弃房舍均可种植。改革开放 40 年来，我国食用菌产量增长了 700 倍，这是世界上任何一种农作物都没有的速度。目前，食用菌已成为我国继粮、油、菜、果之后的第五大农作物。不起眼的小蘑菇，实际上在默默开拓着中国的农业产业。随着人们生活水平的提高，餐桌食物中，粮食越来越少，肉蛋菜菌等越来越多，食用菌成为人民生活的必需品。联合国粮食及农业组织提出"一荤一素一菇"的理念，被誉为 21 世纪理想的膳食搭配。目前我国每人每天大约食用 60 克食用菌，而营养学家建议每天应食用 250 克，需求量要翻 3 倍，这是一个万亿元级的大产业。发展食用菌产业，有利于满足人们日益多元的食物消费需求，事关民生，意义重大，前景广阔。

三是大健康意义。食用菌品种很多，它无叶无芽无花，自身结果；可食可补可药，周身是宝。食用菌主要成分有真菌多糖、三萜类、甾醇类、腺苷、氨基酸、蛋白质、多肽、甘露醇以及大量的人体必需的微量元素等，其中的真菌多糖更具有神奇的生物修复功能，能修复受损的细胞，使人类免受疾病的痛苦。近年来很多研究证明，灵芝中的三萜有抑制流感病毒、艾滋病毒、肠病毒、肝炎病毒等的作用。可见，小木耳等食用菌，是增强我们免疫力的"大力神"，大力发展食用菌产业，对于提升国民素质，实施健康中国战略，具有重大意义和作用。

习近平总书记指出，没有全民健康，就没有全面小康。健康中国要以人民为中心，把人民健康放在优先发展的战略地位。目前我国医疗卫生发展正由治疗为主转向预防为主，回归"治未病"重于"治已病"的正确轨道。俗话说，"治疗靠医生，预防靠自己"。比如，面对新冠病毒，人体免疫力是抵御病毒入侵的盾牌。如果把疾病比作疾风骤雨，那么免疫力就是遮风挡雨的房子。在平时，我们就应该盖好"免疫力"这间屋子，当"疾病"的暴风雨来临时，我们也就不怕了。很多食用菌都可以在维护我们的健康里发挥它的作用，特别是其中的灵芝、桑黄等药用菌类，根据中医的传统理论，对未病人群、已病人群和健康人群都可以使用。据报道，由于新冠流行，食用菌已成为美国天然渠道中第八大畅销食材。在美国十大流行食物趋势评选中，蘑菇荣幸地成为2020年超级食物之王。天然渠道的免疫健康品类中，"蘑菇"高居榜首，增长了53.8%，其中灵芝、冬虫夏草、白桦茸增幅靠前。疫情之下，食用菌发展迎来新机遇，我们应乘势而上，把这一健康产业做大做强做优，让食用者变"病从口入"为"病从口出"。

四是生态环境意义。生态环境的绿色化，取决于生物世界的平衡状态。生物世界是由动物、植物、微生物组成的，从逻辑上看，植物是生产者，动物（包括人类）是消费者，微生物是分解还原者，三者相互联系，缺一不可。但过去我们的种植业只重视种庄稼、养殖业只重视养牲畜，忽视了微生物，截断了农业的生态链条，造成了一系列失衡的生态环境问题。因此，应重构传统农业植物、动物、微生物封闭的"三物"内循环系统，不但要开发动植物潜力，还要把农业中的废弃物、养殖业中的废弃物，通过食用菌这个培植业，形成一个菌类生产的循环经济模式。安徽砀山素称"世界梨都"，果园面积近百万亩，每年修剪下的废弃果树枝条达4亿多千克。过去随处堆放，污染环境。后来因地制宜利用废弃梨树枝条种植木耳、香菇，形成了"废弃枝条种菌-菌棒制肥-肥料还林（田）产果（粮）"的生态产业链，提升了水果等农作物品质，带动了2 000余户贫困户脱贫增收。柞水、砀山等县积极利用废弃树枝发展食用菌，变废为宝、点废成金，提高了农业的绿色化水平。他们的经验告诉我们，"小木耳，大产业"的重要指示，蕴含着"两山理论"的精髓。深刻领悟总书记重要指示所包含的生态环境意义，树立三物农业思维，强化对农业废弃物的资源化利用，走好生态循环农业之路，是使绿水青山成为金山银山的关键。

五是脱贫攻坚意义。脱贫攻坚是改变中国命运的伟大决战，创造了人类历史上的伟大奇迹。在脱贫攻坚战中，小小食用菌做出了重要贡献。这是因为它种植周期短，产量高，效益高，前几年，食用菌经济效益和一般大田作物相比，通常是它的 10 倍左右。依靠科技种植食用菌，较短时间内就可以改变当地的贫困面貌。李玉院士团队在吉林扶贫的地方，利用种植"玉木耳"这个新品种，当年就脱贫了。脱贫攻坚战役打响后，很多地方政府都把食用菌产业当作精准扶贫的新抓手。据对全国 490 个国家级贫困县抽样统计，有 80％的贫困县把食用菌作为首选产业。柞水作为深度贫困县，现在全县农民收入 50％以上来自木耳产业；在吉林蛟河市黄松甸镇，70％的农户种木耳，70％的收入来自种木耳；安徽省金寨县"十大皖药"示范基地种植药用菌的贫困户，年人均收入最高达到两三万元。小小食用菌，通过现代科技神力的催化，迅速嬗变为脱贫大产业，为我国脱贫攻坚做出了非凡的贡献。总书记作出"小木耳，大产业"的重要指示，是我国食用菌产业和特色产业发展的里程碑，吹响了新时代乡村特色产业发展的进军号，将激励业界认真总结脱贫攻坚战役中食用菌产业发展的经验，巩固拓展脱贫攻坚成果，并与乡村振兴无缝对接、有效衔接，把乡村特色产业培育成乡村振兴的支柱产业。

六是输出中华民族五千年农业文明的意义。中国古代农业著作是世界任何国家、任何民族无可比拟的，今天可以见到著作名字的就有 600 多种，可以看到原著的也有 300 多部。工业文明我们是跟跑者，农业文明我们理应成为领跑者，李玉院士及一批农业科学家已经为农业文明的输出探索出路径。小木耳成为大产业，密码是现代科技与泱泱五千年中华农业文明的有机结合。以柞水为代表的木耳等现代食用菌产业，包含了套种轮作、立体农业、循环农业等现代生态培植模式，这正是几千年来精妙的农业技术经验与"天人合一""道法自然"理念在新时代农业实践中的体现。100 多年前，美国人富兰克林·H. 金通过深入考察，写过一本叫《四千年农夫》的书，总结的就是中国、日本、朝鲜农民生态循环农业方面的做法和经验，今天被美国农民视为"圣经"。我国发展生态食用菌等特色产业的经验，既有传统农法的继承发扬，又有时代的科技创新，具有鲜明的中国农业文明特色。认真总结提升一些好的生产模式、好的生产技术，宣传、推介到海外，与国外熟知的中医药文化、中华美食文化元素汇合，展现源远流长的中华农业文明的魅力，是树立文化自信的最生动最有力的举措。孔子课堂是让世界理解哲学里的中国，食药用菌美食是让世界理解舌尖上的中国，理解舌尖上的中国显然比理解哲学里的中国更容易、更便捷。

七是讲好中国故事的国际意义。中国减贫、脱贫的伟大实践为世界瞩目，怎么用中国实践讲好中国故事？"小木耳，大产业"，就是中国脱贫故事的生动实例。李玉院士团队及一大批把论文写到"一带一路"沿线国家的科学家，用实践向国际社会讲述中国故事。中国的食用菌的相关技术，已经推广到100多个国家，仅菌草技术就推广到106个国家。李玉院士团队和福建农林大学林占熺团队，在非洲开讲了小蘑菇大产业的中国故事。李玉院士团队在赞比亚建立了中赞食用菌技术中心，引入中国菌种、食用菌种植技术和工厂化设备，建立现代化食用菌种植基地，不仅带动了当地人民就业和脱贫，还使赞比亚成为非洲最大的蘑菇出口国，这件事，人民日报曾发表《中国院士让非洲人民吃上了蘑菇》的长篇报道。这些生动典型与国内的食用菌产业脱贫典型，都能够在"一带一路"沿线国家开花结果，应认真总结、梳理，让中国故事感动世界，让中国实践为世界减贫事业、大食物安全事业、大健康事业等做出应有的贡献。

（本文原载于《中国发展观察》2021年第9-10期合刊）

人间烟火气　最抚百姓心

——亟待开发的乡村夜市

观察一个地方的繁荣程度，主要看两大要件：一是从内涵上看物质和精神，二是从时间上看白天和夜晚。在我国古代，宋朝以前所有城市一律实行宵禁，只在几个节日开市。自宋朝开始取消宵禁制度后，催生了繁华的夜市，北宋开封东京城是当时世界上史无前例的"不夜城"。《东京梦华录》记载："夜市直至三更尽，才五更又复开张。如耍闹去处，通晓不绝。"自此"夜市千灯照碧云"便成了文人笔下形容一个地方热闹兴旺、发达繁盛的代名词。

美国布朗大学教授戴维·威尔曾研究提出，"一个地区夜晚的灯光亮度与它的 GDP 成正比。"据商务部城市居民消费习惯调查报告显示，中国 60％的消费发生在夜间，大型购物中心每天晚上 18 至 22 时消费额占比超过全天的 1/2，预计到 2022 年全国夜间经济的规模将达到 42 万亿元。特别是在疫情防控常态化背景下，夜间经济成为全国多地提振消费的"热引擎"和拉动经济增长的"新动力"。比如在上海，夜间商业销售额占白天的 50％；重庆 2/3 以上的餐饮营业额是在夜间实现的。

从宏观层面看，根据万德数据，中国的最终消费只占 GDP 的 56％，不仅远低于美国（82％）、日本（77％）、德国（75％）等发达国家，也低于印度尼西亚、越南、泰国、菲律宾等与中国有着相近消费习惯的新兴经济体。如按最终消费占 GDP 60％的世界平均水平计算，中国 100 万亿 GDP 也将有 4 万亿"未消费市场"等待开发。从消费结构看，中低消费仍是我国的主力消费群体，而未消费群体之所以未产生消费，并非这个群体不想消费，而是消费产品、消费环境、消费场景等没能契合他们的需求，导致消费潜力不能释放。激活基数庞大的乡村中低收入群体消费潜能是开发巨量未消费市场的关键。

人间烟火气，最抚百姓心。相比"越夜越精彩"的城市，作为中国巨大消费市场的农村，夜市发展却一直处于"星星之火、未曾燎原"状态。如何把握"夜间经济"的新风口，给农民一个繁荣的夜生活，给乡村一个繁荣的新空间，是推进乡村振兴的新课题。

改革开放以来，中国农民的生活已经发生了剧烈而深刻的变化，农民从物质到精神，生活需求日益多元，像城里人一样夜间消费休闲的渴望与日俱增。在一些规模较大、人口集聚较多的村庄发展"乡村夜市"条件已经具备，时机已经成熟。

其一，生活水平的提高为发展"乡村夜市"提供了物质基础。近些年特别是党的十八大以来，农民收入持续增长，提前一年实现较 2010 年翻番目标，脱贫攻坚使乡村贫困人口全部摆脱贫困。广大农民前所未有的衣食无忧、前所未有的居有所安、前所未有的无徭无役、前所未有的手有余钱。2020 年，我国农村居民人均可支配收入 17 131 元，人均消费支出 13 713 元，收支比 1.25∶1。这些在中国历史上都不曾有过的生活飞跃，为乡村夜市的兴起奠定了坚实的物质基础。在温饱线上挣扎的年代，白市尚且萧条，夜市更无从谈起。

其二，闲暇空间的增多为发展"乡村夜市"提供了时间保证。随着近年来机械化的普及和社会化服务的发展，"机器换人"把农民从繁重的体力劳动中逐步解放出来，农民有了"一个月过年，三个月种田，八个月空闲"的时间自由。有关调查显示，农民农闲时的日平均闲暇时间达到 476.7 分钟，日益增多的闲暇时间特别是农忙后的漫漫长夜，那些夫妻一方外出打工，另一方留在家中，和那些身体尚健的留守老人，十分渴盼有一个丰富多彩的夜生活。

其三，消费需求的提升为发展"乡村夜市"提供了潜力空间。一方面，农村消费市场潜力巨大。2019 年全国农村社会消费品零售总额增长 9%，增速快于城镇的 7.9%。随着美丽乡村建设的推进，一些村落呈现集聚化的趋势，村庄规模扩大、集聚人口增多，出现不少超5 000人甚至超万人的村庄，集聚的人口成为农村消费的巨大潜力所在。据中部某省调查显示，2018年农民人均消费支出近2万元，一个5 000人的村庄，年消费即可高达上亿元。另一方面，夜间消费的活力正逐步释放。日益富裕的农民特别是返乡的一代农民工，见识了城市的多彩世界，对文化生活的需求日益多元，白天劳作、夜间消费休闲的需求逐步释放，一天劳作之余，选择去夜市来顿"深夜食堂"，或任性地来次"消费血拼"，或大汗淋漓地来场"舞蹈风暴"，在一些农村已经成为一种习惯。

其四，基础设施的改善为发展"乡村夜市"提供了便利条件。随着近年各级对"三农"投入力度的不断加大，农村基础设施和公共服务条件得到显著改善，全国农村标准公路达到4万多公里，通硬化路的乡镇和建制村分别达到99.64%和99.47%，建制村通客车率达到98%，摩托车、电动车在乡村全面普及，小汽车也随处可见，农民出行只靠两条腿的时代彻底结束。交通和通信的改善，为农民生活半径扩大带来便利，为"乡村夜市"运营集聚了人气。农村路灯、广场等硬件设施不断完善，也为发展乡村夜市提供了场景条件。

一些超前探索、成功实践的典型范例已经证明，"乡村夜市"是繁荣乡村的新空间、新领域、新途径、新举措，对于拉动经济增长、促进农民就业、完善乡村治理具有重大意义，特别是在农民精神文化生活缺失的情况下，也是为农民呈上的一道精神大餐，具有浓郁的"九大烟火气"。

一是构建了亦张亦弛的生活节律。传统农民日出而作，日落而息，日复一日，自守一片天地。在繁重的劳作之后，农民往往没有放松身心的方式，一直处于麻木或紧张的生产生活状态。孔子也曾说，"百日之劳，一日之乐。"一张一弛，文武之道，生活需要节奏感。在结束一段时间的辛苦劳作之后，到集市上休闲，即使不做物质消费，亦可看看热闹，尽兴而归。村庄夜市恰恰创造了这样一种生活方式，它不仅提供了购物消费场所，也提供了休闲观光健身的场地，让人们获得紧张劳作之后的放松。像新疆和田地区，因地制宜发展带有乡土气息的夜市，有的建在村委会门口，有的建在文化广场旁，经营户白天可以拾掇庭院和做家务，傍晚开张营业，劳作一天的人们，来此吃一盘拌面，或撸几串烤肉、喝几杯啤酒，白天的疲惫一扫而尽。

二是营造了精神需求的释放空间。按照马斯洛需求层次理论，人在满足了基本的生存需求之后，会有精神需求。乡村夜市有琳琅满目的商品、物产，有丰富多彩的戏曲、杂耍、说书、魔术、游乐等娱乐活动，也有广场舞、健步走等自娱自乐的休闲活动，各种不同群体在夜市找到了精神寄托。有人形象地说，夜市是一个纯粹的地方，包容着来自各地的人，治愈了很多无助的灵魂，擦干了许多"眼空蓄泪泪空垂，暗洒闲抛更向谁"的眼睛，蕴藏着浓郁的人间烟火气。

三是创设了社会交往的良好环境。人是群居的动物。夜市是人们交流情感、畅叙友情的最佳场所。尤其是青年男女密约幽会，谈情说爱，追求的就是"月上柳梢头，人约黄昏后"的朦胧意境美。美国学者施坚雅也曾说，一个农民到50岁时，到基层市场上已经去过了不止3 000次，平均至少有1 000次。新中国成立后的互助组、初级社、高级社、人民公社，使人们通过集体劳动来创造社交环境，现在人们四处外出打工，面对面交往的机会越来越少。村庄夜市不仅为本村村民交往提供了条件和机会，左邻右舍、周围村庄，甚至城市居民也都赶来凑热闹，或买卖、娱乐、闲逛、海聊、对饮，呼朋唤友、携亲寻故，人际关系在交往中重建，在互动中升温。

四是消除了留守人员"月光下的孤独"。长期以来，留守在村的老弱妇孺群体，家人外出打工，最怕夜晚孤独，他们说：一到晚上除了看电视，就是听狗叫。夜市里丰富多彩的文化活动，把这部分人聚到一起，唱歌跳舞，闲谈聊天，使难挨的寂寞、长夜的无眠得到消解。安徽省阜南县段郢乡蒲庄村，地处沿淮行蓄洪区深处，村里5 000多人中有2 000多人在外务工。针对留守人员文化生活空虚的实际，该村利用废弃的砖窑场建设文化广场，引导发展夜市经济，在拉动消费的同时，也带来文化的兴盛。该村组建了广场舞队，在短短1年多时间内，广场舞队员从几个发展到 100 多个，广场舞队从 1 支发展到 4 支，跳广场舞变成全村的时尚运动；同时组建民间艺术团，定期在文化舞台上公益演出，不少群众既是演员，又是观众，都在其中找到了精神慰藉。

五是搭建了实现自我的发展平台。夜市带动群众在家门口摆地摊、开农家乐、办民宿，实现创业增收。还有不少草根群体加入直播队伍，现场直播地方戏曲表演、农民原创剧目、农村广场舞、农特产品等，利用直播拉近电商发展的差距。有的地方鼓励群众参与自治活动，设立了夜市执行官，成立了综合文化理事会，会长和成员都由既有威望又有热心的志愿者担任，负责夜市的管理，让各类人群找到了存在感、价值感和归属感。安徽阜南县的城镇利用沿淮低洼地建设荷花观光景区，引导乡村旅游和夜市经济发展，景区内"乡村夜市"经营户达到近 150 户，日均人流量可达 2 万人，户均月增收 1 650 元，带动了周边群众约 500 余人就业。

六是唤醒了沉睡的乡村文化。乡村文化是中华民族文明史的主体，村庄是这种文明的载体。乡村不缺优秀传统文化，但缺少唤醒这些文化的平台。在乡村夜市上，除了古色古香的仿旧建筑、仿古商摊、大红灯笼，还能发现极具地域特色的一些文化符号，像踩高跷、舞狮、舞龙、跑旱船、背阁、抬阁、武术表演、美食、招幌、牌匾、叫卖声等，都是当地历史上具有特点的文化碎片符号。通过重新挖掘重塑，打造成为独具风格的文化旅游景观。这些文化遗产的发掘，尤其对年轻人、城里人具有极强的冲击感，他们在游玩中感受乡村文化的魅力，有的情不自禁加入表演队伍，学习演艺，使传统文化得以普及和传承。

七是拓展了乡村旅游的时空。根据中国旅游研究院发布的《夜间旅游市场数据报告 2019》显示，仅 2019 年春节期间，夜间消费占消费总额的比重接近三成，而夜游消费又占了夜间消费的三成。点亮乡村的夜晚，成为越来越多乡村旅游景区的选择。通过乡村夜市，丰富夜游、夜娱、夜秀、夜市、夜购等多元业态，无缝对接白天的休闲旅游项目，延长了游客的游玩时间，拓展了游客的游玩空间，实现了乡村旅游经济从白天向夜间的延伸和拓展，营造了全天候、全时段、全领域消费氛围。

像浙江省出台了《关于加快发展美丽乡村夜经济的指导意见》，提出到2022年底，培育100个美丽乡村夜经济精品村、100条美丽乡村夜经济精品线路。该省永嘉县利用楠溪江流域的历史文化村落，打造乡村演艺产品，创新打造丽水街2.0版、楠溪江滩地音乐公园等夜间经济集聚地。2020年第二季度乡村过夜游客31万人次，环比增长92%；带动旅游总收入36.4亿元，环比增长202%，开启了美丽乡村的"夜时代"。

八是延伸了乡村的经济活动。与一些地多人少的现代化国家不同，他们的农民必须专业化、职业化，而我国绝大多数农民在相当长的一个历史时期必须兼业，在从事农业生产的同时，利用农闲化身行脚小贩，走街串巷售卖自己的商品。特别是全球疫情暴发以来，外出务工受阻返乡的农民在乡村夜市找到就业创业的场所和门路。把自家生产的农产品经过初加工直接摆到市场销售，或经过现场烹调变成美食，不仅实现了在家门口就业，而且大大提升了农产品的附加值。有的农民说，比出去打工强多了。乡村夜市带起一二三产融合联动，推动了经济活动向纵深延伸。

九是推动了城乡互动融合。"乡村夜市"加快了城乡融合发展步伐。首先，生产要素在城乡之间的双向配置与互动增强。夜市的兴起使城乡往来频次增加。农民到城里进货，城镇居民到乡村夜市上购买自己所需农特产品，部分劳动力、资本开始往农村回流。其次，城乡文明共融共生加快。在城乡二元化背景下，人们对城市文明和乡村文明产生误解，总认为城市文明更先进。实际上，随着乡村的发展，越来越多的城市人开始返璞归真，追求乡村生活，夜市上的农家乐、民宿、土特产等都成了城市居民热衷的产品。再者，以城带乡、以工促农提速。夜市的繁荣，使城市把一些工厂、人力、资本开始向乡下转移，企望借夜市寻求发展商机，这将直接助推乡村经济发展。

饱含烟火气的乡村夜市是时代的产物，是乡村繁荣的标志，也是繁荣乡村的动力，具有强大的经济社会效应。实践证明，推动"乡村夜市"发展是大势所趋、民生所盼，应引起足够重视，多举措全方位加以推进。一是强化顶层设计。把发展"乡村夜市"作为全面推进乡村振兴的重要抓手，纳入各级农业农村现代化"十四五"规划。在布点规划上，可在全国 59 万个行政村中，选择一批人口规模较大、聚集程度较高的行政村，培植发展"乡村夜市"。目前看，乡村人数在 5 000 人以上的行政村，基本具备集聚人口、拉动需求、建设"村庄夜市"的潜力，可重点加以规划。在建设规划上，注重打造特色、错位发展，因地制宜科学规划一批布局合理、业态丰富、特色鲜明的夜市。同时，把必要的场地硬化、亮化作为重点，完善相关休闲娱乐设施和场所，打造一体化、多功能、便利化的综合性夜间消费载体。二是强化工作保障。可以借鉴城市发展夜间经济的做法，配套设置专项资金或以奖代补，支持地方发展"乡村夜市"。在水、电、摊位等费用方面给予市场主体免租金优惠和经营补贴，在夜市发展前期吸引商家入驻；在创业资金方面协调金融部门推出相应的金融扶持政策，解决小本经营贷款难问题；在消费支持方面，推出夜间消费券等消费倾斜政策，激发夜间经济的消费需求。此外，引导在供需两端紧跟"新基建"宏观政策，鼓励直播等新销售模式，促进新业态、新产业、新服务发展。三是强化监督管理。伴随"乡村夜市"而来的"夜市治理"是对常态化政府行政的延伸，有其特殊性。建议将传统监管和新兴监管方式结合，既加强整合既有监管方式，构建卫生、交通、物价等部门的协同联动机制；又能探索创新治理模式，发挥群防群治的力量，利用大数据监管的优势，有效发挥新兴监管的作用。比如，借鉴荷兰阿姆斯特丹和上海的经验，很多城市设立了"夜间区长""夜生活首席执行官"等类似头衔，专职解决夜间经营过程中发生的各种问题，这些做法同样适用于"村庄夜市"治理。还有建立夜市经济负面清单制度，加强夜市经营信用体系建设，建立健全售后评价体系等，打造规范有序、充满活力的夜间环境。

（本文原载于《中国发展观察》2021 年第 8 期）

新时代需要"全科农民"

医学界在培养"全科医生"，教育界在培养"全科教师"，当下，"三农"领域更需要培养"全科农民"。社会分工越来越细，专业化程度越来越高，在现代社会，大部分职业都在细化，大部分专业都在窄化，过去的"360行"被一次次突破，许多新兴的职业如美容师、美甲师、陪跑员、育婴师等正逐渐成为现代社会的新宠儿。农民这个职业也在不断突破传统农民的范畴，内涵与外延不断扩张，各类新农人不断涌进农业领域投资兴业，这些新农人很多都是从其他领域转行而来，往往具有非农的从业经历，拥有较强的技术能力和先进的管理经验，再也不是面朝黄土背朝天、只会种地的传统农民。而随着农业生产动力的更新迭代，农业生产的智能化水平越来越高，劳动工具智能化的演进越来越快，不仅赋予了新农人干事创业的技术环境，也让新农人从事农业生产经营变得相对更为容易。由此，很多人想当然认为，在"智动时代"，新农人待在空调房里拿着手机、按个按钮、喝着茶就可以种好地、当好农民，这种想法是异想天开。

首先，农业生产有其复杂的自然规律。农产品生产相对于工业产品生产有六大特点：不可间断，不可倒序，不可搬移，是活的生命体，遵循自然再生产与经济再生产两个规律，结果只能最终一次性显现。农作物是一个有机生命体，从育种到田间管理再到收获，各环节一次性展开，需要不断提供养分，不能化整为零，所有的努力只能体现在最终一次性的产品收获上。从事农业生产就需要掌握各个生产环节的农事规律，做出综合统筹安排。复杂多变的农事规律要认识、要把握就十分不易，要协调统筹和灵活运用更是难上加难。

农业生产有其复杂的市场规律。相比较工业生产，农业生产有明显的季节性、周期性和滞后性。春天播种，夏天管理，秋天收获，冬天储藏，农产品市场供给依赖于农业生产的周期，生产周期短则数月，长则数年，难以改变，但市场状况却瞬息万变，农业作为一个弱质产业，来自风霜雨雪的自然灾害的影响比任何产业都要大，农业"靠天吃饭"的局面在相当长时间内难以摆脱，再加上工农产品价格剪刀差长期存在，改革开放后，农产品价格上涨幅度远远落后于工业品价格上涨幅度，要想在这样的自然环境和市场条件下赚到钱很不容易。

农业生产还有其复杂的社会需求规律。农产品需求价格弹性小，随着消费者收入水平提高，价格的变化对消费者消费数量影响不大，对农产品消费质量和结构的影响会越来越大，吃得好、吃得安全、吃得健康成为农产品消费的关键需求，消费者越来越重视所消费农产品的品种、品牌、质量、产地、时令、鲜度、在地性等，甚至越来越倾向于在农业生产中输入自己的价值观。因此，农民不仅要精通基本的农业生产技术，还要掌握有机种植、绿色养殖等对接中高端消费需求的生产技术，掌握农产品加工、储藏、流通、品牌运营等技术，每类技术的背后都有庞杂的知识体系，掌握一门技术都不是一朝一夕的事情，需要多年的浸润、领悟和投入，日积月累，久久为功，而掌握这么多门技术当然更非易事。

在"智动时代"，农业的生产规律不会改变，但对农民的要求以及适应规律的能力却在提高，从种到管再到收获、加工、流通和销售，农业生产经营既强调生产经营环节的完整性又突出分割性，既强调生产经营技术的综合性又突出单一性，既强调生产流程的全程性又突出阶段性。新农人要想实现向现代农民、职业农民的转变，绝不能只做拿着手机的"山顶洞人"，需要对农业生产经营全过程熟悉、全方位把控、全链条统筹、全流程监管，必须参与到农业产业链的后续环节分工之中，成为农业产业链的重要参与者甚至是驱动者，必须成为农业生产经营领域的百科全书，成为农业生产经营的通才和眼下年轻人眼中的"斜杠青年"，集农业生产者、各类智能技术的掌握者、品牌运营者等于一身。

在"智动时代"，需要重新定义、解释、看待和培育农民，农业生产经营需要百科全书式的农民，需要对农业形成四种认同。

一是理念认同。农业是适应自然的产业，遵循天人合一的自然规律，而工业是改造自然的产业，强调人是自然的主宰，农业文明是人类一切文明的母体文明，人类已经历了上万年的农业文明，只经历了三百年的工业文明，但就是在这短短三百年的时间，在人类中心主义这一观念的引导下，资源消耗和环境污染毫不节制、毫无顾忌，地球已不堪重负，只去索取，不去保护，人类最终会被大自然所抛弃，当一个农民尤其是当一个现代农民必须遍读、精读、深读"天地之书"，从儿童时代亲近自然，树立生态思维，掌握生态规律，当前，"逆乡土化"程度加剧，乡村孩子大都进入城镇读书，读"天地之书"的机会、条件减少，由此带来对农业的认知和情感的残缺，让这些孩子再回乡村当农民，隐忧可见。

二是知识认同。农业生产的产品是自然之物，一环扣着一环，从耕种管到产加销，环环相扣，前一个环节没有完成便不能进行下一个环节，而工业生产的产品是人造之物，可以分拆完成，工业生产的专业化、模块化和分工程度都远远高于农业生产。专家估算，农民只从事生产环节，不挤入后续环节，仅能获取全产业链 10％的利润。而农业生产要求具有百科全书式的知识，耕、种、管、收、储、运、售各种知识都需要具备。现在社会上也有专业的社会化服务组织提供各类社会服务，但术业有专攻，专业的人和组织只解决专业的事，解决不了全过程、全环节和全链条的事，当一个现代农民，仅靠社会化服务组织不可能全方位、综合性地解决所有问题，必须亲力亲为，统筹协调方方面面，而要弹好这架大钢琴，必须掌握三次产业融合发展的相关知识，"士农工商一肩挑"。

三是情感认同。"栽秧种藕春芳尽，眼触炊烟化入诗"等诗句讴歌了劳动人民对农业的深厚情感，几千年的农业社会，农业除承载经济功能、保障功能外，还承载着文化功能、情感功能，劳动人民以地为生，以农为业，对农业和土地的情感深厚，但在"智动时代"，农业遇到"物联网＋""互联网＋"，智能手机里装了一款款智慧农业 APP，农田插秧、施肥，大棚里通风、浇水，点点手机就能办，离土地越来越远，造成对农业的情感缺失，厌农、弃农情绪就会滋生。对农业没有从心底里的情感认同，没有情感上的真正融入，只把从事农业作为一种职业甚至是一种谋生方式，是经营不好农业的。在农业社会，中国农地的土地产出率与全世界相比都处于较高水平，与劳动人民对农业的深厚感情以及建立在此之上的劳动投入密不可分。当下，我们要培养"一懂两爱"的干部队伍，更需要从儿童时代就开始培养爱农民、懂技术、会管理、善经营的现代化全科农民。

四是价值认同。农业已经不只是仅仅解决吃饭问题的单一功能，除了食物保障之外，它还具有就业收入、原料供给、生态保育、旅游休闲、文化传承等多种功能，尤其是保障食物安全、生态安全、文化安全是社会关注的聚焦点，也是农业最重要的价值所在。食物安全是人类生存的依托，基辛格曾预言：谁控制了粮食，谁就控制了世界上所有人。食物安全不仅是个总量安全的概念，还是一个结构安全、质量安全的概念。在供给侧改革的大背景下，消费者对生态、绿色、有机食品需求旺盛，但生产端农药、化肥、除草剂的过量施用，超标残留现象始终难以杜绝，在加工环节、销售环节也都存在让消费者难以安心的问题。食物质和量的安全任重道远，马虎不得。生态安全是人们生活的基础，优质农产品的生产需要有良好的生态环境，作为高智商的人当然更需要生活在良好的生态环境之中。德国哲学家海德格尔将人类理想的生活环境概括为"诗意的栖居"，富有诗意的环境，能够点燃激情、激发活力，让人产生诗情画意的美感。目前中国的消费结构与以往有很大不同，健康养生消费比重正稳步增加，为社会提供一个修身养性的大环境，农业农村责无旁贷。文化安全是文明的根脉，在高科技迅猛发展的今天，传统农耕文化正遭遇断崖式沉没，对传统的生产生活用具、工艺品等的收集整理以及对传统文化中思想理念、思维方式以及制度建设的传承已成为当务之急，在高科技发展的今天，传统农业文明孕育而生的思想精华、思维逻辑会消失得更快，需要现代农民加以传承并发扬光大。

　　无论是理念的修炼，还是知识的累积；不论是情感的培育，还是价值的生成，都不是一朝一夕的事情，都需要自幼身居乡村，天天耳濡目染、持之以恒积淀，练就"童子功"。"逆乡土化"的教育肯定培养不出"全科农民"。一位被称为"国学大师"的明星专家，解读"锄禾日当午，汗滴禾下土"，说是农民顶着烈日播种，汗水洒湿了土地。显然没有乡村经历。锄禾是用锄头除掉庄稼地里的杂草，为什么要顶着正午的烈日锄草呢，因为除掉的野草经正午的烈日暴晒马上会死掉，如果是早上或晚上锄草，不能马上被太阳晒死，连着泥土的根可能还会让草复活，那就等于白忙活了。这是乡间儿童都懂得的常识，名满天下的大教授却不懂。可见，培养全科农民，不是读文字之书就能实现的，他不能脱离环境；也不是半路出家就能练成的，他需要一生的功夫。

"三农"干部提高本领的十"三"法则

习近平总书记在 2021 年 12 月主持召开中央政治局常委会会议专题研究"三农"工作时指出，应对各种风险挑战，必须着眼国家战略需要，稳住农业基本盘、做好"三农"工作，措施要硬，执行力要强，确保稳产保供，确保农业农村稳定发展。特别强调，"三农"工作领域的领导干部要抓紧提高"三农"工作本领。新时代、新形势、新要求，"三农"工作领域的领导干部应该掌握哪些知识？应该提高哪些本领？如何抓紧提高？这是摆在各级"三农"干部面前的新课题、新任务，也是新挑战。就当下情形看，遵循十个"三"的法则是关键。

一是常读三本大书。从人类的阅读史来看，大体经历了三个阶段，一是农业文明时代读天地之书，也就是通过对大自然的观察，认识和掌握自然规律；二是工业文明时代读文字之书，通过书本学习和掌握人类积累传承的各类知识；今天，进入第三阶段，即信息时代读视频之书，通过直观、形象的视频，接受丰富的多媒体信息。从事其他工作，或许只需要读好文字之书、视频之书，但对于从事"三农"领域工作的干部来说，必须同时常读天地之书，把握自然规律，比如知道二十四节气，知道什么时候该播种什么，什么时候该收获什么，什么时候该管理什么，尤其在近些年地球升温、气候异常多变，农业生产受到深刻影响的背景下，更需要随时观察了解自然生态、气候环境的变化。与人造之物的工业品不同，农产品是自然之物。工业品是工人无中生有生产出来的，工人是生产者；农产品的生产者则不是农民，农民只不过是帮助本来就存在于自然界中的动植物种子提高产量和质量而已，因此自然之物必须遵循自然规律。不常读、读好天地之书，认识把握自然规律，就无法指导农业生产。

二是遵循三大规律。即自然规律、市场规律和社会需求规律。遵循自然规律即春种夏管秋收冬藏的农业基本规律。一个鸡蛋的生成需要25.5小时，一个小鸡的孵化需要21天，这是动物的规律。这些规律只可认识，不可打破。遵循市场规律即认识到农业发展要受到国内国际市场、消费者需求等因素的影响，农产品必须讲求效率和效益，不赚钱就不可持续。中国农业由自给自足的小农生产向市场经济转型，过去一直和不足作斗争，不像发达国家长期与过剩作斗争，我们缺乏市场经济的经验，东西少了办法多，东西多了办法少，必须提高运用市场手段指导生产的能力，千方百计提高农产品价值，拓展农产品增值空间。遵循社会需求规律就是认识到农产品的准公共产品性质，农产品与其他产品不一样，是社会的刚性需求，不论是否赚钱，我们都要生产，一日三餐，人人需求，这是铁律，保障粮食安全是"三农"最基本的责任义务。国家花费大量投入保护这一弱质产业，目的就是在任何情况都必须保供。

三是树立"三物"思维。所谓"三物"就是植物、动物、微生物，传统农业是在一个自然状态下形成的三物循环。植物是生产者，动物包括人是消费者，微生物把植物和动物的残渣废料包括人畜粪便进行分解，再还原成植物的肥料，形成传统农业封闭的自我内循环结构。而有了石油农业后，这个循环圈被打破。农药、化肥的使用使微生物被排除到这个循环圈之外，导致传统农业的自我循环中断，后果是土壤质量下降，生产不出优质农产品。推进农业供给侧结构性改革，关键是提高农产品质量，而提高质量的关键就在于恢复农业的三物思维，重构动物、植物、微生物循环链。否则，什么生态农业、循环农业、绿色农业、有机农业都是一句空话。按照国际标准，1亩好的土壤要有10多万条蚯蚓、300千克的真菌细菌、5％～12％的土壤有机质含量。我们现在一些土壤的有机质含量不足1％，土壤有机质含量低的根源在于生物肥施用少，目前我国生物肥料用量占比仅10％左右，而美国已高达50％以上。树立"三物"思维，当务之急需从改良土壤、净化水资源做起。

四是融合三次产业。融合三次产业是指不光农村要生产农产品，还要发展加工、贸易。有专家估算，在整个农业产业链条中，生产端获取的利润只占 10％左右，剩下 90％都在设计、包装、加工、储藏、运输、销售等环节，可见后端附加值和利润很高。要融合三次产业，意味着乡村要发展二三产业，与城市二三产业不同，这个二三产业只能是以农产品加工业和传统乡村手工业为主，以为农业农村服务为中心的服务业为主。发展这样的二三产业，既可让农民挤入后续产业参与利益分配，又可让农民就地就近兼业，通过两条途径实现增收。当前，农村二产、三产的发展还须破除由城乡二元思维衍生出的二元文化，摒弃从事农业丢人、不赚钱的旧观念。美国农民占总人口的 1％，约 300 多万，但美国为农业服务的就业人口占总人口比例为 17％～20％，一个农民身后有十几个人为他服务。旧观念不破除，乡村二三产业就很难发展，农业现代化就很难实现。

五是推进"三体"共化。农业现代化的本体是农业、主体是农民、载体是农村，农业现代化不光是农业有了现代设施、引进现代技术就现代化了，而是要让作为现代化主体的农民同时现代化，作为现代化载体的农村同时现代化，只有本体、主体、载体共同现代化了，才能实现农业的现代化。如果引进了发达国家的先进设备但是农民不会操作技术，也实现不了现代化；农村作为载体，基础设施不配套，路、电、水不能保障，也实现不了现代化。推进三体共化应重点围绕农业高质高效、农村宜居宜业、农民富裕富足三大目标，像工业、像城市那样千方百计引入各类现代元素，诸如现代理念、现代思维、现代技术、现代设施、现代管理、现代金融、现代人才、现代制度等，只有让"三农"插上现代化的翅膀，乡村振兴的"两高两宜两富"目标才能实现，建设现代化强国的"三农"短腿才能加长。

六是保障三大安全。乡村对城市和社会最重要的功能就是保障三大安全，即食物安全、生态安全和文化安全。食物安全是最基本的保障功能，从过去的吃饱到现在的吃好，不光要吃出营养，还要吃出健康，这对农产品的质量要求越来越高。为了实现食物安全应树立大食物观念，即面对现在吃粮越来越少、肉蛋奶瓜果菜及食用菌等消费需求增加的食物消费结构变化，不光要向耕地要食物，还要向江河湖海要食物、向沙漠草原要食物。树立这一大食物观念意味着对食物结构要有新认识，对食物来源有更广阔的视野，不光要保障主食安全，还要保障副食安全，不光向植物、动物要食物，还要向微生物要食物。国际形势风云变幻，粮食已经被武器化，美国称霸世界过去靠"三金"（货币是黄金、能源是黑金、粮食是白金）今天靠"三片"（芯片代表科技、大片代表文化、薯片代表粮食），其中都离不开粮食。守好农业这个压舱石任何时候都是我们这个 14 亿人口大国的头等大事。

生态安全是人类生存的基础条件。从空间格局看，我国 960 多万平方公里土地上，680 多个市占地约 6 万多平方公里，2 000 多个县城加上乡镇所在地的建成区占地约 12 万多平方公里，再加上水利、道路等基础设施，总共占地约 20 万平方公里。960 多万平方公里去掉 20 万平方公里，剩下都是乡村。可见乡村对生态安全起着举足轻重的作用。虽然生态安全的难点痛点在工业在城市，但重点关键点都在乡村。

文化是一个国家一个民族的灵魂，文化安全是国家、民族得以延续的根脉。中国 5 000 年文明之所以生生不息，乡村作为文化载体发挥着重要作用。中国 5 000 年文明史的主体是乡村文化，载体是村庄。对于乡村不能仅从经济利益考虑，开展旧村撤并、集整土地生财，还应该从文化角度去思考。我国改革开放之初约有 400 多万个自然村落，今天大约只有 200 多万个自然村。一个村庄就代表一种文化，而文化的价值就在于唯一性，推倒一个村庄就是斩断一条中华文化的根脉。应该站在这样的高度去看待村庄的去留，做到能留尽留，如此才能保障中华民族的文化安全。不仅如此，保护村庄保留传统文化，也是在为一代人留住集体记忆留住乡愁。改革开放之初，我们的城镇化率只有 17％，如今已经达到 65％，在这个过程中进城的人都有乡村经历，他们都有共同的情感寄托。保留乡村就是为这个庞大人群的集体记忆留下一个回忆场景。否则，就是对这个群体巨大的情感伤害。在乡村建设进程中应清醒地认识到中国乡村是"迭代"而不是"换代"，可以遵循"外面五千年、内里五星级"的标准进行修旧如旧的现代化改造，在保留传统中让村庄与时代同步。

七是守好三块土地。我国土地从性质上分为城市国有土地和农村集体土地。城市国有土地主要用于发展开发，农村土地主要用途是保障食物供给和生态环境。其中农村集体土地又分为三种类型，即农地、市地、生态地。农地就是耕地，用于种植农作物；市地是指可以拿到市场上交易的土地；生态地就是用于生态保护的土地，如森林、草原、沼泽等。1957 年到 1996 年，我国耕地年均净减少超过 600 万亩，1996 年到 2008 年，年均净减少超过 1 000 万亩，2009 年到 2019 年年均净减少超过 1 100 万亩，现有耕地 19.18 亿亩，照此速度减少，再过十几年后可能会突破 18 亿亩红线，目前人均只有 1.3 亩耕地。而土地质量也相对较低。中国工程院院士唐华俊称全国耕地由高到低依次分为 10 个质量等级，平均仅为 4.76 等，一等到三等耕地仅占 31.24%，中低产田占比 2/3 还多。对于农地必须坚决守住 18 亿亩耕地红线、守住耕地质量、守住不抛荒这三条原则。每年我国的农产品消费量约需 35 亿亩的产出物，但我国每年加上复种指数，也只有 25 亿亩的播种面积，也就是说，每年都需进口 10 亿亩土地的产出物。人多地少的资源约束是我国的基本国情，任何时候都必须正视这一先天不足的现实。

市地主要包括道路、学校、村部、广场等公益性建设用地、乡村企业使用的集体经营性建设用地和农民宅基地。这三块可以上市交易的土地要按照政策用好用活，不断推进改革。对于生态地要死防严守，绝不能侵占。保护好生态就是保护好社会的大环境。

八是提升三种能力。现代社会中，人的能力由三方面构成：基础能力、思维能力和品质能力。基础能力指人从事一般生产生活所必备的基本技能，这些技能在不同时代有不同的要求，比如操作电脑、驾驶汽车等，在四十年前可能很神秘，今天是年轻人人人皆会的基本技能。思维能力决定着人与人之间的差距，别人想到的你没想到，你想到的别人想得比你还深，他可能就会棋高一着超越你。品质能力则是人格力量的升华，是最高境界，一个人有不断提升自己品质的能力，就是一个高尚的人、纯粹的人、脱离了低级趣味的人。领导干部只有不断提升上述三种能力，尤其是思维能力，才能站在时代的潮头、引领事业正确发展。而要提升上述三种能力必须跟上人类社会的知识结构变化，现代知识大体分为三个层次，即明知识、默知识、暗知识。明知识是可以意会也可以言传的知识，可以通过言传、读书等获取；默知识是只可意会不可言传的知识，比如琴棋书画等，要靠练习揣摩；暗知识则是突破传统认知的现代新知，如量子、黑洞、暗物质等。从事其他领域的工作需要知晓了解这三个层面的知识，从事"三农"领域工作的干部也同样需要知晓了解，只有把握人类知识发展变化的脉动，才能跟上时代，提升新形势下从事"三农"工作的新本领。才能重塑农业文明的现代尊严，改变对"三农"的传统认知，纠正农业文明是落后的应该抛弃的文明的错误观念，推动农业文明作为母体文明与工业文明、城市文明同时、同样、同步发展。

九是驭好"三驾马车"。做好"三农"工作要把握好政府、市场和社会之间的关系，让政府市场社会各司其职、各尽其责，既协同共进，又互相监督，互促共赢。做到既不能缺位又不能越位，也不能不到位。

乡村是农民的乡村，农民的主体地位不能缺位。如果不能把民间力量、乡村能人的作用发挥出来，乡村振兴就缺乏内生动力。民间力量怎么调动？农民的积极性怎样激活？前提要对乡村能人"底数"清楚，通过建立乡村各类能人档案、能人组织，搭建好能人发展乡村产业、服务乡村事业的舞台，让能人愿意主动为乡村振兴出力，让民间智慧充分涌流。

乡村振兴离不开政府主导作用的发挥。政府主导意味着政府要做好顶层设计，明确高质量发展理念，优化软硬环境，完善政策支撑、制度保障等体系，当好"有为政府"。但在实际工作中必须严防一竿子插到底、包打天下的越位、越权现象，有的把该交给市场配置资源的变成权力的自留地，有的把该让社会做的牢牢抓在手里不放心，这样不仅让政府包袱越背越重，很难做好，也会挫伤各方参与乡村振兴的积极性，导致资源的低效配置甚至错配。

做好宏观规划，总体设计，绘制好发展蓝图是政府的基本职责，但一些地方没有清晰科学的规划，只凭主观想象，同是一片地方，张书记来了要搞绿化带，李书记来了要建大广场，王书记来了又要造人工湖。这种没有规划约束的现象只能导致发展乱象。在市场经济条件下，资源配置起决定作用的是市场，一些地方招商引资难，要素集聚难，产业发展难，因素固然很多，但市场活力不足、功能没有充分发挥是关键。当今时代，让社会组织拾遗补阙，为政府分忧解难是一个地方激活民间智慧的重要途径。一些地方社会组织发育或数量有限，或有名无实，或服务不力，导致"英雄无用武之地"，民间力量难以发挥作用。

如何在乡村振兴的实践中，建立有为政府、有效市场、有用社会，防止工作失准失焦、走样变形、无效低效，是检验"三农"领域领导干部能力水平的重要方面，也是一场体现智慧的大博弈。

十是培育"三农"情怀。习近平总书记指出，要培养"一懂两爱"的"三农"工作队伍。懂农业、爱农村、爱农民是"三农"干部必备的基本条件，"一懂两爱"的基础是具有浓厚的"三农"情怀，而"三农"情怀的培育对每一个"三农"干部都是一场长期持久的挑战。第一是空间上融入，要经常到农民群众中去、到基层去，能到现场的不要在会场，能到田头的不要在案头，变"坐而论道"为"做而论道"。

第二是时间上融入，中央要求从事"三农"领域工作的领导干部要把主要精力和时间放在"三农"工作上，这就意味着要舍得花时间在基层，舍得把精力放在群众身上，而不是"说起来重要，做起来次要，忙起来不要"。

第三是情感上融入，把自己当成农民一分子，与老百姓"坐在一条板凳上"，只有培养出共通的感情，才能赢得百姓信任和认可。中国乡村是熟人社会，最重视情感，乡村团结靠的是情感的黏合。与西方社会不同，中国乡村处理事务的思维是情、理、法，西方是法、理、情；中国乡村的团结靠情感，是你中有我，我中有你的有机性融合型团结，西方社会的团结靠契约，是随时可合、随时可分的机械式组合型团结。爱一个人、一件事、一个地方不容易，需要时间的积淀，想忘掉也很难。

"三农"干部只有通过日积月累的生活细节，才能与农民建立无话不说、心心相印的共情场域。

第四是话语融入。习近平总书记在地方任职时，曾就一些领导干部不会跟群众说话批评道："与新社会群体说话，说不上去；与困难群体说话，说不下去；与青年学生说话，说不进去；与老同志说话，给顶了回去。"生动描述了某些领导干部跟群众说话时的真实状态，也反映出了领导干部亟须提高跟群众说话水平的迫切需求。《周易·系辞》中说："鼓天下之动者，存乎辞。"意思是说，要想说服鼓动天下，就得借助言辞。"三农"领域工作的领导干部只有学会跟农民群众说话，才能产生同频共振的效果。有的领导干部到基层调研农民收入，张口就问农民收入中经营性收入、工资性收入、转移性收入、财产性收入各占多少，这样问虽然没错，也是经济学上对农民收入的划分，但对普通农民来说他不懂更没法回答，这种交流与农民不是一个话语体系。懂得群众的话语体系，用好群众语言，才能与群众更好沟通、产生共鸣、形成合力。

第五是知识上融入。对从事"三农"领域工作的领导干部来说，这个知识不是书本知识，不是学历知识，而是农业这本大书的实践知识、专业知识。曾有一位名气很大的专家在中央电视台讲解古诗"锄禾日当午"诗句时，说是"农民在顶着烈日播种"，引发笑谈。这位专家显然没有锄禾的经历，不知道锄禾就是用锄头除掉庄稼地里的杂草，为什么要"日当午"除草呢？因为中午阳光强烈，锄掉的杂草很容易被晒死，这样锄草效果就好，如果是早晚锄草，太阳光线不强，草可能还会复生。对"三农"干部来说，就是要懂一些基本的农业技术和农业知识，跟老百姓交流起来不说外行话，否则外行指挥内行，很容易造成工作跑偏，更难赢得群众认同。

乡村建设

九园之乡：中国乡村的未来

中国的乡村与非洲及南美洲的乡村不同，他们是"原始型落后"，我们是"文明型落后"。有着五千年文化积淀的中国乡村，在漫长的岁月磨洗中，逐渐生成了各自独特稳定的居住环境、社会结构、风俗习惯、人际关系及运行机制等。复杂多元深厚的历史背景昭示我们，实施乡村振兴战略，不是像在一张白纸上作画，可以随意挥洒，而应立足原风貌、原生态，做好传统与现代的衔接，古典与时尚的互融，传承与创新的契合。中国乡村的变迁，是迭代而不是换代，要宜居还需要宜业，保障食物更应有多种功能。因此，精准把握未来乡村建设的发展走向、功能定位、价值逻辑及思维方式，是乡村振兴稳步推进的关键。"产业兴旺、生态宜居、乡风文明、治理有效、生活富裕"是中央乡村振兴的宏观大政，要将这五大目标任务细化、实化、具体化，应以"九园之乡"的价值追求和思维逻辑，设计架构，定位功能，引领走势。

一是农民宜居宜业的家园。给农民一个既宜居又宜业的家园，这是乡村振兴最重要最核心的内容。宜居宜业关键在于两个方面：一是生产、生活、生态、生意"四生契合"。有些地方进行村庄大规模整合，把老百姓安置到一个新地方集中居住，农民生活质量提高了，但种自己的田要跑十几甚至几十公里，骑摩托或开车的油钱比卖农产品的钱还多，农民不满意。不仅要和生产、生活契合，还要和生态、生意相契合。要创造"身在青山绿水间，心在唐诗宋词里"这样一个宜居的环境，同时还要做好市场开发，有好产品，能卖得出去，卖个好价钱；有好景点，能引来游客，让风景产生价值。不然，再好的生产生活生态条件，市场不活跃，也是死水一潭。二是"三产融合"。中国人多地少，小农户需要兼业，应在发展粮食和特色种养业的同时，大力发展乡村的二三产业。新鲜农产品采摘后，最好马上装进冷库。很多农产品加工应在乡村完成，如果把工厂建到城里，不仅成本高而且不合理。农业服务业，尤其是生产型服务业，是当前我国农业最短的短板，美国农民300多万，但美国为农业服务的从业人员却占美国总人口的17%～20%。应破除"谈农色变"的旧观念，大力发展农业服务业，为农民开拓"离土不离乡"的第三就业空间，为兼业者减少背井离乡的远征打工。只有"四生契合""三产融合"，农民才能就近就地就业、宜居宜业、安居乐业。尤其需要关注的是，宜居宜业是当地农民的宜居宜业，不是外地人、城里人的宜居宜业。鞋子合不合脚，只有穿鞋子的人自己知道。因此，乡村振兴一定要突出农民的主体地位，让农民说了算，不能只顾宜居不顾宜业，更不能以旁观者的眼光去定位是否宜居宜业，这是我们未来乡村建设的大逻辑、关键点、要害处。

二是农品高效生态的田园。高效、生态是未来农业发展的方向。现代科技的植入，使农业生产效率大大提高，而农业的生态化远未成形。要实现农业的高效生态目标，应坚持以低端传统产业对接高端现代需求的发展理念。中高端现代需求就是有机、健康、绿色产品，目前我国的有机农业只占世界的6%，美国占47%。我国的有机肥施用占比不到10%，美国占比已高达50%以上。1亩高标准土壤，应有10多万条蚯蚓、300千克的真菌细菌、5%～12%的有机质含量。好土壤才能产出好产品。我国推行"减肥增绿"计划大见成效，但是和社会的实际需求差距还远，化肥、农药施用量依然很大。目前世界上农药有3万多种，食品添加剂也有3万多种。乌克兰人体清理专家做了一个实验，将死人身体上有毒的垃圾清理出来，平均3～5千克，占人身体重量的4%～6%。另据我国科学家研究，使用化肥生产的小麦，与使用有机肥生产的小麦相比，钙含量减少76%。100年前，美国农业部土壤所专家写了一本《四千年农夫》，记载了中国、日本、朝鲜的农民如何运作循环农业、生态农业，认为这是东亚地区农业的奥秘。这本书现在还被美国农民当作"圣经"来读。而我们却把祖先创造的"天人合一"哲学思想和有机农业经验扔在一边。从有利于人的健康视角看,生态农业也是高效农业,世卫组织研究表明,现在全世界有30多亿人吃不起营养平衡的健康饮食,我国就有3亿多人处在"隐形饥饿"状态,表面上吃得很好,但食物中缺乏必需的营养成分。要把"病从口入"变成"病从口出",让人们吃出健康来,最简便廉价的办法就是变开发植物、动物的"二物思维",为开发植物、动物、微生物的"三物思维",发展生态有机健康农业,直接通过饮食调节营养平衡。坚持以低端传统产业对接高端现代需求的发展思路,也是提高农产品价值的最佳捷径,中高端现代需求的农产品价格必然高于一般农产品。中央提出农业供给侧结构性改革,就是要求发展既讲高产又讲高质的生态有机绿色农业,只有高产高质,才能高效。

三是市民休闲养生的逸园。纵观历史,人类财富积累的演进分为五个阶段:第一阶段是土地,第二阶段是机器,第三阶段是金融,第四阶段是教育,第五阶段是康养。如今人类正处于第五阶段,有人戏称现在是"忙人进城,闲人下乡;穷人进城,富人下乡;为生存的人进城,为生活的人下乡",虽为戏言,但却折射出休闲养生已成为人们对于高品质生活的追求。有关资料表明,中国人均每日休闲娱乐时间约为2.2个小时,而欧美国家约为5小时,这表明我国的康养产业拥有巨大的上升空间。而且,如今的消费结构与以往有很大不同,物质奢侈消费已逐步减少,健康养生消费比重正稳步增加。未来到乡村休闲养生的人群主要有四类:富人、老人、闲人以及高智商的人,其中老人为主要群体。我国"未富先老"的状态已经呈现,农村老龄化进程比城镇更快。德国哲学家海德格尔将人类理想的生活环境概括为"诗意的栖居",富有诗意的环境,能够点燃激情、激发活力,让人产生诗情画意的美感,比如看到一片荷塘,马上就有"接天莲叶无穷碧,映日荷花别样红"这样的诗句呈现出来。这种"诗意地栖居"才会让人产生和美恬静、舒适安逸的幸福感,才是适合人类休闲养生的理想状态。人类已经进入"大(大数据)、云(云计算)、移(移动互联网)、物(物联网)、智(人工智能)"

时代，未来乡村建设，既要尽力而为，又要量力而行，因地因时制宜加强现代化基础设施配套建设，让"逸园"中人跟上时代，"逸"得现代。

四是人与自然和谐的乐园。人与自然的不和谐始于工业革命。工业文明理念追求"人定胜天"，笃信人是自然的主宰，人可以改造自然；而生态文明认为"人是自然中的一员"，应与自然和谐共处。未来乡村建设要从根本上解决人与自然不和谐的问题，就必须破除"驾驭规律""人定胜天"的旧理念，树立遵循规律、天人合一的新思维。规律只能被认识而不能被打破，只有尊重规律，才不会被规律惩罚。我们现在面临的水、土、空气污染等问题，就是不尊重规律的后果。工业革命超越限度，即成危害，塑料问世曾被认为是最伟大的发明，今天已经成为最严重的公害，科学家研究表明，我们每人每天都在吃塑料微粒，每人每周平均要吃进5克，相当于一张信用卡，这对人体会造成多大危害尚不得而知。塑料残留在土壤里会改变土壤性状和土壤结构，导致农作物减产。更严重的是，土壤里的塑料，可能几百年都降解不了。水多、水少、水脏，是人之与水关系越来越僵的矛盾点，很大程度上源于人与水争空间。有调查显示，我国改革开放以来70%的城市化都是建在跟洪水争空间的区域。生态恶化，河水断流，2013年，流域100平方公里的河流2.3万条，20世纪50年代是5万多条，半个多世纪减少一半多。乡村振兴在生态环境问题上，最紧要的是做好三件事：改土、治水、净化空气，使动物、植物各安其家，快乐生长；让人与自然各美其美，和谐相处，创造一个山水田林河湖草、鸟兽虫鱼微生物共生共荣的生态环境。

五是游子寄托乡愁的留园。乡愁是中国人对家乡的特有感情。游子"叶落归根"，商人"衣锦还乡"，官员"告老还乡"。泱泱大国，炎黄子孙，对于家乡的情感关系可以用两个"真好"概括，年轻时终于离乡出游，"真好"！年老时终于归乡安居，"真好"！南怀瑾"三千年读史，不外功名利禄；八万里悟道，终究诗酒田园"是他的人生心得。纵观历史，古往今来，从贩夫走卒到文人雅士，从乡野渔樵到庙堂乌纱，他们的心路历程都表明"吾心归处是故乡"。今天我国正在高速推进城镇化，改革开放之初城镇化率只有 17%，发展到今天已经达到 65%。自 20 世纪 40 年代到 80 年代，跨越半个世纪，从乡村走进城市的几代人是一个庞大的群体，很多人还长期处于"一脚城里一脚乡"的两栖状态，他们对乡村的记忆和怀念深深地刻在脑海里，乡愁也是这几代人特有的情感，是属于他们的集体记忆。留住乡愁，就是为他们留下那段挥之不去的集体记忆，让他们在人生的后半场能够找寻到"于我心有戚戚焉"的场景缅怀。因此，乡村建设，必须坚守"迭代"而非"换代"的理念。"迭代"即在原有的基础上进行改造，绝不可推倒重来，务必尽可能多地保持当地特有的原生态格局、原乡土风貌、原民俗韵味。传统村落是中华传统文化的基因宝库，中国的自然村落从改革开放前的 400 多万个已经减少到目前的 200 多万个，每个村落都蕴藏一种独特的文化基因，一个传统村落的消失也将意味着一种传统文化基因的消亡。保护传统，留住乡愁，并非排斥现代，尤其民房的改造，应遵循"外面五千年"（保持传统）、"内里五星级"（追求现代）的理念，让传统与现代融为一体。

六是农耕文化传承的故园。乡村文化是中华民族文明史的主体，村庄是中华民族文明的载体。在高科技迅猛发展的今天，传统农耕文化正遭遇断崖式沉没。随着人们认识的深化，对传统农耕文化的保护呼声渐高，重视程度渐深，但在具体保护与传承的过程中更多关注的是其表象，如传统的生产生活用具、工艺品、木雕、戏曲、刺绣等的收集、整理，这些都是我们迫切需要做好的工作，但更为重要的是对传统文化中思想理念、思维方式以及制度建设的传承。例如，"天时、地利、人和"是中国农民经过长期实践总结出来的农业哲学思想，它是中国农民对人类文明做出的巨大贡献，被国外学者称之为放之四海而皆准的"人类文明的黄金定律"。遵循自然规律是中国农业得以万年传承、生生不息的根本，中国农民想问题、办事情从来都按照这一思维方式谨言慎行，不越雷池。这些思想的精华、思维的逻辑，应成为我们乡村建设必须继承和发扬的核心。历经成百上千年积淀，一些切实可行、长盛不衰的乡里制度，耕读传家的家风、家训、家教等优秀传统文化，都有着极大的现实意义和历史价值，需要我们收集、整理、传承、活化。总之，传承农耕文化不可只重表象，丢弃本质；只重形式，失去精髓。

七是缓解社会压力的后园。民谚云"小乱避城，大乱避乡"。这是因为乡村可以长期与外界隔绝，自我形成一个封闭的内循环系统，一代人甚至几代人都能够在那里繁衍生息。陶渊明笔下"不知有汉、无论魏晋"的桃花源便是明证。这次新冠肺炎疫情防控期间，一些人便搬离城市，到乡间别墅居住躲避疫情。人类正面临诸多难以预测的移动性背景，当突发性新型灾难降临时，人口密集的城市没有退路，乡村的救助疏解功能显而易见。从更宏观的层面看，人与劳动的关系根据时代不同而呈现出不同的特点，农业文明时期，是"人与无偿劳动的抗争"，工业文明时期是"人与无益劳动的抗争"，计划经济时期是"人与无效劳动的抗争"，人类正进入人工智能时代，将出现"人与无处劳动的抗争"。以色列学者赫拉利预测，未来世界是"1％的神人和99％的闲人"组成。如何解决"无处劳动"的矛盾？重要途径之一就是发挥乡村的人口"蓄水池"和内循环作用，让赫拉利笔下的"闲人"到乡村去寻找生活的意义、价值和乐趣，使乡村成为缓解社会压力的后园。在大力推进城镇化进程中，有一种声音认为要"终结村庄"，这是不符合中国国情的论调。有研究表明，我国的城镇化率上限为70％左右，意味着未来将有几亿人仍然生活在乡村，目前世界人口超过1亿的国家也只有13个。只要人类还需要吃饭，就必须有农业，有农业就必须有农民有农村，面对一个14亿多张口的庞大群体，吃饭永远是头等大事。中国的村庄不会消失，因此，不可盲目终结村庄。城与乡就像一对夫妻，各有功能，谁也不能取代谁。

八是民间矛盾调处的谐园。中国农民聚族而居，世代沿袭，形成村落。经过漫长的历史积淀，社会关系相对稳定。大规模撤村并居，一旦打破这种稳定与平衡，就会产生新的社会矛盾，乡村就会面临更多新的挑战。中国乡村的治理，历来依靠的是正规制度和非正规制度共同作用形成的合力，被称之为"第三领域"。自古以来，遇到兵荒马乱，王朝更替，只要某地有一位德高望重者利用这种力量鼎力维护，就能稳住一方，偏安一隅，待到新的王朝建立，便又马上和新生力量对接。城里人发生矛盾，靠的就是利用正规制度打官司，乡村如果单靠正规制度解决问题，恐怕一村设一个法庭天天开庭都解决不完。乡村调处矛盾绝大多数靠的就是一些德高望重者出面调停，上升到法律层面的十分有限。他们可以说是国与家、上与下、官与民、公与私的对接枢纽，是乡村各种矛盾的缓冲带。中央提倡自治、法治、德治三治结合，把自治放在首位，就是对乡村这一传统治理精神的发扬光大。有学者指出，新乡贤通过调解民间纠纷、评判是非获得权威，通过参与村庄公共事务提供公共产品获得声望，通过维护村庄共同利益获得地位，在村庄治理方面发挥了重要作用。这正是当下需要挖掘培育的乡村治理新动能。"乡村落后，需要按照城市文明的思维加以改造"，这是西方人的逻辑，在中国水土不服。地相近，人相亲，心相通，情相牵，邻里和睦，乡风文明，才是乡土中国的特色，才是治理有效的社会生态。

九是累积家园红利的福园。中国乡村是一个熟人社会，"远亲不如近邻"，邻里在长期相处中建立起彼此信任、互帮互助的紧密关系，这是乡土中国的宝贵资源，它像是一座无形的"村庄银行"，诚信就是一个人、一个家庭的"存款"。在这个熟人环境里只要讲承诺守信用，严格用熟人社会的游戏规则约束自己，就会积累成一种取之不尽、用之不竭的社会福利，即"家园红利"。这个看不见、摸不着，却又无时不在、无处不在的"家园红利"，在资源配置、矛盾调处、邻里互助、临时救危等诸多方面都发挥着不可替代的重要作用，而且代际传承，福荫子孙。遇到急难险事，不须号召动员，邻里就会立即伸出援手。乡里乡亲，急需用钱，"家园红利"积累丰厚的人家不需要写借条、找抵押、付利息，马上伸手可得。反之，一旦在这个熟人圈子里失信，他将被熟人社会的成员集体抛弃，甚至祸及子孙。一般没有人敢用"诚信"作为抵押物，做一些违背公序良俗的勾当。这种熟人环境积淀的社会福利，是乡村社会自我平衡、自我净化、自我发展的有效机制，是乡村德治的重要内容，对于完善乡村治理价值巨大、意义深远。在乡村人口大流动的背景下，熟人社会建立在诚信基础上的"家园红利"逐步弱化，校正

乡村建设……

105

乡村迷茫的世界观、人生观、价值观，已成当务之急。当前，在开展社会主义核心价值观教育的同时，应充分挖掘这一世代积聚的宝贵资源，大力弘扬这种诚信为本的传承精神，重构乡规民约，加强乡村的信用体系建设，让"家园红利"成为打造幸福乡村价值链的重要环链。

（本文原载于《中国发展观察》2021 年第 1 期）

时、度、效：乡村建设的
"定海神针"

　　全面推进乡村振兴是党中央立足于我国国情、世情、时情作出的战略部署，在实施过程中需要准确把握传统文化与现代文明的有机衔接、国家愿景与农民需求的上下对接、城市发展与乡村建设的融合联接，以及各类要素资源因时、因地的合理、协调、均衡配置。

　　当前，一些地方对中央实施乡村振兴的战略意图领会得不够深透，在战术战法上或操之过急，盲目冒进；或不切实际，超越现实；或方法简单、行为失当，引起一些社会反响。乡村振兴是全面的、全局的、全新的战略，建设乡村，慢不得，也急不得，需要以"时"的把握、"度"的掌控和"效"的求取这一创新思维方式，平稳健康有序推进。

　　所谓"时"，即乡村建设应把握住时机、时间和时代三要素。一应把握时机，抢抓稍纵即逝的机遇。国家支持"三农"发展的宏观政策大多分阶段突出重点，应在重点阶段用足用好用活政策，一旦时过境迁，势必难度加大。党的十九届五中全会通过的"十四五"规划和2035年远景目标建议用一个章节阐述"优先发展农业农村，全面推进乡村振兴"，其政策含金量大，应深入研究对本地的影响效应，充分发掘政策红利。一县一乡一村，随着乡村基础设施和公共服务的改变，对当地农业产业结构和社会消费结构都将产生巨大影响，应敏感观察本地这些经济社会变化，随时发现机遇。在一段时间内，群众对某个问题反应强烈，越是农民群众反应强烈的事情，越好趁热打铁、及时发动，解决起来就没有阻力，比较容易。二应把控时间，有条不紊地推进。到

2050 年，还有六个五年计划，各个阶段都应突出不同主题，不能眉毛胡子一把抓，各项工作一刀切地齐头并进。人居环境差的，应先美化环境；社会风气不好的，应先整治社会风气；基层组织软弱涣散的，应先加强队伍建设等。中国目前有 200 多万个自然村落，情况千差万别，应因村施策，遵循发展规律，分出轻重缓急，控制好节奏。三应把准时代，让乡村在"蝶变"中留住乡愁。中国村落格局的形成有着历史的积淀、文化的记忆、情感的认同。尽管城镇化的高速发展驱使许许多多的年轻人从村庄走出，但他们所保留的深刻的村庄记忆却是极速城镇化所无法消解的。中国乡村社会的熟人伦理其实质是根亲文化，这是维系五千年中华文明的血脉，不可能一下子被根除。对乡村的改造不能搞彻底地推倒重来、大拆大建，这样不仅耗时耗力耗财，还将摧残乡村文化，摧残几代人的集体记忆。乡村文化是中华五千年文明史的主体，村庄是乡村文化的载体，推倒一座村庄就是灭失一种文化。应清醒地认识到，这个时代的村庄蜕变是"迭代"而不是"换代"，只能是原生态改造，原风貌建设。

所谓"度"，即乡村建设应把握好尺度、向度和进度三方面。一应掌控尺度。乡村建设应拿捏好火候，掌握好尺度，不能统统用顶格管理的方式推进。顶格管理指的是以"最全事项、最高标准、最严要求、最快速度"实施管理。顶格管理需要具备最优条件、能够承受最大代价。乡村建设起步阶段旨在从根本上扭转农业农村发展的颓势和落后，不是为了打造形象工程，不能脱离农村经济社会发展水平，如果一开始就用最高标准去要求，远超农村实际需求进行投入、建设，不现实、不可能、更没有必要，极有可能欲速则不达，甚至造成难以挽回的损失。一些地方推倒一个破败的空心村，建起一个豪华的空心村，社会反响强烈。二应测控向度。乡村建设应具备多方位、多角度、多层次的向度思维，科学把握整体与个体、全局与局部、长远与眼前、表象与本质的辩证关系。一些地方在村庄整治中，不顾实际搞合村并居，农民居住条件虽然有了改善，但远离生产场所，造成了生产上的不便，使农民生产与生活脱节，没有处理好整体与个体的关系。一些地方在制定乡村振兴规划时县搞县的、乡搞乡的、村搞村的、部门搞部门的，多头指挥，点多面散，统筹谋划不足，布局谋篇凌乱，没有处理好全局与局部的关系。有的地方只顾眼前、不管长远，项目一哄而上，指标一次性用完，没有为未来发展预留空间，把现实与长远割裂开来。一些地方热衷于堆盆景、造景观，做表面文章，村一级广场甚至搞"曲水流觞"，超越村民生活的实际需求，见物不见人，没有处理好表象与本质的关系。三应调控进度。乡村建设是一个长期战略，过去那种求快的思维必须克服。从现在起到2050年要划出清晰的时段。"十四五"时期是全面实施乡村振兴的第一个五年，到2035年基本实现社会主义现代化，再到2050年建成富强民主文明和谐美丽的社会主义现代化强国，乡村建设必须每一阶段与国家总体发展的进程相一致。总体谋划，分步推进，既不能急于求成，也不能老牛拉破车、半天迈一步，更不能在起步阶段就用一套模式、一个标准、一把尺子衡量，只有因地因时制宜，循序循规渐进，才能事半功倍。

所谓"效"，即乡村建设应重视效率、效益和效果三因子。一应注重效率。"时间就是金钱、效率就是生命"，当年深圳的口号依然具有很强的生命力。一个项目从申报到落地要过无数关口，耗时数月甚至数年，开建后又形成半拉子工程，这样的现象屡有发生。在社会大变革、信息大爆炸、科技大飞跃的当今时代，容不得效率低下。在乡村建设中，一件事情一个项目的拖沓，很可能拖垮一个企业、一个行业乃至一个地方的发展。"放管服"改革在路上，思想观念的变革也永远在路上。快节奏的时代，没有效率，死路一条。二应讲究效益。农村产业发展必须按市场规律办事，不能由政府包办替代，只有产生效益才能可持续发展。近些年各地在脱贫攻坚中大力发展扶贫产业，一些帮扶措施具有很强的突击性，这些政府主导的项目一旦失去扶持，扶贫成果可能难以稳固，由此还会带来一定的负面影响。还有一些地方政府对种什么、养什么大包大揽，免费送苗、高额补贴，不考虑市场需求，漠视农业风险，结果造成农产品同质化严重，收购、加工、冷链、仓储、销售等环节又跟不上去，以致农民辛苦种养的农产品卖不掉，谷贱伤农，不仅伤了农民的钱和心，也伤了政府的信誉和威望。三应务求效果。乡村建设的措施和方法要经得起实践检验、经得起社会评判、经得起历史考验。经得起实践检验，即在当前这个历史交汇期和改革深化期，须把握各种社会矛盾交错交织背后的本质，推行改革举措或创新项目之前，应全面考虑利弊得失，对拿不准的，可先试再推，切不可不经实践检验就盲目上马。经得起社会评判，即尊重农民的主体地位，把听取百姓心声和反映百姓意愿作为处理农业农村问题的基本准则，乡村建设的每一件事都应征得广大村民同意、吸引村民参与并得到村民拥护和支持。经得起历史考验，即每一位乡村建设者须具备洞察、研判、分析和行动等多种能力，放长眼光，放宽视野，所谋之事应具有可持续性，所上项目都不是花架子摆设，以农业增效、农村增绿和农民增收的工作实效为乡村振兴的时代命题作出完美答卷。

"时、度、效"思维多视角、全方位、立体化地为乡村建设行为建构起新的坐标体系，是移动性背景下乡村建设实践者价值认知、行为设计、目标追求的评判标准和行动参照。运用"时、度、效"思维是防止乡村建设这一探索性实践出现跑偏变形、脱离现实、低效空转的校正仪，是乡村建设实践者科学决策、精准施策、务求实效，始终保持行为理性的检测仪，是乡村建设得以扬帆远航的"定海神针"！

（本文原载于《中国发展观察》2020 年第 24 期）

别让空心化的村庄"传宗接代"

    2008 年浙江安吉首批建设中国美丽乡村计划实施之后，全国各地纷纷掀起美丽乡村建设热潮。眼下，驱车乡村目力所及，一座座新农村建设典型，不时映入眼帘。这些乡村"新贵"，大都越建越时尚，越建越高档，不光设计前卫、环境优美，而且建筑风格各具特色，基础设施配套齐全，有的甚至超过城市社区，村庄广场不仅装配各种健身器材，还可以玩"曲水流觞"的游戏。但是如果深入这些新村内部，就会发现绝大多数冷冷清清，空空荡荡，缺乏人气。拆除几个破旧的空心村，建起一个豪华的空心村，外在的形象发生了突变，但内在的本质却依然如故，村庄空心化现象正披着华丽的外衣，神不知鬼不觉地悄悄进行着代际传递。

    改革开放以来，中国乡村面貌已经发生了多次蜕变，主要表现是每家每户住房条件的改善，从泥墙草顶到砖墙瓦顶，再到楼房平顶。每次蜕变都是农民根据自身的能力和条件自愿作出的自适性选择，国家和集体没有投入。随着城镇化的推进，原生态的村庄出现空心化，这是自然生成的。而这次美丽乡村建设，为改善整体大环境，需要支付很高的公共投入，且需要乡村干部说服动员、组织引导，新村庄的空心化是人为制造的。

    依靠外力打破自然演替规律，如果缺乏统筹谋划，没有长远眼光，就会使乡村的建设与发展脱节，进而引发诸多问题。

    一是空心化浪费大量投入。目前，在全国 58 万多个行政村中，年资产经营收入超过 50 万元的只有 10.4%，但建设一个新村庄动辄需要投入几千万元，尽管有上级财政的大量补贴，可依然会给村集体带来严重的经济负担，许多村庄甚至需要举债才搞得起建设。况且，建好之后每年还需要很大一笔资金进行管理和养护。大量资金投入到超越发展阶段的基础设施和公共服务建设，好处只是暂时的外表美，代价却是不光占用大量财政投入，且使村集体负债运转和村级产业发展无米下锅。产业发展不起来，农村外出人口就会更多。久而久之，一些没钱管甚至少人住的村庄最终会变成一处处美丽的"荒村"。用国家之力、倾集体之力建设这样的"荒村"可谓是一种巨大的浪费。

二是一些农民会因此致贫。有的地方搞大拆大建，甚至集体上楼，给农民带来很重的经济负担。农村房产估值低，补偿少，从旧房搬到新房，有的农户需要补贴几万甚至是十几万元，这还不算拆旧建新过程中的租房成本，一些农民的多年积蓄被一次掏空。民谚云：好家三搬折腾穷，更不要说是"拆家"了。农民感叹：城市是一拆富三代，农村是一拆穷十年。赶农民上楼，生活条件是改善了，可生活成本却大大提高了，本来就不富裕的农民承受不起猛增的巨大生活成本，用他们的话说，早晨起来一泡尿，马桶一按，一角钱就没了。农村人居环境整治工作很重要也很必要，但一定要同农村经济发展水平相协调，同农民实际需求相适应，否则就可能事倍功半，甚至背道而驰。

三是会助长形式主义。花费大量资金建设空心村实际上是形式主义、政绩工程的"变种"，越建越高档，说明形式主义越来越严重。浙江"千万工程"的一条重要经验在于树立正确的政绩观，循序渐进、坚持不懈、久久为功。但美丽乡村建设过程中一些人的政绩观产生了偏差，不尊重乡村建设规律，只注重表面文章，心血来潮，仓促上马，投入大量资金建设大公园、大广场、大牌坊，还在农民的房前屋后本该用于栽植瓜果蔬菜的地方种上洋草皮，围上用城市园艺技术修剪整齐的灌木丛。钱投入进去后既不实用，也非民所需。新典型的政绩搞上去了，老百姓的实惠却搞下去了，这不是美丽乡村建设想要的结果，更违背了农村环境整治的初衷。

四是过早打破村社的平衡。把几个旧村庄合并成一个新村庄，表面上看实现了统一管理，节省了管理成本，但这种合并在经济社会尚处于不太发达的大变革时期，过早过快打破了世世代代聚族而居的熟人环境，放弃了熟人社会的治理优势，带来了新的治理问题。在传统村庄中，大家通过世代熟悉的人际关系和长期积淀的相互信任结成价值共同体和利益共同体，形成了自我保护和自我管理的熟人自治秩序，治理成本低且高效。在新的环境下这个共同体被打破，原村落的社会组织结构、原村民的生产生活方式都要重建，失去了原有的平衡，加上主要劳动力大都外出，新的空心化使乡村治理面临新挑战。

村庄空心化是20世纪90年代以来我国农村逐步出现的一种聚落空间形态，其表现特征为，由"人的空心化"带来"屋的空心化"和"业的空心化"。乡村振兴，从改善人居环境入手，归并改造旧的空心村，无疑是正确的选择，但绝不能让空心化问题再披上华丽的外衣暗中"传宗接代"。

一是分清村庄类型，找准居住对象。有稳定的居住人群，村庄才不至于空心，美丽乡村建设首先应找准方向，根据目标群体设计定位。未来在农村居住的人群主要有三大类：一是职业农民，以从事农业为生；二是老年人，包括一直生活在农村的老年人和到农村养老的城市老年人；三是精英群体，到农村休闲养生。因此应针对居住群体特征重点建设农庄型村庄、公共社区型村庄和休闲型村庄。农庄型村庄要方便农业生产，重点做好种植、养殖和加工业的组合配套布局；公共社区型村庄重在提供各类综合性公共服务，体现出生活的便利性、舒适性、安全性；休闲型村庄要突出品味，不但要求设计高档，而且要选择在环境优美、空气清新、区位优势突出的地方打造。美丽乡村建设应以县为单位，统筹谋划，综合设计，因地制宜，因时制宜，因人制宜。乡村建设不是垒积木，可以推倒重来，它至少应是福荫几代人的一劳永逸，不可随心所欲、盲目建设，更不可突发奇想、急于求成。成都市"小规模、组团式、微田园、生态化"的建设理念，值得借鉴。

二是立足长远发展，宜居更要宜业。宜业是宜居可持续的基础，有就业才能留住人。美丽乡村建设既要考虑农民生活条件的改善，更要考虑如何方便就业。人多地少的国情，决定了中国农民在较长的历史阶段需要兼业务农，因此为农民创造第三就业空间，是新村庄建设的重头戏、大文章。应以跨界、迭代、互渗的新理念，推进一二三产融合：一是把一产和二产融合起来，发展好农产品加工业，尤其是精深加工业；二是把一产、二产和三产融合起来，发展好现代农业服务业；三是把一产和三产融合起来，大力发展乡村旅游。只有千方百计打破农村只能搞一产，农民只能干农业的产业和职业壁垒，实现就地就近就业，人空、屋空、业空的村庄空心化问题才能消解。这也是符合中国国情、农民实现生活富裕的最佳途径。

三是脚踏实地，克服顶格管理思维。顶格管理表现为"最全事项、最高标准、最严要求、最快速度"。这种按照上限管理的操作模式能带来最优绩效，但也需要具备最优条件、付出最高代价。美丽乡村建设的初衷既不是为了攀比，也不是为了打造形象工程，而是为了改善农村人居环境，提高农村居民福祉，不应该用这种最高的标准去要求，这不现实、不可能、更没必要。美丽乡村建设必须尊重常识、尊重现实，充分考虑村庄所处区位状况和发展阶段，稳扎稳打、因村施策，否则就会脱离当地农村经济社会发展水平，远超农村基础设施和公共服务的实际需求，造成极大的浪费。

四是彰显主体，发动农民广泛参与。农民是乡村建设的主体，需要一个什么样的农村，他们自己最清楚，美丽乡村建设决不能让他们缺席。从规划设计到施工建设，从改善环境到培植产业，都要广泛发动引导组织农民参与，这样既可以赋予农民主动权，培养他们的主人翁意识，激活他们的积极性、创造性，又可以为农民提供劳动岗位，实现就地就近就业，还能让农民在建设过程中学习和掌握相关技能和管理知识。同时，在全过程参与中，农民对自己亲手建设的新农村会产生难以割舍的深厚情感，热爱家乡的意识会更加强烈。安徽农道采取"带着农民转，让他们觉悟；做给农民看，让他们信服；领着农民干，让他们参与；陪着农民练，让他们有术；帮助农民赚，让他们增收；引导农民变，让他们现代"的"六让之道"，投身乡村建设，是彰显农民主体地位的成功之道。

（本文原载于《中国发展观察》2020 年第 18 期）

构建乡村新型文化生态

　　让农民物质生活富裕、精神生活富足是乡村振兴追求的最终目标，而精神生活的富足关键在于文化建设。不少人觉得乡村文化建设既虚又空，看不见，摸不着，不知从何抓起。还有一些人认为，文化是写文章、搞娱乐、做宣传人的事，让他们抓就行了，这些认识误区导致乡村文化建设迟滞。全世界仅名人给文化下的定义就有 300 多个，不同层面、不同视角、不同立场的人对文化的理解差异很大。当下，中国乡村文化建设应树立大文化的理念，把握十大要素，构建乡村新型文化生态。

　　兴教育。我国乡村教育衰败已成为不争的现实。农村基础教育、义务教育村空、乡弱，与城市形成鲜明反差，义务教育就近、免费两大基本特征，被撤村并校导致的上学远和进城陪读带来的上学贵所冲销。职业教育、技能培训与当地产业脱节，通识教育、素质教育载体不明，继续教育、终身教育一片空白。乡村教育具有基础性和先导性作用，必须复兴乡村教育，否则乡村振兴的人才就是个问题。我国古代，"十室之村，不废诵读""远山深谷，居民之处，莫不学有所师"。当下却是"现在的精英进城打工，未来的精英进城读书"。一些地方"百室之村"甚至"千室之村"都没有一所学校。现代教育培养的应是人的基础能力、思维能力、品质能力，而不是简单的教人识字、数钱，把人的一生概括为两个数：上学时的"分数"，工作后的"钱数"，这种认识是文明的倒退。未来社会的竞争，体现的是人与人思维能力的差距。经济决定今天，科技决定明天，教育决定后天。乡村急需现代教育支撑，没有良好问道乡村振兴……

116

的教育就没有良好的素质，没有良好的素质就不能从事现代化的工作，没有现代化的工作就没有现代化的收入，没有现代化的收入就没有条件接受现代化教育，由此形成一个恶性循环的怪圈。

续文脉。"耕读传家久，诗书继世长"。耕读传家是中华民族的文化基因，必须守好这一传家宝，传承好文化的血脉。耕以养身，读以明道，耕为自己，读为天下，耕与读透现出"达则兼济天下，穷则独善其身"修齐治平的大格局。延续中华民族的文脉，不仅要做好文章道德，更重要的是传承、弘扬好思想理念、思维方式、优秀制度这三大文化之脉。中国农民创造的农业哲学思想"天时地利人和"，被称为人类文明的黄金定律，是人们万事行为的准则。农耕文化的基本理念是道法自然、遵循规律，人类不能一味地向自然攫取，污染、破坏环境。人与自然和谐相处，是农业文明思考问题的出发点和落脚点。传统的乡村社会是一个自治为主体的社会，乡村的一些自适性制度设计，具有很强的现实意义。清朝末年官民合建的陕西大荔县"丰图义仓"，不仅功能设计科学，全县50多个村每村在这里都有一间粮仓，丰年囤积余粮，灾年下发民众。江西万载县鲤陂民间水利协会，成立一百多年来统一管理，规范制度，保障农田正常灌溉。这种乡村自治自助自救，通过建立利益共同体，不靠政府包揽的制度值得借鉴。

集器物。在漫长的农耕文化发展过程中，耧犁水车镰刀锄、石磨碾盘杈耙锹等一大批曾经发挥巨大作用的特色传统农具及生活器具，现已呈断崖式沉落，如不加以留存，再过若干年将难以找到。诸葛亮创制的木牛流马，宋代人设计的1 800多个零部件的织机，现代已无法还原，其科学价值、历史价值、艺术价值难以估价。各地应广泛建立农耕文化博物馆，尽可能多地将传统的生产生活的器物搜集整理集中展示，让子孙后代直观睹物，使几千年积累不中断、不失传。美国3亿多人口，仅有200多年历史，但却建有3万多座博物馆。中国14亿多人口，5 000多年文明史，却只有6 000座博物馆，这与文明古国和人口大国的地位极不相称。挪威把全国古村落的古房子拆了下来，在首都的郊区批了一片地方，把几百座古村落重新组建保护起来。建立博物馆，县乡村最有条件、最为便利。不仅应推行官建，还应鼓励、提倡、支持有条件的村及有能力的企业或个人围绕农耕文化兴建博物馆、展览馆，广泛发动社会捐赠器物可大大节约成本。总之，应以多种渠道和方式抢救即将湮灭的历史遗存，为历史记录今天，为后代留下当代。

修村志。改革开放初期，全国有500多万个自然村落，随着城镇化的推进，现在还有200多万个。这是中国历史上村落变化最大的时期。一是数量变化大，在短短40年左右的时间里，200多万个自然村落因各种原因即告消亡。二是形态变化大，旧村庄消失，新社区兴起，村落中原生态格局没了，世代构建的人际关系没了，长期积淀的传统文化没了，约定俗成的乡里制度没了。三是人员变化大，大量农村原住民外出务工就学离开村庄，为农业农村服务的新农人、到农村养老的城市老年人、到农村休闲养生旅游的群体等又流入村庄。四是空间变化大，村落由传统实体空间向虚拟空间扩展，人员流动到哪里，村落的风俗习惯、人情世故就延伸到哪里，即便在美国、加拿大，村落间的文化交流都可以隔着太平洋在掌中操纵。一个国家一个民族完整的历史应包括四大方面：国有史、方有志、族有谱、家有书。而在省、市、县、乡、村五级地方志中，村志对基层社会的反映最真实、最具体、重细节。历史上最有名的村志就是安徽池州杏花村的村志，它是中国唯一一部收入《四库全书》的村志。盛世修志，面对史无前例的村庄巨变，我们有责任、有义务把修好村志作为重要文化工程列入乡村振兴的议程。

承技艺。随着科技飞速发展，一些制造、使用传统农具的技艺，正在散落消逝；春种夏耘秋收冬藏，一整套按四时节令行事的传统农事操作规范几近失传。手工业、戏曲、杂技、雕刻等传统技艺，面临香火中断的危机。我国已经制定了国家、省、市、县四级非遗保护体系。非遗项目计有5大类134项，但多涉及少数民族，且零散、细碎、孤立，缺乏综合性、整体性、逻辑性的思维。在中华民族的宏大叙事中，应突破民族、区域、行业、时空等界限，从国家层面发掘对56个民族大家庭成员普遍产生影响、覆盖全域，对社会广泛适用的非遗并予以整体性保护。涵盖耕地农业、草原农业和捕捞农业三大领域的中华农业文明，应重点传承，并申报世界非物质文化遗产。有条件的地方，也应在乡和村由财政设立专项资金，培养乡村级非遗传承人，这是非遗保护的发展方向。芬兰规定小学生在毕业的时候都必须掌握一门本民族的非物质文化遗产。我国乡村学校应借鉴这种做法，开设传习传统技艺的课程。承技艺是对传统经验积累的继承，传承人就是守护神，唯其守护，才能活化；唯其传承，才能生生不息。

立乡约。宋代《吕氏乡约》《乡义》等村规民约，提出"德业相劝""过失相规""礼俗相交""患难相恤"，建立起中国最早的乡村自治制度。直到现在，这一古老村规民约中的价值理念，仍与社会主义核心价值观相吻合，发挥着扬善去恶，淳化风俗的作用。历朝历代皇权不下县，农村的许多具体问题都是靠村规民约解决资源的配置、矛盾的调处、邻里互助以及应急事务的处置。在传统村落中，村落的精英分子以身作则，以自身行为和道德风范形成"权威"并影响村落，村落内部还有很多未以文字形式订立，但是村民普遍认同并共同遵守的行为规范，即看不见的乡规民约。今天，乡村治理应重拾熟人社会长期积淀的家园红利，特别是在应对法律法规难以调控的水污染、不良风气等难题时，充分发挥基层组织作用，调动新乡贤的积极性，发动乡民重构乡规民约，重建乡村信用体系，做到乡有乡约、村有村约，健全完善"自治、法治、德治"相结合的治理体系。这既是制度的重构，也是一场文化大讨论，在订立乡约的过程中，可以校正或走偏或迷茫的世界观、人生观、价值观，重建人与人之间彼此信任、互帮互助的紧密关系。

定家训。纵观历史，取得伟大成就的成功者大多数是从世家大族、名门望族、书香之族中走出来的。中国人看重族群，重视家庭，崇尚大家族观念。中国乡村形成了以家规、家教、家训为核心的家族文化体系和宗法制度，其传统和精神理念渗透到社会的各个领域和层面，植根于每个中国人心中。有言之教谓之训，无言之教谓之风。针对各家情况把名言警句写成条幅挂在墙上就是家训；家长以身作则，身体力行，通过自己的实际行动给子孙后代做示范就是家风。好的家教是家训和家风的结合，它奠定了一个社会文明的基础。中央纪委监委网站专门推出"中国传统中的家规"栏目，连续用两年多的时间发布了100期中国家规。浙江临安钱姓，自五代十国先祖钱镠留下家训，2 000多年来家族名人辈出。特别是近代以来，钱氏人才更是出现井喷现象，涌现了钱学森、钱伟长、钱三强、钱穆、钱钟书等众多文坛硕儒、科技巨擘、国学大师。今天在世界各国的院士级科学家群体中，出自这个家族的多达100多位。《钱氏家训》共635个字，分为四个篇章，即个人篇、家庭篇、社会篇、国家篇，饱含大智慧。良好的家训家风是家族兴旺发达、人才辈出的重要原因。

开夜市。自宋代取消宵禁以来，文人笔下描写一个地方的繁荣大多以"夜市千灯照碧云"概括。在疫情防控常态化背景下，夜间经济成为全国多地提振消费的"热引擎"和拉动经济增长的"新动力"。随着农村居民生活水平的提高、闲暇空间的增多、消费需求的提升、基础设施的改善，在一些规模较大、人口集聚较多的村庄发展"乡村夜市"条件已经具备，时机已经成熟。不少地方试点探索的经验表明，"乡村夜市"是繁荣乡村的新空间、新领域、新途径、新举措，对于拉动经济增长、促进农民就业、完善乡村治理具有重大意义，特别是在农民精神文化生活缺失的情况下，也是为农民呈上的一道精神大餐，有效解决了留守群体"月光下的孤独"，具有浓郁的烟火气。推动"乡村夜市"发展应强化顶层设计，把发展"乡村夜市"纳入规划，形成布局合理、业态丰富、特色鲜明的夜市，打造一体化、多功能、便利化的综合性夜间消费载体，促进新业态、新产业、新服务发展。应配套设置专项资金或以奖代补，在水、电、摊位费用、创业资金、消费支持等方面给予倾斜政策，激发夜市发展。同时，强化"夜市治理"，打造规范有序、充满活力的夜间环境。荷兰阿姆斯特丹和我国上海等很多城市设立了"夜间区长""夜生活首席执行官"等类似头衔，专职解决夜间经营过程中发生的各种问题，这些做法同样适用于"村庄夜市"治理。

革陋习。物质生活和精神生活都富裕了才叫生活富裕，而精神生活富裕应是文明型富裕。有的农村地区"人情礼"、婚丧嫁娶越滚越大，攀比之风，到处弥漫。有些家庭一年应付五花八门的"人情礼"要花几万元。有农村彩礼被称为"一动不动""万紫千红一片绿","一动"指车子,"不动"指房子;"万紫"指一万张 5 元钞票,"千红"指一千张 100 元钞票,"一片绿"指一大片 50 元钞票,天价彩礼让本应喜悦的家庭苦不堪言。有的农民盖楼房互相比阔,但对乡村脏乱差的环境见怪不怪,乱扔垃圾乱排污水,公共卫生不知维护。有些农村青年打着外出务工的旗号,上不赡养年老的父母,下不抚育年幼的子女,把责任和义务推给社会。还有的沾染上赌博、迷信、奢靡、浪费等恶习,败坏公序良俗。除陋习、树新风,须转变人情社会处理事情的"情理法"规则,坚守现代社会"法理情"原则。一靠法治手段扶正祛邪,二靠理性引导树立新风,三靠情感联系巩固深化。有的地方设立"治陋办""红白理事会",改革陈规陋习、不良风俗;有的地方开展星级文明创建,开展好媳妇、好儿女、好公婆评选,弘扬邻里文化、孝道文化;有的地方设立"道德银行""爱心超市",树立文明乡风。这些因地制宜的探索,都是革除陋习、建立文明乡风的好做法。

办赛事。中国民间文化历史悠久,有岁时民俗、饮食民俗、人生礼俗、民间艺术、民间信仰等,连贯古今。每逢节庆或重大活动,农民会举办龙舟、花灯、社戏以及歌舞、诗词、书画、竞技等文体娱乐赛事,活跃文化生活。县乡村基层组织对此应择优发挥、顺势而兴。中国美食文化博大精深,品种最丰富,影响最广泛。中国面条有 1 200 多种做法,青海发现的 4 000 年前的面条成分居然是小米。一碗面条成就了多少企业,康师傅、统一、今麦郎、白象等大牌方便面,调制出几十种味道争夺市场。2018 年,全世界方便面销量 1 036 亿份,据有关数据显示,最高峰时中国一年销量达 400 多亿份。青海化隆县农民做兰州拉面,短短几年时间在全国开了 4 万多家店,2019 年挣了 100 多亿元。宋代大文豪苏东坡,一生写了近 50 首跟美食有关的诗,相当于 50 集"舌尖上的宋朝"。《红楼梦》这本书里的美食达 180 多种。5 000 年中华文明积淀最深厚的地方不是哲学,不是文学,而是中国人的"舌尖",美食文化是中华文化重要的组成部分,值得深入挖掘。泰国推广"一村一品"项目已有 20 多年,每年在曼谷举行"一村一品小吃博览会"。可以借鉴泰国的经验，将数以万计的中国美食作为国家战略，广泛发动乡村挖掘特色、开发推介，不仅在国内宣传宏扬，而且要走向海外。举办一场美食赛事，就是举办一场中华文化博览会。在海外举办美食节，文化的影响力可能远远超过在孔子学院举办讲座，接受舌尖上的中国比接受哲学里的中国显然更容易、更简单，这是我们弘扬传统文化、重拾文化自信最便捷的举措。

（本文原载于《中国发展观察》2021 年第 11 期）

农村党建助力乡村振兴
应重塑效能认知

    乡村振兴，党建引领。这是中国共产党经历百年风雨之后在新的历史条件下面临的新课题新挑战，需要引入现代思想理念、现代思维方式和现代科技手段。但任何现代都是在传统的基础上建立起来的，在"大云移物智"背景下，追寻现代求新求变的同时，且不可认为传统党建工作都是落后低效、不合时宜的，应重塑对传统性常规性党建工作的效能认知，努力挖掘其潜在价值，充分释放现代语境下传统党建工作的张力。只有用现代激活传统，让传统融入现代，才能使党建工作在助力推进乡村振兴中不断提高效能。

一、选准"一懂两爱"的县委书记是提高乡村振兴效能的关键环节

    办好农村的事，关键在党，关键在五级书记一起抓。五级书记中，县委书记处于中枢地位，既可当规划师、设计师、工程师，又承上启下，决定一域。所谓"郡县治，天下安"，只有选出"一懂两爱"、真懂真爱的县委书记，中央关于乡村振兴的各项决策部署才能得到完整、准确、全面贯彻，否则就有可能荒腔走板、跑调乱音。如果县委书记不是真懂农业，他就有可能以工业的理念抓农业。工业理念信奉的是"人是自然的主宰"，追求"人定胜天"；农业理念信奉的是"道法自然"，追求"天人合一"。不顺应自然遵循规律的农业注定不可持续。

    如果县委书记不是真爱农村，就有可能以经营城市的方式建设乡村，让村庄合并，赶农民上楼，使乡村"千人一面"，导致走过一村又

一村，村村像城镇，小桥流水人家的格局没了，五千年文明的载体没了，几代人集体记忆的乡愁也没了。不爱农村就不可能真正了解农村，往往习惯于用城市陌生人社会的治理方法治理乡村，结果乡村社会千年积淀的非正规制度被丢弃，乡村的自律性约束失灵，他律性约束又难以奏效，社会治理很可能陷入困境。

如果县委书记不是真爱农民，就不能真正地深入农民、了解农民，就无法做到"民之所好好之，民之所恶恶之"。在乡村振兴中，就不会真正地相信农民、发动农民、依靠农民，往往自觉不自觉地让政府和企业去推动，农民反而成了旁观者、局外人。所作所为要么一厢情愿，要么水土不服，牛头不对马嘴，费了一身劲，到头来不仅不能帮农民，反而伤了农民。更有甚者，为造政绩，不惜损害农民利益，大搞形象工程。

乡村振兴本质上是小农户的振兴，真懂才能真爱，真爱才能真好。因此选准"一懂两爱"的县委书记是提高乡村振兴效能的关键。县委书记不能不懂不爱，也不能半懂半爱，必须是真懂真爱。否则，乡村振兴就会成为"说起来重要、干起来次要、忙起来不要"的空口号，不仅效能不高，还有可能给未来乡村的可持续发展埋下难以逆转的隐患。建议从中央层面建立乡村振兴背景下选拔任用县委书记的新标准，放宽用人视野，选择一批真懂农业、真爱农村、真为农民，能力强、口碑好、作风硬的干部担任县级党政正职。比如可以从 300 多万参与脱贫攻坚的选派干部队伍中选择一批优秀人才担任县委书记或县长。农业文明时代读自然之书，工业文明时代读文字之书，信息文明时代读视频之书。今天只有从事农业的人需要"三本大书"一齐读，发达国家的农民必须具有从业资格证，作为领导乡村振兴的县级主官，只有读好"三本大书"，才能获得从业资格，不能以其昏昏，使人昭昭。

二、培养"慧眼三识"的乡村书记是提高乡村振兴效能的基础条件

乡村书记身处最基层，直接与具体的人、事、物打交道，识人、识物、识势是当好乡村书记的看家本领。一个优秀的乡村书记一定有独具

"三识"的慧眼，是善于"三识"的高手。一是"识人"。乡村振兴，人才振兴最关键。这个人才，不一定非要"高大上""高精尖"。土专家是人才，土匠人是人才，新乡贤是人才，返乡农民工也是人才。乡村书记既要是"伯乐"，善于从现有人员中发现人才，又要像"猎头"，勇于招才引智，借助外力外脑。比如，有人会养猪，你就想办法培养他、支持他，让他带领本乡本村更多的人养猪；有人喜文艺，你就创造机会，让他把乡村文化带起来，把乡风文明培育起来。总之，只有千方百计发现人才、培育人才、使用人才，营造出八仙过海各显神通的氛围，乡村振兴才能有"人气"、鼓"士气"、聚"生气"。二是"识物"。这个物，既是看得见的器物，也包括看不见的文化。这个世界不是缺少美，而是缺少发现美的眼睛。金子放错了地方也是垃圾，反过来，垃圾放对了地方也有可能就是金子。越是民族的，越是世界的，任何一个地方都有自己的特点特色，有特色才有价值，关键要善于发现这个特色，识别这个特色，挖掘这个特色，锻造这个特色。作为乡村书记就要练就这双慧眼，挖地三尺把这个地方看个清清楚楚、真真切切。春秋时代，诸侯割据，周天子穷困潦倒，财政入不敷出，找管仲问计。管仲马上告诉他，你周围那些不值钱的菁茅草就是钱。因为当时作为各诸侯国最大的活动就是祭祀和战争，而祭祀必用菁茅草，而只有周天子所在的地方才出产这种草。周天子抓住这个特色产品高价经营，100 多个诸侯国的财富源源不断地流入周天子的腰包，周王室很快富足起来。当前，这样的例子很多，比如安徽的猴坑是一个偏远的小山村，却因出产猴魁名茶而名扬天下，全村人均年收入几十万元。甘肃静宁偏僻落后，自静宁苹果成为名牌后，被消费者普遍关注。中国上千个地理标志产品所在地，大都是因为那个产品的牌子让外界才得以知晓那个地方。这些正应了那句老话："假舆马者，非利足也，而致千里；假舟楫者，非能水也，而绝江河，君子生非异也，善假于物也。"三是"识势"。首先识形势。习近平总书记强调"政治三力"，第一就是"判断力"，乡村书记首先要深刻领会习近平新时代中国特色社会主义思想，准确把握中央大政方针。改革开放以来，中央每年都出台一个关于"三农"的文件，仅 1 号文件就出台了 23 个，各部门又都出台相应的配套文件，每年都有新的改革举措。乡村书记要有敏锐的洞察力，从中找出有利本地发展的机遇。其次是识地势。每个地方有每个地方的优势，也有每个地方的劣势，橘生淮南则为橘，生于淮北则为枳，如果不把握自己的"地势"，盲目跟风，一定会事与愿违。兵书上讲，"因天之时，就地之势，依人之利，则所向者无敌"，乡村书记在谋划本地发展蓝图时，一定对本地地理位置的优劣做出清晰判断，对周围环境条件的变化注意关注，如附近新增一家工厂，新建一个旅游景点，新修一条公路，这些都可能给本地带来新的发展转机。再次是识趋势。审时度势从来都是科学决策、精准施策的重要依据。所谓"顺势而为"，儒家谓之纲常，墨家谓之天志，道家谓之天道，释家谓之轮回，这是哲学层面的治国理政。乡村书记不需要治国平天下的谋略，但对于自己治下的乡村未来发展趋势必须做出预判预测，决不能刻舟求剑，墨守成规，一成不变，身子迈入了新阶段，思想还停留在老地方。而要勇立潮头，准确识变、科学应变、主动求变，相时而动，顺势而为，在推动乡村振兴各项工作中，于变局中开新局，在危机中找新机。

三、推进治理体系和治理能力现代化是提高乡村振兴效能的根本举措

改革开放以来，各地在农村基层党建方面创造了不少行之有效的经验做法，如村民代表提案制、网格化管理、党支部下沉一级设在村民组等，不管哪种方式或经验，在基层治理体系上，追求的总目标就是构建一个上下通达的政治生态和左右和谐的社会生态。一些政策之所以在"临门一脚"脱靶，归根到底是基层运转机制不灵，末梢神经失效。安徽省亳州市以"邻长制"为抓手，利用"大云移物智"的现代化技术手段，构建起了合纵连横、灵敏高效、通达上下、和谐左右的新型基层社会治理体系。即以纵向加长、横向加密的办法在村民组下以 15～20 户为单位设一个"邻长"。打破了过去组长管理上百户，顾头难以顾尾的格局。邻长可以随时遍访众邻，与邻里居相近，人相亲，情相连，并通过手机平台与每家每户建立紧密关系，在国与家、公与私、上与下、官

与民之间，扮演着联系顺畅的"摆渡车"、互动沟通的"交流器"、利益博弈的"减震阀"、矛盾化解的"融合剂"的角色。且全市增加十万个邻长没有给财政和农民增加任何负担，就在全域范围内全面提升了基层治理的效能。以"四两拨千斤"，小动作巨能量，这一适应现代乡村需求的低成本改革，应在全国范围内试行推广。

身处大变革的时代，不断提升治理能力现代化的水平是党建工作的新课题，应构建一套适应不同结构、不同类别、不同需求的培训体系。长期以来，"说起工业大半天，说起农业一根烟"是市县两级主官的普遍现象，他们不想说、不愿说是一个原因，根本在于不会说、说不清，不是像城市那样真懂。不懂的根本原因，在于一直以来的"二元文化"影响，在大多数人的思维中，在农村工作、从事农业工作是一个"粗活"，没有含金量，什么人都可以。父母教育孩子说得最多的就是"你不好好学习，长大了就让你种田去"。农业农村现代化，离不开高质量、专业化、现代化的干部队伍。早在1907年，清政府派遣李殿璋到奥地利参加万国农会，他在考察中发现，面积不过中国三省之地的奥地利就创办了190所农学堂，还有遍布各地的"冬日学堂"，更有政府出钱，聘请各类农业土专家为"游学教员"到各地讲学培训农民，指导农业实践。当前，我们针对基层干部和农民的专业培训与100多年前的奥地利还相差甚远，更不要说与现代发达国家专设农民教育机构相比了。在以乡村振兴为时代最强音的背景下，应参照中国井冈山干部学院、中国延安干部学院、中国浦东干部学院的管理规格和办学标准，创办中国乡村振兴干部学院，高规格、系统化地培养党的"三农"干部。对市县两级每年都应进行一次专业培训；乡镇一级由省级党校设立分院组织培训；广大村干部则由市县党校进行专门培训。务求通过培训，让干部对"三农"理论和政策体系有一个系统性、综合性、全面性的清晰认识，对"三农"工作有一个情感的深化升华，做到先"武装头脑"，再"指导实践"，真正成为"一懂两爱"的干部，成为提高乡村振兴效能的中坚。

（本文原载于《中国发展观察》2021年第12期）

把社建到村上

——供销合作社应在农村改革中担重任[*]

供销合作社从 1949 年酝酿成立至今已走过 70 年的历程，70 年几多风雨，几多沉浮。在市场经济浪潮冲击下，这艘曾经是中国经济领域中体量最大的航空母舰，一扫计划经济年代统率乡村流通、妇孺皆知的辉煌，20 世纪 90 年代以来，墙倾楫摧、网破线断人散、残局零落，全系统退守农资、再生资源和棉茶等领域，经营几座"经济孤岛"，自娱自乐式地从事经营活动，在决策层话语权渐失，在社会上知名度渐弱，在乡村中影响力渐无，边缘化现象使其面临巨大的生存危机。

近期，我们对安徽、贵州、甘肃、山东等供销合作社开展调研发现，面对如此险象环生的生存压力，一些基层社不甘沉沦、大胆探索、奋力开拓，闯出了一条创新发展之路。他们由旁观走向投身，由配角走向主角，由边缘走向前沿，使供销合作社成为深化农村改革、参与乡村振兴的主力军。他们的主要做法就是"伸腿"到村，与村级集体经济组织合作、与村"两委"合作、与各类新型农业经营主体合作、与小农户合作，建立村级供销合作社，进而与当地产业有机衔接、与城乡市场有机衔接、与互联网现代物流有机衔接，找回初心，服务"三农"，彰显流通主渠道，下活农村一盘棋。这一"现象级"举措，在深化农村改革和乡村振兴中释放的巨大能量及其价值、意义不可低估。

这是由分到合农村改革再出发的探索实践，是供销合作社回归初心

* 本文是清华大学中国农村研究院研究课题（CIRS2019－3）研究的阶段性成果。

的探索实践。40 年前小岗村的"分"产生了裂变效应，40 年后大趋势是"合"，将产生聚变效应。习近平总书记"构建人类命运共同体"的倡议在世界引起强烈反响，人类命运共同体的核心要义就是搞好合作。"合"在中国乡村中的突出表现就是如何组织农民问题。改革开放后，中国农民组织化程度提升一直是个"老大难"问题，欧美国家私有制背景下人少地多的大农业走的是专业合作的路子，这条路对中国小农而言代价太大。东亚国家和地区人多地少的小农走的是综合农协的路子，这条路在目前走起来有诸多瓶颈。因此，我们必须探索符合我国现实国情的第三条道路，即政府、市场、社会有机协作的"三位一体"的农民合作道路。自上而下的供销合作社就有承担这个任务的优势，它是不像政府的政府、不像市场的市场、不像社会的社会，它既能发挥政府部门协调各方、建立农村流通主渠道的主导作用，又能充分利用市场经济的规律从事经营活动，还能发挥社会组织的效应把农民组织起来。

这是市场经济背景下公有制实现形式的探索实践。马克思创立了社会主义公有制理论，把马克思主义中国化，走中国特色社会主义道路，是我们必须坚持的大方向。传统观念认为，公有制就是计划经济，私有制就是市场经济，邓小平同志说，市场经济是人类共同的文明，社会主义也可以使用，由此提出建设中国特色的社会主义市场经济体制。我们要做的就是在这种体制下探索、寻找公有制的实现形式。在人类社会发展进程中，公有制由来已久，国有企业创始人管仲，他的盐铁专营就是公有制的一种实现形式。王莽改制，把所有土地收为国有，然后按人分配，也是公有制的一种实现形式。再到后来的巴黎公社、以色列的基布兹，都是在探讨公有制的实现形式。中国特色的社会主义公有制与上述公有制有着诸多本质上的区别，其中在国有之外还有一个庞大的集体所有制。一般认为，农村集体经济就是村级集体经济组织，实际上，农村集体经济有两大体系，一种是横向的社区型集体经济（以自然村为单位的约占 75%，以行政村为单位的约占 23%，以镇乡为单位的约占 2%），一种是纵向的层级型供销合作社（国家、省、市、县联社和乡镇基层社）。当初设立这样一个构架，意在让层级型带起社区型，通过做好大生意，逐步带起小农户。集体经济比较复杂，寻找这种公有制的实现形式也就变得比较复杂。但是它也有优势，跟国有企业相比，它没有许多政策约束和限制，也不需上缴利润。跟私有经济比，它有规模优势，容易获取贷款等政策支持。两种类型的集体经济在村一级交汇、融合，就能够解决长期以来层级型与社区型纵横分离，且悬在半空、远离农户的问题。以村为枢纽，既能使村级集体经济实现保值增值，又能紧贴小农户，提升组织力。以村为枢纽，合纵连横，上下通达，左右逢源，是公有制在乡村实现的好形式，是中国特色社会主义在乡村建设的好路径。

这是小农户与现代农业有机衔接的探索实践。中国特色社会主义道路一是要回答市场经济背景下公有制的实现形式问题，二是要回答小农户与现代农业有机衔接的问题，这是由中国的国情农情所决定的中国特色。中国有 2.6 亿小农户，其中有 2.3 亿承包地小农户，就农业的经营主体而言，是美国的 100 倍，是英国的 1 000 倍。中国的农业现代化必须是小农户的现代化，中国的乡村振兴实质上就是小农户的振兴，而这么庞大的小农户群体实现现代化是个复杂的系统工程。小农户对接现代农业会普遍面临市场、资金、技术等难题，单纯依靠村级集体经济组织、新型经营主体的带动，在短期内很难达到理想效果。供销合作社以其庞大的网络和雄厚的积淀，通过组织到村、多方合作，可以显著增强农民的市场谈判地位，降低农民的生产经营成本，提高农民的资金、技术的获得能力，实现小农户与现代农业的有机衔接。安徽黄山市通过建立村级供销合作组织开展资金互助、土地及农机、购销等全产业链合作，使现代农业化元素集束注入，入社农民坐享农业现代文明的成果。该市黟县供销合作社与农业产业化龙头企业有农公司合作，在黟县建立了 13 个村级社，通过统种、统管、统销等经营模式，全方位带动几万农户走上现代农业之路，并通过土地股份合作，带动 1 000 多农户人均年增收 610 元，同时使 286 户贫困户脱贫。

这是开拓农村市场的探索实践。农村市场潜力巨大，中国在世界上最大的战略储备就是有几亿农村人口的消费潜能，这是没有哪个国家能比的。以安徽省为例，2018 年，安徽省乡村常住人口人均生活消费 12 748元，生产性消费 3 525 元，固定资产等非经营性消费投资 3 516 元。按此推算，中国农村有几亿多人口，每年的消费性和生产性支出就是几万亿元。供销合作社利用品牌效应、规模效应和网络效应，还可以大大改变农村市场假货充斥、价格虚高的现状。一是在价格上有谈判地位，二是代表政府在产品质量上有保证。据安徽省工商联在某市农村调查，该市农村销售的 30 多个牌子奶粉无一在城市市场上有售，由此可见农村假冒伪劣商品之多。通过最大程度地开发、拓展农村消费市场，找回计划经济年代妇孺皆知、村村有点的辉煌，让这个农村消费的"核弹"燃爆起来，是供销合作社最具竞争力的优势。

这是强化农村基层组织的探索实践。供销合作社与农村集体经济组织、村"两委"、新型农业经营主体和小农户合作，各方力量汇聚，使农村基层组织得到强化。特别是供销合作社有经营功能，通过与村"两委"合作，村干部不仅有工资性收入，还有一定的经营性收入，这对稳定农村基层组织队伍和强化农村基层组织大有裨益。贵州省贵阳市白云区供销合作社与小山村"两委"主动对接，与周边农业企业合作，成立社、村、企共建的小山村供销合作社，村党支部被市县两级评为先进党组织。通过与新型农业经营主体合作，新型农业经营主体增多了业务，扩大了覆盖，提升了品牌，增强了影响，赚取了利润，也提升了积极性。甘肃省天水市供销合作社和新型农业经营主体合作，广泛吸纳农民参与，依托当地资源，兴建振兴示范点 7 个，新建标准化果园 1 000 亩，完成 3 000 亩果园提质增效，建成 6 000 吨和 400 吨果品贮藏库各 1 座。因为从体制外走入了体制内，有了"靠山"，新型农业经营主体发展产业的能力和积极性大为提高，对农户的吸引力、凝聚力也大为增强。

这是推进城乡融合发展的探索实践。通过供销合作社的主渠道整合传统的为农服务功能，实现资源共享和功能叠加，推进城市商品、服务下行和农村产品、服务上行，甚至实现测土配肥、病虫害防治、手机充值、票务代购、小额贷款、家电维修、农业保险等多方位服务功能整合，大大夯实了为农服务基础，提高了为农服务能力。安徽省铜陵市已在10多家村级社实施电子商务惠农工程，构建起了上下贯通、左右联结的电商运营网络，在与淘宝、京东的竞争中，做到"三分天下有其一"。2018年，该平台交易商户达到177家，交易品种700多个，完成平台交易额5 487万元，线下交易额6 000余万元，实现了把供销合作社建在网上，搭建了为农服务、沟通城乡的新平台，同时在城市开设众多农产品实体店，让城里人随时享受到鲜活农产品。

乡村振兴为供销合作社找回初心提供了大舞台，深化改革又为供销社为农服务提供了大空间。供销合作社应在新一轮深化农村改革中担重任、成主力、唱主角，以带起小农户为宗旨，以建立健全村级组织为核心，以示范试验为路径，以搭建资源整合大平台为重点，牢记为农服务使命，创新发展思维，两眼向下，点上提升，面上推广，与农村产权制度改革相结合，与农村集体经济发展相融合，与小农户发展相契合，尤其要抓住农村集体产权制度改革后，各地正在寻找有能力有实力的经营者合作这一历史机遇，主动介入，积极探索农村经济的多维发展方式。

"把社建到村上"是基层供销合作社的创新创造，正成为供销合作社推进农村改革、参与乡村振兴的有力抓手。全国供销合作系统应以此为契机，闻鸡起舞，对标形势，重新认识自身：生存危机、发展维艰；重新解释自身：供销是手段、合作是本质；重新发现自身：地位独特、优势突出；重新谋划自身：组织到村、扎根"三农"；重新成就自身：找回初心、实现涅槃。

"把社建到村上"是一项前无先例的新事物，在探索开拓中需要注意以下几个问题：一是不可一刀切，不能"村村冒烟"，要因时因地因阶段制宜，鼓励有条件的村自办村级社，也可几个村联办、合办。二是引导农户参与，鼓励农户入社。供销合作社意在通过供销实现合作，其本质在于"合作"，即使实现了组织到村，如果还是不能联结小农户、融入小农户、振兴小农户，供销合作社仍然会偏离为农服务的初心。三是拓宽合作领域。村级社由于更加"接地气""得民心"，可以延长合作链条，从生产层面的供销合作延长到土地合作、大型农机具合作、资金互助、保险互助等，拓展为农服务新领域，锻造为农服务新本领。四是国家及省市县应成立村级社发展基金。发挥村级社发展基金的引导作用，整合财政资源，拓宽融资途径，鼓励社会资本投入，推进村级社的兴建兴办、改造升级和发展壮大，使村级社成为经营与服务兼具的综合服务平台。五是做好风险防范。供销合作社组织到村、合作到户，与各类农村组织联合、合作，会形成较为复杂的治理结构，在"伸腿"到村的过程中，有的地方供销合作社还可能会进行企业化改制，这会导致治理风险和市场风险叠加，各级供销合作社应主动应对，积极作为，做好顶层设计和制度建设，强化监管，提高风险防范能力，防止各类资产流失贬值。

（本文原载于《中国发展观察》2020年第1-2期合刊）

脱贫攻坚与乡村振兴有效衔接，接什么？如何接？

脱贫攻坚战已取得全面胜利，"三农"工作的重心历史性转向全面推进乡村振兴。如何让贫困治理平稳转型，融入以乡村振兴为旗舰的舰队序列，不仅仅是工作内容的衔接，更是思想理念的衔接，思维方式和行为方式的衔接。

一、主次位移的衔接

2020 年前，需要集中精力、集中力量、集中资源，全力以赴打赢脱贫攻坚战，完成全面建成小康社会的底线任务。2020 年脱贫攻坚任务完成后，"三农"工作重心转入全面推进乡村振兴。贫困治理将统筹纳入乡村振兴战略。随着"三农"工作主次位移，应根据主要矛盾的变化，把政策取向和着力点逐步转移到乡村振兴上来，由攻坚战转为持久战，由脱贫攻坚的突击性、特惠性、局部性，转为乡村振兴的渐进性、普惠性、整体性，在工作体制机制、职能配备、工作思路、工作方法等方面都要调整，向农业全面升级、农村全面进步、农民全面发展聚焦发力。

二、时空拓展的衔接

在时间上，继续巩固脱贫攻坚成果，扶持政策不能断崖式下降。对退出的贫困县、贫困村、贫困人口，要保持现有帮扶政策总体稳定，扶上马，送一程。中央已经明确设置过渡期，过渡期内，要严格落实摘帽不摘责任、摘帽不摘政策、摘帽不摘帮扶、摘帽不摘监管的要求，主要政策措施不能急刹车。综合考虑脱贫攻坚成果巩固、低收入人口基本保障战略和工作体系平稳转型，把扶贫工作全面纳入实施乡村振兴战略，整体部署、一体推进。在空间上，相关政策举措要由片状、点式转换成全域、整体的覆盖。如金融扶贫的重要手段是扶贫小额信贷，即向符合条件的建档立卡贫困户，提供5万元以内、3年期以下、免抵押、免担保的信用贷款，专门为建档立卡贫困户量身定制，有效缓解了贫困户贷款难、贷款贵问题。但其服务对象特定，且局限于信贷手段，无法满足未来乡村振兴战略多元化金融需求。脱贫攻坚结束后，一方面，应当在做好存量扶贫小额信贷政策接续工作的基础上，结合党建引领信用村建设，将扶贫小额信贷调整升级为乡村振兴小额信贷，服务对象扩展到新型农业经营主体、小微企业和小农户，合理设置贷款额度、期限、利率及贷款条件；另一方面，应当将以往重点突出扶贫小额信贷的金融扶贫体系逐步转变到涵盖信贷、直接融资、保险等领域的多元化乡村振兴金融服务体系。

三、保障与发展优先顺序转换的衔接

脱贫攻坚是"基础版"，重点解决"两不愁三保障"，是保基本、兜底性要求，主要解决的是发展的不平衡问题，其对象是建档立卡贫困户，这些贫困户只占农村人口的一小部分，他们在奔小康的路上没能跟上步伐。乡村振兴是"升级版"，主要解决发展不充分问题，瞄准的目标是把我国建成社会主义现代化强国，面向农村所有地区所有人口，通过解决发展不充分问题，化解发展不平衡的矛盾，最终实现城乡融合发展，人民共同富裕，是高质量、高品质的追求。

四、政府、市场、社会角色功能转换的衔接

脱贫攻坚目标是使贫困群体脱贫，乡村振兴目标是使农民群体致富，脱贫与致富是两个不同层面的问题。脱贫是公平问题，致富是效率问题。脱贫是政府责无旁贷、义不容辞的职责，致富是市场规律、能力角逐的结果。脱贫，必须采取特惠性政策应保尽保；致富，应该运用普

惠性制度实行公平竞争。脱贫，不论有无发展能力和发展意愿，有贫即脱；致富，只对具有发展意愿的群体帮扶支持。脱贫，必须微观，精准到户到人；致富，只可宏观，针对大环境，搭建好有利于致富的市场平台。脱贫，不论何种情况，政府需要真金白银，立马兑现；致富，政府只可量力而行，持之以恒，渐次推进。在脱贫攻坚阶段，主要是政府主导，乡村振兴则需要"看得见的手"和"看不见的手"共同各自发挥作用，政府、市场、社会应各司其职、互相配合、互相监督，确保"三驾马车"三位一体。在产业兴旺、生态宜居、生活富裕等方面，要充分发挥市场的作用；在乡风文明、治理有效等方面，要充分发挥社会的功能。政府必须克服"包打天下"的思维，主要应在搭建平台、创造环境等方面下功夫。

五、特惠与普惠的衔接

脱贫攻坚是针对特定区域、特定群体；乡村振兴是针对农村所有地区、所有人群。通过脱贫攻坚，原来贫困县、贫困村、贫困户发展水平都提高了很多，而周围的非贫困县、非贫困村、非贫困户，本来情况差不多，因为没有享受脱贫攻坚政策，现在差距越来越大，社会反响强烈。实施乡村振兴战略，必须做好特惠与普惠政策的衔接，合理兼顾各方利益诉求，通过普惠性制度安排，处理好不同地区、不同群体政策均衡问题，最终实现共同富裕。

六、突击性与常态化的衔接

脱贫攻坚是突击性的工作，打歼灭战，采取尽锐出战等超常规方式推进，阶段性特征明显，现有的工作部署更多聚焦于短期性、阶段性目标任务。乡村振兴是常规性的工作，打"长久战"，着眼于从根本上解决"三农"问题，具有根本性、持久性，工作部署是从总体角度提出的全方位思路。乡村振兴是长期的历史性任务，不能用突击战的办法推进。因此，必须做好突击性与常态化的衔接，把脱贫攻坚工作中管用的制度安排、好的政策措施延续好，使这些制度进入常态化、常规性的运作，靠制度来保障、靠法治和政策的力量推进乡村振兴。

七、点位精准与宏观规划的衔接

点位精准是习近平总书记在脱贫攻坚中的理论创新，对指引脱贫攻坚起到了决定性的作用。脱贫攻坚工作中坚持的扶贫对象精准、项目安排精准、资金使用精准、措施到户精准、因村派人精准、脱贫成效精准等"六个精准"，既是工作标准，又是工作要求、工作目标，更是一种思想理念、思维方式，启示我们实施乡村振兴战略要全面深入系统地贯彻精准理念。比如，乡村振兴宏观战略的五大目标任务中，应先从环境治理入手，整顿村容，清除垃圾，改变农村面貌，改善农村人居环境，这就是点位精准。乡村振兴规划在排兵布阵中如何做到点位精准，要借鉴脱贫攻坚的精准理念，根据农村的现状，分类推进，防止"齐步走""一刀切"，避免千村一面。

八、专注乡村与城乡一体的衔接

脱贫攻坚主要是解决乡村的贫困对象问题。乡村振兴主要是解决城乡发展不平衡、农村发展不充分问题，对象是农村所有人口，覆盖乡村全域，以缩小城乡发展差距和居民生活水平差距为目标，加快推进农业农村现代化，使农业成为高效生态的产业；农民成为一专多能的职业；农村成为宜居宜业的地方，最终实现城乡融合发展。因此，实施乡村振兴战略，必须处理好城乡关系，树立城乡一盘棋理念，走城乡融合发展之路。城镇和乡村是互促互进、共生共存的，没有城乡融合，乡村就无法振兴，要跳出乡村看乡村，乡村振兴绝不是乡村自己的事情，而是全社会的事情。解决相对贫困问题，也要城乡一体、同步推进，要看到高楼大厦掩盖下的贫困问题，把乡村脱贫攻坚的好制度、好措施运用到解决城市贫困问题之中，逐步建立健全全民覆盖、普惠共享、城乡一体的基本公共服务体系。

（本文原载于《中国发展观察》2021年第5期）

乡村治理

小康时代贫困治理的十个新走势

　　脱贫攻坚收官，全面建成小康社会，将是中华民族五千年文明史上前无古人的壮举。但进入小康时代，并不等于贫困问题的根除、贫困治理的结束。贫困是人类的梦魇，有富裕就有贫困，贫困与富裕如影随形。只要人类社会有国家存在，治理贫困就是一个永恒的课题，只是不同时代背景下的表现形式和治理方式不同。进入小康时代，我国贫困治理将呈现诸多新特征、新走势。把握新特征，洞悉新走势，把贫困治理平稳导入乡村振兴的主航道，是两大战略有机衔接面临的新任务。

　　一是从存在状态看，扶贫对象由绝对贫困转为相对贫困。通过几年来举国体制的脱贫攻坚，"两不愁三保障"的目标基本实现，绝对贫困已经消除。马克思认为，社会阶层属于社会固有的一种层序结构，是由于分配或占有社会资源的不同而表现为事实上的一种不平等状态。相对贫困是以社会的平均生活状况为衡量标准，如果家庭的生活状况低于社会平均水平到了一定的程度，即被认为处于相对贫困状态。因此绝对贫困的消除，并不意味着贫困群体的消失。社会阶层的固有存在必然带来相对贫困群体的长期存在。脱贫攻坚结束，社会进入小康时代，贫困的存在状态将由绝对贫困转为相对贫困，扶贫工作的内涵和外延将不断扩展。反贫困问题是任何国家、任何时代、任何社会制度都必须共同面对的现实问题。

　　二是从人群特征看，由多状况交织转为老弱病残为主。贫困问题不是一个单纯的经济现象，而是集经济、社会、自然等因素于一体的复合现象。富裕的生活大体相似，而贫困的原因各有不同。从脱贫攻坚期的扶贫对象来看，这部分群体致贫原因复杂、贫困程度较深。在全国扶贫开发信息系统中，致贫原因包括因病、因残、因学、因灾、缺土地、缺水、缺技术、缺劳力、缺资金、交通条件落后、自身发展动力不足、因婚、因丧、因疫情等 14 种，很多贫困户还是多种致贫原因交织，家中既有病人和学生，又缺少技术和资金的现象比较常见。脱贫攻坚期超常规的资金项目投入以及多措并举的帮扶成效逐步显现，农村基础设施和公共服务大为改观，一大批有发展能力和发展意愿者乘势而为，摆脱了贫困，但一些失能半失能群体和老弱病残人群没有发展能力，他们将成为扶贫对象的主要构成。

三是从空间分布看，由集中连片特困地区转为零散点状贫困分布。在脱贫攻坚时期，全国共划定了 14 个集中连片特殊困难地区，这些地区多是革命老区、民族地区、边疆地区，基础设施和社会事业发展滞后，生态环境脆弱，自然灾害频发，贫困人口占比和贫困发生率高，人均可支配收入低，脱贫任务重。经过脱贫攻坚期系统性政策效应，集中连片贫困地区的面貌得到了极大改观，群众生活得到了明显改善，基础设施和公共服务的短板也正在逐步补齐。2019 年集中连片特困地区农村居民人均可支配收入 11 443 元，增长 11.5%，比全国农村高 1.9 个百分点。后脱贫攻坚时代，这部分区域性整体贫困已经得到了全面解决，贫困的空间分布将呈现零散插花状态，不论贫富地区，不论城市乡村，都存在需要帮扶的相对贫困现象。空间分布的细碎化也给扶贫工作带来了新的难度和挑战，需要重整旗鼓，全域联动。

四是从需求层次看，由生存型转为生活发展型。脱贫攻坚期以让贫困人口稳定实现"两不愁三保障"为标准，这一标准聚焦的是贫困群众的生存问题。根据马洛斯需求层次理论，消除绝对贫困解决的是生理需求和安全需求问题，也就是生存需求问题，在生存需求得到满足后，社交需求、尊重需求和自我实现的需求成为最迫切的需求。生存和温饱已经不是衡量是否贫困的绝对标准，持续发展成为衡量贫困与否的重要准则。小康时代，随着脱贫攻坚与乡村振兴的有效衔接，群众对于生活质量的提高需求也将大大提升。乡村振兴的五大目标任务"产业兴旺、生态宜居、乡风文明、治理有效、生活富裕"为群众全面实现人的五种需求搭建了平台。而贫困群体这种发展型需求的实现，也将反过来促进乡村经济社会的发展和活跃。因此，落实好乡村振兴的五大目标任务，是解决生活发展型贫困的根本。

五是从生成机理看，由原发型转为次生型。由于自然环境的恶劣，基础设施的落后，公共服务的缺位，以及家族遗传病史等诸多因素，导致一些人世世代代生活在贫困状态。这种原发型累积性贫困人群自身发展能力不足，长期生活在对贫困的麻木状态，缺少自我脱贫的动力，只能依赖政府兜底保障其基本生活。在政府兜底保障体制进一步健全后，长期困扰中国农村的原发型绝对贫困将彻底消失，贫困群体将以次生贫困为主。这部分贫困群体或因突发家庭变故，或因难以抵御的自然灾害，或因飞来横祸，或因市场风险，或因区域经济活跃度骤降，或因就业机会锐减等诸多因素，导致间接形成的、派生的贫困。由于这些次生贫困形成原因复杂多样，单纯从收入上并不能完全衡量次生贫困的程度，需要结合多元维度来综合判断，才能找准成因，制定相应的措施，从根源上解决问题。

六是从保障视角看，由收入型转为消费型。脱贫攻坚期采用的扶贫标准是农民人均纯收入 2 300 元（2010 年不变价），以后根据物价指数逐步调整。但这一收入标准，仅仅是能够解决贫困人口的基本生存问题。在全面建成小康社会后，随着农村居民的收入大幅提升，低收入与低消费的恶性循环体系被打破，消费不足导致的相对贫困问题开始凸显。有关研究表明，全世界 30 多亿人吃不起健康饮食，中国有 3 亿多人处于"隐形饥饿"状态。诺贝尔经济学奖得主安格斯·迪顿的研究表明，减贫政策的制定必须考虑个体的消费选择。小康时代，贫困群众的消费需求向多元化、个性化的方向发展，单纯以收入作为扶贫标准的做法，难以包含每一个人特殊的消费状态。在解决绝对贫困问题后，识别相对贫困人口时需要从收入和消费两个方面入手，建立科学、多维的贫困测度和识别体系。在制定减贫政策时，需要从收入、福利等方面向消费领域倾斜，不仅要考虑消费数量，也要考虑消费质量；不仅要满足贫

乡村治理 ……

141

困群众的物质消费，也要满足其必要的精神消费，使贫困群众消费能够跟上时代发展，得到全面提升，真正享受到改革开放的成果，从物质和精神层面增强获得感。

七是从工作方法看，由普惠型转为个性化。脱贫攻坚时期，通过建档立卡，摸清了贫困人口的底数，为精准扶贫打下了基础。以往大水漫灌式的扶贫方式变成了点位精准滴灌，通过推行脱贫攻坚"十大工程"等精准扶贫项目，针对不同的致贫原因到户到人，大大提高了扶贫资金的绩效。总体来看，脱贫攻坚时期的扶贫政策是针对建档立卡户的普惠型政策，只要是建档立卡贫困户，就可以享受特色产业、就业、教育、医疗、住房等一系列扶贫政策。小康时代，一方面，要继续制定针对低收入人口的普惠政策，通过政策体系使低收入人口在基本生活方面得到保障。同时，由于宏观发展类政策往往对低收入人口存在"挤出效应"，应当根据不同家庭的实际情况，出台有针对性的特惠政策，让低收入人口在享受普惠政策的同时，还能吃上特惠政策的小灶。另一方面，在制定地区发展政策时，特困地区往往由于历史和自然原因基础弱、欠账多，基础设施和公共服务水平远远落后于发达地区。需要针对特困地区继续出台特惠政策，在解决共性问题的基础上，满足个性需求，避免出现资金项目"排排坐分果果"的现象。

八是从覆盖范围看，由关注乡村转为城乡一体。目前的扶贫治理体系采取的是城乡分割的治理模式，扶贫工作的重点在农村贫困人口。截至 2018 年底，我国共有城市低保人口、特困供养人口 1 033.7 万人，再加上常住人口中的困难群体，数量远超千万。这些城市贫困人口一旦没有工作，极易陷入"赤贫"状态。党的十九大报告提出城乡融合发展，小康时代应构建城乡融合的贫困治理体系，改变贫困问题的城乡分治，把当前解决农村贫困问题中行之有效的政策举措、工作机制等运用到解决城市贫困问题中。

九是从体制机制看，由九龙治水转为一家专管。扶贫工作涉及多个不同的行业领域，各项政策职能分散在不同的政府部门，各个部门依照各自的业务规划分配使用扶贫资源，出现"各出一盘菜、共做一桌席"

的"九龙治水"现象。近些年，城乡仅享受低保和五保政策的贫困人口每年都超过5 000万人，这相当于一个中等国家的人口规模。针对这一庞大群体，应将现有多个部门的扶贫职能优化整合，把保障与发展的职能分开，在国家层面设立城乡基本生活保障署，专司保障。省市县乡同时设立相应机构。保障部门的主要职能就是进行保障标准的确定和保障对象的识别，以及从保障对象里找出有发展能力和意愿的群体。对于没有发展能力的群体，由保障部门安排兜底类措施，保障其基本生活。现由民政部门、扶贫部门分别开展的困难群体、扶贫对象认定工作，以及由民政部门负责的低保、五保、残疾人生活补贴、残疾人护理补贴、临时救助等保障类措施的实施工作，统一归口到保障部门管理。对于有发展能力和意愿的群体，由个人申报，经保障部门审定，分送各职能部门因人施策，帮助其发展。

十是从组织方式看，由区块化突击式转为零散化常规性。如期打赢脱贫攻坚战是我们党为实现第一个百年奋斗目标的基础性工作，是一项重大的政治任务，必须举全国之力克难攻坚。各级各地均采取超常规举措，五级书记齐抓共管、全面动员，凝聚政府、社会等多方力量，使这项特殊任务能够圆满收官。小康时代，乡村振兴将成为主旋律，贫困治理将退居次要，仅是乡村振兴的一项兜底性工作。各级党委、政府不可能像攻坚期那样将主要时间、主要精力放在贫困治理上，而是通过建立常态化常规性的组织体系和工作机制，保持贫困治理的连续性，推动扶贫工作从运动式、突击性治理向常规化、制度化治理转型。如何在实现党的第二个百年奋斗目标进程中，把贫困治理有序编入以乡村振兴为旗舰的舰队方阵，是一个需要开拓性探索的新课题。

（本文原载于《中国发展观察》2020 年第 19－20 期合刊）

乡村社会的裂变重塑与治理

习近平总书记多次指出，当今世界正处于百年未有之大变局，中国的乡土社会正在发生深刻剧烈的变化，深入分析乡土社会变迁的内涵和发展趋势，对于创新乡村社会治理，促进乡村社会良性运行和协调发展，具有重要而深远的理论和现实意义。

在裂变中重塑中国乡土社会秩序

中国农村改革 40 多年以来，随着以农养政的结束，城乡二元制度在人口流动和迁徙的冲击下正逐步消解，"凝固的土"和"封闭的乡"被打破，社会主体由稳定性向流动性转变，社会生活由同质性向公共性转变，社会关系由熟悉性向陌生性转变，社会空间由地域性向公共性转变，社会结构由紧密型向松散型转变，社会细胞由完整性向破裂性转变，社会文化由前喻性向后喻性转变，社会价值由一元性向多元性转变，社会行为由规范性向失范性转变，社会治理由威权性向碎片性转变，这些变化，增加了社会治理的难度，给乡村社会良性运行和协调发展提出了新挑战。

中国是农业大国，中国的根基在乡村，只要人类还需要吃饭，就会有农业；只要农业存在，就会有农民；只要有农民，就会构成彼此相连的乡土社会。不论时代的大潮多么汹涌澎湃，以乡为基点的活动空间都不会变，以土为基础的生存依托也不会变。因此，需要处理好"变"与"不变"的关系，该变的力促其变，不该变的执意坚守，方能以"不变"应"万变"。对于中国这样一个人口大国、农民大国、农业大国、农村大国而言，"三农"是重中之重的价值取向不能变，遵循自然生态规律的路径不能变，公序良俗的遵守不能变，传统文明的弘扬不能变。对于乡土文明，既要去其糟粕，又要取其精华，开发传统，服务现代。

创新乡村社会治理的宏观思维

思路决定出路，格局决定结局。创新乡村社会治理的宏观思维尤其重要，对乡村社会发展具有导向性效应。

一是实施城乡融合的一元化方略。人类已经进入了生态文明阶段，城与乡的关系正在发生着巨大变化，已经不能按照城与乡两套体制的传统观念去设计制度、制定政策。在生态文明背景下，城与乡在生态治理上是源与流的关系，建设重点在乡村，难点却在城市。城市文明作为工业文明的伴生物正在被新的更高层级的生态文明所取代。城市功能正在被高度发达的交通、通信及互联网分流，城市病正在被"小桥流水人家"的乡村疏解，城市边界正在被新的发展理念模糊，城市思维正在被城乡共荣的新型空间生态所颠覆。在生态文明阶段，城与乡没有高低贵贱之分。城市优先的思想观念、思维方式必须彻底改变，一切政策的出台、制度的供给、资源的配置都应以生态文明为标尺，城乡的建设和发展需要一体谋划、一体布局、一体实施、融合发展。

二是构建政府、市场、社会三位一体的治理格局。下大功夫解决当下乡村社会治理总体上呈现出政府力量过于强大、市场快速发展但很不健全、社会发育不足的格局，着力调整治理结构，该给市场的给市场，该给社会的给社会，让政府、市场、社会各司其职，互相配合，彼此监督。社会良性运行和协调发展需要政府、市场、社会三大主体的分工协作、功能互补，政府治理为市场治理和社会治理提供正式制度保障，创造良好的治理环境。市场治理为政府治理和社会治理提供经济基础。而社会治理作为一股强大的社会力量参与到治理过程中，监督市场和公共权力的运行。通过多元治理主体的协调与合作，各治理主体在互信和互惠的基础上，实现对社会公共事务的治理，从而形成乡村社会自治、法治、德治相结合的善治体系，让农民在乡村振兴中唱主角的意识必须确立。

三是健全党组织领导的自治、法治、德治相结合的基层治理体系。

自治旨在通过农民自我修养的培养进行"自我管理、自我服务、自我教育、自我监督",实现农民个体由治理"对象"走向治理"主体"的全面自由发展的自我治理过程。法治通过制度安排和规则程序,凭借一套具有普遍性、可预见性等理性化标准的正式规则来规范人们的行为区间。德治重在依靠社会舆论、风俗习惯、内心信念等正面引导人们的价值取向和发展方向。"三治结合"体系作为一套由内向外、刚柔并举、知行合一的治理理念系统,重在规则治理,贵在价值引领,本质上是通过正式规则和非正式规则两大部分来规范什么是应当做的、什么是不可以做的,从而形成多规则协同治理的"善治"系统。培育出一个生活富裕美、社会和谐美、生态环境美、人的心灵美"四美兼备"的社会生态,真正实现乡村治理体系和治理能力的现代化。

四是坚持和完善民生保障制度。我国社会主要矛盾已经转化为人民日益增长的美好生活需要和不平衡不充分的发展之间的矛盾,尤其在脱贫攻坚已经完胜,全面小康社会已经建成的当下,更应筑牢民生底线,健全民生保障制度,统筹城与乡,完善"十六有",即寒有所衣、饥有所食、住有所居、行有所乘、学有所教、病有所医、老有所养、幼有所育、业有所就、劳有所得、产有所链、弱有所扶、困有所帮、乐有所享、险有所保、心有所安,为乡村有效治理奠定坚实的社会基础。

新时期乡村治理的实践对策

剧烈而深刻的时代变局,为重塑乡村秩序,创新乡村治理提出了全新的命题,需要在实践中不断探索,在前行中迎接挑战。

1. 重塑乡村基层组织,打造轻装实用的治理体系。一是为乡村基层组织"卸载",减轻基层干部的过度负担。乡村俚语云:过去是"上面千条线,下面一根针",现在是"上面千把锤,下面一根钉,锤锤冒火星,砸歪就拔钉"。应下大功夫为基层干部减轻不必要的负担和无限责任的巨大压力。二是基层治理单位应从行政村下沉到村民小组,做实村民小组的职能。乡村熟人社会一般以 100~200 人为限,同时,土地承包的集体经济组织绝大多数以村民小组(即原生产队)为单位,他们才是真正的利益共同体。治理职能篷架在行政村一级,动辄几千人,互相不熟悉，也不是真正的利益共同体。治理效果可能会出现利国难利家，承上难启下，为公难为私。三是从顶层设计上进一步明确农民参与乡村治理的责任和义务，重塑他们的治理责任伦理和主体意识，让他们不做旁观者。四是每乡镇办一所开放式农民学校，帮助农民提高参与能力和参与积极性。农村信息的传递过去靠开会，现在靠网络，但全国尚有约五亿人不上网，这个群体主要集中在乡村。应在农业农村部设立农民教育局，在中国教育学会下设农民教育促进会，省、市、县比照设立，齐抓共管，把乡镇农民学校办好。1907年，清政府派李殿璋参加奥地利万国农务学会，他考察发现，疆域不过中国三省之地的奥国，设有务农学堂190多所，一百多年后的今天，我们还远不能比。

2. 把社办到村上，让供销合作社成为深化农村改革的主力军。我国农村集体经济组织有两大体系，一是横向块状的社区型组织，二是纵向条状的层级型组织，即供销合作社。世界上组织农民有两条成功道路，一是西方大农的专业合作。二是东亚小农的综合合作，这在政策上尚有障碍。中国小农的合作只能发挥制度优势，走政府、市场、社会三位一体的第三条道路。供销合作社正具有三重功能。让其伸腿到村，与村级组织合作，与各类新型经营主体合作，全面发展小农户入社，以其庞大的国内外市场网络，成熟的经营人才队伍，雄厚的资本运作力量，把乡村级集体经济和小农户带入现代化是完全可能的。安徽、山东、甘肃、贵州等有的一些基础社已经做了卓有成效的探索，应从顶层设计层面予以总结、提炼、完善、推广。

3. 推进"三农"领域的各项"放管服"改革。一是明确和完善土地经营权的物权地位。根据我国财产法律制度的物债二分理论，非物权即债权，《中华人民共和国物权法》将土地经营权明确界定为用益物权，但《中华人民共和国土地承包法》则对承包经营权的流转采取的多是债权保护方式，"二律背反"给农地"三权分置"带来权利边界不清，应在法理上进一步完善。二是尽快出台农业保险法。我国《农业保险条例》未对涉农保险业务开展中的权利义务关系及法律责任作出规定，导致业务开展较难，一些政策性文件又缺乏法律约束力。因此应尽快出台该法为农业发展系上安全带。三是出台相关法律条款，为民间金融创设制度空间。不能一味以"非法"定性。

4. 建立健全社会信用体系。美国有 17 部关于信用的法律，我国仅有 2016 年国办发的一个指导意见。在社会尤其乡村失信率越来越高的背景下，应一面尽快出台信用方面的法律，一面利用亿万双眼睛监督失信者。

5. 让各方力量充分涌流，助力乡村治理。以全新的理念、独特的视角、切实的举措充分发掘热心乡建的力量、乡贤还乡的力量、留住乡愁的力量、自我组织的力量、下乡追梦的力量、精神激励的力量和公益组织的力量，为他们留足制度空间，让每股参与乡村治理的力量都有用武之地，是各级决策者的使命和职责。

（本文原载于《中国发展观察》2021 年第 21 期）

乡村治理"三原色"：识人识物识势

　　乡村治理历来是一个又老、又大、又难的问题。乡村基层干部形容自己是长年累月在"五加二、白加黑、梦加醒、夜总会（总是在夜里开会）"中忙碌，不仅身心俱疲，而且难见成效。如何跳出这种恶性循环，从杂乱无章忙得晕头转向中解脱出来，关键在于抓纲举目，着力提升自身"慧眼三识"的能力，善于识人、识物、识势。"三识"是乡村治理的"三原色"，不论形势多复杂，工作多繁重，做好"三识"，事半功倍。

　　识人。在社会化程度越来越高，社会化分工越来越细，社会组织力越来越强的情势下，善于识人选人用人是乡村治理的首要问题。

　　一是选用产业能人带领农民致富。我国农业一家一户分散经营，规模小、抵御风险能力差、市场敏感度低，农业利润率和农民收入不高，农业循环再投入动力不足。农业从田间到餐桌，产业链条长，空间跨度大，涉及门类多。种植、养殖、加工、储运、保鲜、包装、销售等一系列环节，对于分散的农户而言，大多只从事其中的生产环节。专家研究，农业生产环节所获利润只占农产品全部利润的 10% 左右，其余 90% 都藏在后续环节中。仅靠一家一户单打独斗，农业产业很难兴旺。乡村振兴的第一目标任务就是产业兴旺，产业兴旺的前提是需要培养有能力带动一村一乡农户发展的产业链链主，把种养加贸工农产供销各行各业的致富能人找出来，精心培育成"能人丛"，这是一个地方乡村振兴的关键。通过专业合作社、社会化服务组织及家庭农场等各类组织方式，让"能人丛"充分发挥带动效应，使更多的农户抱团发展，让产业发展的"雪球"越滚越大，产业之间的关联度越来越高，产业的覆盖面越来越广，抗风险的能力越来越强，逐步形成覆盖一二三产的全产业融合发展环链，这是乡村产业兴旺的必由之路，也是农民致富的必由之路，更是小农户与现代化衔接、与大市场融合的必由之路。

二是选用热心公益人才带领农民打造生态宜居环境。广袤的乡村，日常生活的里里外外、庄户田头的边边角角，单靠政府行政力量难以有效治理。打造宜居的生态环境，靠的是千家万户老百姓良好生活习惯的养成，而这种优良素养的培育则需要有组织、有意识的引领和推动。对此，一方面寻找诸如"朝阳大妈"这样具有集体意识、热心公益的群众，吸收他们参与村庄生态环境建设的公共事务，让自家人管好自家的事，提升村民的自治能力。另一方面，也通过邀请、聘用、结对等途径，积极动员、引导和组织社会爱心力量参与，作为乡村生态环境保护、志愿服务等事业的有益补充。如安徽省明光市为乡村和企业牵线搭桥，结对共建"爱心农场"项目，解决了村里边角空地环境脏乱差的问题，其中涧溪镇鲁山村还荣获"全国文明村镇"荣誉称号。浙江等地创立"生态美超市"，让老百姓以垃圾换取生活用品的做法也很有借鉴意义。

三是选用社会贤达带动农民营造文明乡风。乡风文明是一个地方人文精神、社会道德、文化素养等方面的世代传承、长期积淀。起于先秦、兴于唐宋、盛于明清的"耕读传家"是乡风文明的根本和基础。湖南浏阳市沙市镇秧田村建有一座博士墙，5 000人的村庄走出26名博士、176名硕士。河南漯河市陶桥村991人，走出241名大学生、34名硕博生。安徽潜山市逆水村3 500人，恢复高考以来走出29位博士、54位硕士、近300名本科生。这些地方的村民不比排场比教养、不比发财比有才，诚信、友善、互助、和谐、尊老爱幼的社会文明风气蔚然生成。这其中都有一个最先令人仿效的标杆引领，他们以"润物无声"的示范效应形成正能量，改造了乡民、影响了乡风、净化了物欲横流的乡村，他们就是真正的社会贤达。用这些典型事例引领乡风最生动、最有力。当前一些地方把本地或从本地"走出去"那些品德好、威望高、能力强的新乡贤组织起来，由他们牵头或参与修订乡规民约、培育家风家教、打造诚信社会，很有成效。还有的组织乡村"五老"人员成立村调解理事会、乡贤理事会、道德理事会、村民议事会，把红白喜事简办或不办、不铺张浪费等纳入村规民约，"五老"人员率先垂范并监督检查，群众自觉性逐步增强，乡村风气也为之一新。

四是选用"和事能人"化解社会矛盾。打造自治法治德治的乡村治理体系，其中群众自治是主体。中国乡村世世代代、聚族而居，大家低头不见抬头见。屋里屋外，街坊邻舍，家长里短，难免纷争不断。每日每时都可能发生的巨量纷争，通常是乡村德高望重的"和事能人"出面摆平化解。法是规范人们行为的底线，生活中大量的是不触及法律底线的日常纠纷，也就是老百姓口中所说的"鸡毛蒜皮"的小事，如果都靠打官司，即便每村都设一座法庭，天天开庭也审理不完，而且无论经济成本、时间成本都无法承担。化解乡村矛盾最重要的是要打造一支情况清、善言辞、懂政策、会沟通的矛盾调解能人队伍，在极大降低治理成本的同时，达到更好的治理效果。浙江省宁海县的"老何说和"专职人民调解室，聘请群众威信高、人文地缘熟、法律政策精、热心调解工作的党员干部、教师、退休的政法工作者以及新宁海人当"老娘舅"，用村民熟悉的面孔、亲切的方式来化解人们的烦心事、闹心事，化解成功率超过99％。

五是选用文化人才丰富农民精神生活。柴米油盐酱醋茶是物质需求，琴棋歌舞诗书画是精神需求。乡村振兴文化建设是灵魂工程。把我国五千年博大精深的优秀文化发掘出来，民间潜藏着一大批活化传统的文化精英。有的能诗能文，有的会歌会舞，有的善书善画，有的精奇技绝活，有的通健身秘诀，有的懂中医偏方，有的会各种乐器。这些人中有的具有极强的组织号召力，一遇年节一呼百应，兴赛事，搞活动，办晚会，组团结对，风生水起。且能融合古今、贯通中西，有秧歌队、也有广场舞；有民族乐团、也有西洋琴号。要实现农业高质高效、农村宜居宜业、农民富裕富足的目标，鼓足农民的精气神最关键，而提升精气神的关键抓手就是为各类文化人才搭建多种形式的平台，让他们为活跃村民的精神生活一展才艺，实现自我价值。我国已设立了国家省市县四级非遗传承项目，有条件的乡村也可设立自己的非遗传承项目、指定非遗传承人。也可让一些非遗传承人进学校教学生研习传承。

识物。一个地方的经济社会发展需要人尽其才，也需要物尽其用。

发掘具有独特价值的本地物产。我国农业领域流行的一个词叫"名优土特"产品，所谓"名优土特"指的就是产品独具的个性特征，一村一乡一县应认真研判发掘出本地具有独特价值的物产。最具典型意义的故事就是先秦时代著名的"箐茅之谋"。周天子分封诸侯后，财力日显不足，问计于管仲，管仲略加沉思，献上一策，让周天子把只在其辖地生长的一种野草"箐茅"指定为祭祀用品，此法一出，140多个诸侯国竞相购买，周天子每年都有了稳定的财政收入。管仲能把一钱不值的野草变成抢手货，正是有一双善于发现价值的慧眼。蕲春是明代医药学家李时珍故里，有着种植中药材的悠久传统，蕲春县境内生产的艾草相较于普通艾草，有着天然的优势。2015年，蕲春县立足资源禀赋，提出把发展艾草产业作为全县产业转型升级的支点，经过四五年发展，目前，全县艾草种植面积近20万亩，相关企业2 000多家，从头到脚，吃的用的，蕲艾产品已经实现全覆盖，产值达50亿元。如今，蕲春艾草已成为中国国家地理标志产品，并入选中国特色农产品区域公用品牌。常听一些基层干部说，我们那里穷山恶水，没有特色物产。青茅和艾草的故事说明，特色是可以创造的，关键在于有没有慧眼去发现特色、打造特色。

挖掘具有独特价值的传统技艺。五千年文明薪火相传，今天我们可以看到名字的农业著作就有600多部，可以读到原著的也有300多部，里面有大量的对传统技艺的记述，但这只是冰山一角，浩如烟海的传统技艺大都散落在民间，通过一代一代地传承被保存延续下来。深入挖掘他们的价值对于推动一个地方的经济社会发展有着奇妙的效果。仅以美食为例，沙县小吃已经在全国开店8万多家；青海化隆县的兰州拉面不仅在全国开了3万多家门店，还在海外开有100多家分店；山东一个村专卖馒头，一年就有一亿多元的产值。河南省西华县逍遥镇有5万多人，其中有 2 万多人在全国各地卖胡辣汤。镇里每年举办胡辣汤大赛，好的胡辣汤卖 100 多元一碗。漂泊在异乡的河南人，只要看到路边的胡辣汤店，就有一种抑制不住的兴奋，《舌尖上的中国》第三季也对胡辣汤进行了介绍。浓缩着家乡味道和记忆的胡辣汤，直接带动了数万人生计，也推动这门技艺走向了全国，胡辣汤十几种用料，每种都生成了一条产业链，带起一个产业。

发现可利用的现代科技。现代科技已成为各行业、各领域发展的加速器，乡村滞后于城市，关键是现代元素的滞后。治理乡村必须睁大双眼，密切关注现代科技的发展，千方百计适时引入。以电商为例，全国目前有 4 000 多个淘宝村，其中电商集群村 95 个，大型电商村 33 个，超大型的 7 个。山东曹县，曾是国家级贫困县，依靠本地资源，通过电商平台打造了 100 多个淘宝村，22 个乡镇镇镇都有淘宝村，如今发展成为在全国名列前茅的"超大型淘宝村集群"，彻底改变了贫困落后的面貌。这种利用现代科技快速崛起的现象，竟然催生出民间"宁要曹县一张床，不要浦东一套房""你家住在曹几环"的幽默。如今，以大数据、云计算、区块链、人工智能、5G 为代表的现代信息技术，其发展应用蕴藏着无穷的"商机"。江苏一位农民，外出打工多年无果后返回家乡，使用无人机开展植保服务，配合人工智能大数据分析，用药更精准，成本更低廉，广受欢迎，年赢利数百万元。疫情防控期间的"网络直播带货"也已在全国逐步催生出一个新兴的朝阳产业。

识势。老子说："道生之，德畜之，物形之，势成之。"通过谋势、集势、蓄势、造势等各种方法营造一种有利于预期的事态演变大势，就能形成"势使之然也"的趋势。

一应把握形势。面对百年未有之大变局，我国提出积极融入以国内大循环为主体、国内国际双循环相互促进的新发展格局，这是乡村治理的新机遇，必须抢抓国内和平和国际相对稳定的重大发展机遇，积极融入新一轮改革开放的历史大潮流。乡村治理离不开大环境，更离不开政策的支撑。国家政策是乡村治理的灯塔和风向标，对大政方针跟得紧不紧、重点掌握得清不清、方向判断得对不对，都直接决定着乡村治理的成效和成败。改革开放以来，中央每年都发一个关于"三农"的文件，仅 1 号文件就发了 23 个，每年都有新的提法和要求，各级涉农部门细化举措、配套出台的相关文件，都有指导性的落实意见。深刻理解消化这些政策要求，乡村治理的大方向就不会偏离。顺势而为、乘势而动，对本地经济社会发展风向保持敏锐性是乡村治理的先决条件。风向指哪，市场需求就在哪，"三农"发展的出路也就在哪，否则误判局势，就会如同红极一时的诺基亚手机、柯达胶卷一样，问题由量变积累到质变，最终被淘汰出局。因此应敢于突破创新，不断打破常规，做第一个"吃螃蟹"的人。近几年因城乡建设需要，风景树价格日益走高，有的地方嗅到了商机，在没有交通、人口、土地等优势区位条件的情况下，利用贫瘠的土地栽种风景树，变劣势为优势，风景树产业让一些地方经济迅速发展。

二应用好地势。"橘生淮南则为橘，橘生淮北则为枳。"推进乡村治理，要充分考虑地理区位、格局方位。如果区位条件不同，缺乏地理优势，强行效仿，就会水土不服甚至适得其反。因地制宜是发展的前置条件。有关调查显示，全国仅有 4% 左右的村适于发展乡村旅游，有的地方不具备条件，生搬硬套，造出的景点生意惨淡，投资人笑着进去，哭着出来。即使适于发展旅游的地方，也应分清适合哪种路线。如城市近郊适合发展农家乐、采摘、垂钓等休闲农业，而远离城市、山清水秀的地方则适宜发展旅游观光、养生养老、民宿等产业。40 年前，作为 4 个特区之一的深圳，正是充分发挥链接我国香港和内地的地理区位优势，才由当年的一个小渔村发展成为当今世界知名的国际化大都市。浙江省德清县莫干山镇，利用丰富的旅游资源发展民宿产业，旺季时一房难求，每年直接营业收入超亿元，地势优势的发挥让绿水青山变成真正的金山银山。"郁郁涧底松，离离山上苗。以彼径寸茎，荫其百尺条。地势使之然，由来非一朝。"同为一物，占据地势，身价便不可同日而语。北京金融街的地和上海浦东的地与偏远山区的地身价天壤之别。弄清区位特征，用好地利优势，一招翻身也未可知。

三应顺应趋势。势之为势，核心在高，高则有势，高则成势。孙子兵法云："转圆石于千仞之山者，势也。"把一块圆石头从高山上推下去，那气势冲力与平地翻滚大不一样，因此便有了"势不可挡"的成语。趋势就是规律，规律只可认识、只可顺应；不可违背、不可抗逆。以家庭经营为主体是农业生产的基本规律，不论任何时代、任何国家、任何社会制度，都必须遵循这一规律，40 多年前小岗村率先实行家庭承包经营，一片反对声，时任领导察民情、识民意、尊民愿，顺势而为，才掀开了全国农村改革的历史篇章，进而推动整个国家发生了翻天覆地的巨大变化。当年谁先实施谁先吃饱饭，不顺应这个趋势，很可能今天我们还在饿肚子。对宏观大势及自身发展趋势适时预判，不墨守成规，固守旧习，积极应时而动，超前先人一步，就能一骑绝尘，勇立潮头。不论是陕西的东岭村，山东的南山村，还是浙江的花园村，江苏的华西村，他们都是顺应计划经济向市场经济过渡的总趋势，打造集体经济的典范。

（本文原载于《中国发展观察》2021 年第 17 期）

"邻长制"开启基层社会治理新模式

　　在社会大变革的"移动性"背景下，如何实现基层社会有效治理，是当前普遍面临的一个难题和挑战。安徽省亳州市以"邻长制"为抓手，构建起了合纵连横、灵敏高效、通达上下、和谐左右的新型基层社会治理体系。从亳州市实践看，"邻长制"既是培育良性社会生态的关键，又是基层社会治理的中枢，在国与家、公与私、上与下、官与民之间，扮演着联系顺畅的"摆渡车"、互动沟通的"交流器"、利益博弈的"减震阀"、矛盾化解的"融合剂"的角色。

　　为深入践行新时代党的组织路线，补齐城乡基层治理短板，亳州市按照全域全员全覆盖的思路，把人、事、地、物、组织等全部纳入"邻长制"网络体系管理，实现"一张网"兜起民生千万事。目前，全市1 228个行政村共划分为8 629个片、19 507个组、72 753个邻，116个城市社区共划分为1 164个片、5 417个组、28 138个邻，城乡累计选配邻长100 891名。其主要做法是：

　　全覆盖，重构基层组织体系。首先按照原有行政村、城市社区分布情况和村（社区）干部分工情况，将每个村（社区）划分若干片。其次依据原有村民小组、城市居民小组分设实际，再延伸设"邻"这一微观组织，一般以居住相邻的15户左右村（居）民划为一邻。在此基础上，每个邻均建立了"邻长＋邻居"微信群，并以片、组、邻为单元，分层建立统一于行政村（社区）一级的微信群，以这种方式传达上级政策、收集群众意见、互通邻里信息，做到线上线下全域全员全覆盖。

　　明职责，精心选配"三长"。按照"有群众基础、有热情、有时间、有耐心、有能力"的标准,通过群众推荐、个人自荐、组织任命等方式,从本区域常住居民中进行选配邻长。片长、组长原则上分别由村(社区)分工干部、村民小组长担任。明确"三长"职责,主要是围绕传达宣传党的方针政策、收集交办整改反馈问题和服务居民群众,并分别为片长、组长、邻长制定了6条、5条和4条工作职责。

高效率,问题发现及时,解决迅速。"邻长制"把党和国家方针政策用群众听得懂的话送到千家万户的同时,还建立健全了问题"发现、反映、交办、解决、反馈"工作机制,即当群众遇到困难和问题时,邻长须在4个小时内作出答复,对一时不能办结或超出能力范围的,需及时提交镇街或相关职能部门办理,形成村(居)民线上"吹哨"、镇街和部门线下"报到"的生动局面,打通了为民服务的"最后一米"。与此同时,建立市县(区)两级基层组织体系大数据平台,制作全域电子地图,实时呈现每一邻的问题反映、办理、反馈等情况。如当某一邻群众反映的诉求和问题未解决并出现累积时,所在区域的电子地图会自动依据问题积累变量进行调整预警级别颜色,由此来提醒邻长更好作为、警示镇街及相关部门精准施策、对症下药。

这一经验做法和实际成效,是加强基层社会治理的创新实践,是走好新时代群众路线的成功典范,具有典型示范意义和借鉴推广价值。

一是创新了基层社会末端组织结构。当前,农村最基层的末端组织是村民小组,城市是社区居民小组,但在新的时代背景下,这种组织结构已不适应治理体系和治理能力现代化的要求。以村民小组为例,一个村民组长服务管理对象少则几十户多则百余户,随着社会治理内容越来越丰富,形式越来越多样,无暇顾及那么多人和事,导致许多工作只能"蜻蜓点水"。设置"邻长制",使基层治理的触角纵向加长、横向加密、直达家户,一个邻长服务十几户的工作范围即可做到精细化、精准化。而且,邻长是从彼此最熟悉的邻里中产生的,既是横向的居民代表又是纵向的官方代表,是上下通达、左右逢源、纵横联结、反应灵敏的中枢神经,其价值意义和作用是过去只能忙于应付的村民组长难以企及的。

二是重构了微观社会的利益共同体。从基层社会治理的视角看,中国历史上有什伍制、里亭制、保甲制等。新中国成立后，农村最基层的治理单元是生产队，后改称村民小组，这些都是过去农村基层社会最微观的利益共同体。这种利益共同体由于人员众多、意愿分散，很难形成紧密的利益联结。亳州市创设"邻长"这一概念，首先不是站在管理者的立场上，而是从服务对象的视角出发，一下子拉近了管理者与服务对象之间的心理距离，给人一种亲切感、归属感，相较以前呆板生硬的称呼更有向心力、凝聚力、亲和力、感召力。其次从空间结构看，以临近居住的一二十户为单元构建利益共同体，思想和行动更容易统一。

三是再造了熟人社会环境。俗话说，远亲不如近邻。中国是几千年来世世代代聚族而居的熟人社会，但在人口大流动、社会大变革的当下，原本胜过"远亲"的"近邻"，逐渐变得人心离散，熟人社会形成的许多优秀传统都未得到很好的继承。人与人之间的关系由过去世代熟稔的诚信链变成了互相疏远的契约链。邻长通过微信群和各种生活交往使熟人社会环境得到优化、继承和发扬。在"邻长制"的推动下，地相近、人相亲、情相牵、心相通的氛围又重新形成，让"陌邻"成为"睦邻"。尤其改变了城里人住在一个楼道彼此互不搭理的冷漠关系。

四是接续了"家园红利"的累积。"家园红利"是村落人群在长期相处中建立起彼此信任、互帮互助的紧密关系，是严格遵守乡规民约积淀的社会福利，在资源配置、矛盾调处、邻里互助、临危救急等方面发挥了巨大作用，是中国基层社会特别是乡村社会非常值得保护和开发的优质资源。在熟人环境里，这种社会福利看不见摸不着，但又无处不在、无时不在。如村头的张三借给村尾的李四两万块钱，既不需要查看他的征信，也不需要实物抵押，仅凭彼此信任就可随时取借。人口的大流动使得这种"家园红利"逐渐弱化。"邻长制"推行后，基层社群的诚信体系正在逐步恢复，"家园红利"正在重新累积。

五是搭建起基层人才培养的平台。很多农村青年想为社会做点贡献、施展才能，但缺少机会和平台。邻长制的设立，为他们实现自我价值提供了广阔舞台，受到广泛欢迎，不少青年自愿报名、踊跃参加。在服务左邻右舍、参加社会治理的过程中，一批有奉献精神、组织协调能力、善于化解矛盾纠纷的邻长脱颖而出。通过邻长制的推行，为组织在基层一线发现、识别、培养人才开辟了新的渠道，并将源源不断地为基层社会治理输送人才。

六是培育了良性成长的社会生态。受物欲泛滥的影响，加之"后喻文化"对传统文化的冲击，当下基层社会的世界观、人生观、价值观发生不同程度扭曲，社会生态遭到一定程度的破坏。"邻长制"正成为社会生态向着良性发展的新动能。一方面邻里关系在邻长协调下越来越和谐，大量的矛盾纠纷被邻长就地即时化解；另一方面干群关系越来越和谐，"村民遇事不用慌，知心邻长在身旁"的赞誉已经在街头巷尾流传。一是有人"提事"，群众一旦发现路灯不亮、垃圾乱放等身边事，马上就会通过微信群上报，时时处处有人"提事"；二是有人"管事"，群众提出的问题，邻长须在4个小时内作出回应，不能解决的及时上传；三是有人"断事"，一批群众急难愁盼的事，得以分门别类交给相关职能部门办理；四是有人"追事"，网络系统自动显示群众反映的问题是否在规定时间内答复，如未做到，逐层追责，一追到底。一个横向上人人爱管"闲事"，纵向上层层负责到底的良性社会生态正在生成，彻底激活了基层社会治理的末梢神经。

七是开辟了低成本改革的新路径。毋庸置疑，改革需要支付成本，但亳州市实施"邻长制"，虽一下新增了十万多人的基层治理队伍，却没有增加任何财政负担，这是此次改革的突出亮点。一是实行政策激励。出台邻长免费游览亳州市区景点、免费乘坐市内公交车辆、"信易贷-邻长贷"等优惠政策。如亳州高新区还推行了邻长积分制，积分可用来兑换米、面、油等生活用品。二是遵循市场规律。上面谁派活谁来发误工补贴，如邻长调解邻里矛盾纠纷的误工补贴费用，均由相关专项经费支出。三是动员社会捐助。许多企业想利用这一平台扩大知名度和美誉度，纷纷前来捐款捐物。如当地电信运营商给予通信流量优惠，一些商场超市提供优惠券，理发店推出打折卡等，以此奖励给工作突出的邻长。

八是实现了实体空间加虚拟空间的高效率促进基层社会治理能力现

代化。从实体层面看，围绕"定格、定人、定责"要求，全域构建"片、组、邻"三级社会网络，每一个"微单元"均实现无缝对接；从虚拟层面看，通过建立"邻长＋邻居"微信群等"指尖阵地"，构筑起更便捷更温馨的虚拟网络。亳州高新区还创设了邻长制大数据平台，可对本区域发生的疫情、洪涝等重大突发事件，在 5 分钟之内通知到全域所有居民，迅速做到全民"一盘棋"。实践表明，用好"邻长制"这一平台，既能实时全面了解动态中的社情民意，增强政府决策的精准性和预见性，又能倒逼政府推动社会治理升级，实现更高水平的现代化。

（本文原载于《中国发展观察》2020 年第 23 期）

人文红利：乡村振兴的精神力量

　　20 世纪 80 年代，中国充分发掘人口红利的潜能，迅速崛起。今天随着出生率下降，老龄化提前，人口红利逐渐淡出，"人才红利"正成为推动经济社会发展的重要力量。各地政府多渠道培育人才，花重金延揽人才，出奇招发掘人才，"抢人大战"不断上演。不论是人口红利还是人才红利，都是关注个体，人口红利强调人的数量，人才红利强调人的质量。乡村振兴离不开人口红利和人才红利，但更需要开发"人文红利"。人文红利是关注人的群体，是一个国家和民族长期积淀的精神风貌和心智品格凝聚的感召力，是大多数成员认同的价值取向、思维方式、道德规范等真理性精神外化的影响力。

　　乡村振兴离不开艰苦创业精神。艰苦创业是中华民族最鲜明的突出特征，是中华儿女引以为傲的民族精神。五千年文明史也是中华民族的艰苦创业史、接续奋斗史，五千年文明薪火相传没有中断的重要原因就是中华民族有艰苦创业精神。从茹毛饮血到钻木取火，从刀耕火种到桑基鱼塘，从木制耧犁到智能机械，中华民族一路走来，始终重视对艰苦创业精神的塑造和弘扬。新中国成立以来，这种精神——尤其在集体协作的助推下，涌现出一批带有鲜明时代特征的典型范例，如全凭人工开凿，在悬崖峭壁上修起一条长达几千公里"天河"的"红旗渠精神"；在荒无人烟的沼泽烂泥地上开垦土地，打造大粮仓，年产 500 多亿斤粮食，可供 1 亿多人 1 年口粮的"北大荒精神"；曾经激励一个时代的"大庆精神""大寨精神"；从"一棵松"到"百万亩"的"塞罕坝精神"；把不毛之地建成塞上绿洲的"右玉精神"，等等。乡村振兴应该充分挖掘、发扬这种精神。在生存环境相对恶劣、物质条件相对匮乏的时代，人们容易保持这种精神。今天，生活条件相对富足，绝少出尽牛力的重体力劳作，没有饥寒交迫缺衣少粮的生活窘境，这种精神便逐渐淡化。当前一些地区或群体还处于相对贫困的状态，迫切需要继续发扬这种精神，克服"等、靠、要"思想，把艰苦创业这个中华民族世代接续的"传家宝"传下去。尤其在脱贫攻坚与乡村振兴衔接的关键时期，补足艰苦创业的精神钙片，敢于直面问题，勇于破解难题，更是我们抓好各项工作的动力源。由勤入懒易，由懒入勤难；由俭入奢易，由奢入俭难。艰苦创业精神这个传家宝一旦失传，小则阻碍乡村振兴，大则危及国家发展。

乡村振兴离不开改革创新精神。40 年多前，发端于凤阳县小岗村的"大包干"揭开了改革开放的序幕，18 户村民以"托孤"的形式，立下生死状，按下红手印，签订大包干契约，冲破了体制机制的障碍，为中国农村改革探索了方向、开辟了道路。今天，中国农村发展又到了新的历史节点，诸多体制机制障碍还没有真正破解。这些难题既有乡村内部的问题，也有如何与城市处理好关系的问题，例如城乡二元结构问题、城乡资源均衡配置问题、城市要素返农问题等，这些都需要敢闯敢试、大胆探索，需要发扬改革创新、敢于担当的精神。当前，各种改革试验在很多地方悄然推进，一些有勇有谋之士身体力行，不断开拓，农业农村部也在全国设立了 50 多个国家农村改革试验区，这些民间与官方的试点和探索，取得了很多卓有成效的经验。但总体上看，像小岗村一样的创新创举还很不足，带有前瞻性、全局性和深远性影响的改革举措还是不多。当然，这与我国城乡制度改革逐步迈入"深水区"也有关系。改革如逆水行舟、爬坡过坎，不进则退。城乡发展中的许多制度都存在路径依赖特征，如果改革在一些关键环节、重大问题上不能取得突破性深化，就会累积制度风险，进一步增大改革压力，城乡二元的体制机制就难以得到根本转变；城乡融合如果阻力重重，举步维艰，乡村振兴就难以如期实现。

乡村振兴离不开耕读传家精神。耕读传家是起于先秦，成于唐宋，盛于晚清的精神传统。耕是为了生存，读是为了发展。耕是为了小家，读是为了国家。耕读传家透现出"穷则独善其身，达则兼济天下"修齐治平的大格局，体现了炎黄子孙世代相传的家国情怀。纵观历史，绝大多数取得伟大成就的成功者都是从有着世代沿袭耕读传家风气的世家大族、名门望族中走出来的。浙江临安钱姓，自五代十国先祖钱镠留下家训传世，家族历代名人辈出，今天在世界各国的院士级科学家群体中，出自这个家族的多达100多位。头悬梁、锥刺股、囊萤夜读、寒窗映雪的求知佳话，成为古代教子读书的范例。在知识传播手段和条件异常发达的今天，耕读传家精神却有所淡化。父母外出打工，一些乡村孩子在家沉溺于刷抖音、玩游戏；受父母影响，一些乡村孩子赚钱意识很强，读书的意识却很弱，"读书不高尚，赚钱才富贵"的心态不断滋生。物欲至上、享乐至上、成了一些孩子的座右铭。这种风气的形成，有家庭、社会的原因，也有乡村教育体制机制的问题。乡村自推行撤点并校以来，学校总量已由最高峰的60多万所减少到最低时的20多万所，乡村孩子面临新的"上学难"。乡村孩子要接受更好的义务教育，需要到城镇上学，义务教育学费是免除了，但需要家长陪读、租房等，接受义务教育的成本更高了。因此，下大功夫落实好"学生单程不超过半小时"的国家政策，是继承耕读传家精神的制度供给。乡村孩子是未来振兴乡村的主体，是加长"四化"中农业农村现代化这条短腿的主力，培养乡村孩子的读书意识，为乡村孩子创造读书条件是根本。今天接受知识和信息的渠道虽然多元，但绝不能忽视学校的正规教育，这是培养乡村人才的根基。耕读传家的精神不能接续，乡村振兴就没有人才支撑。

乡村振兴离不开道法自然精神。从空间结构看，乡村振兴可分为家户、家园、田园、山水四层机理，山水是乡村振兴的第一层机理，守护好山水是乡村振兴的基础。山水是自然环境的统称，它脱胎于宇宙洪荒，是人类生存的大环境，大环境好坏关涉人们生存状态和生存质量。自从人类进入工业文明、城市文明以来，遵循自然规律的意识淡化，追求改造自然的意识增强，"人是自然的主宰"这一理念广泛流传，让人们陷入认识误区，认为可以不受自身所限，任意拓展资源利用广度，改变资源利用方式，由此，乱砍滥伐、乱采滥挖等现象层出不穷。这实际上是对道法自然精神的违背。2012年，国际环保组织开始设立"地球生态超载日"，意在提醒人们对自然的索取已经超过了地球生态临界点，开始进入生态赤字状态。据专家测算，1970年，地球生态超载日为12月29日，人类碳排放和资源消耗首次出现超载，地球首次进入"欠费"状态。以后这个时间不断提前，2016年为8月8日，2017年为8月2日，2018年为8月1日；2019年为7月29日，比1970年提前了整整150天，为史上最早一日，人类将背上沉重的生态欠债。道法自然是古人朴素生态道德观，这种道德观由农业文明孕育而生，是中华文明能够延续传承的根本原因，它要求人们认识和顺应自然规律，尊重发展规则，正确处理人与人、人与物、人与自然之间的关系。中国改革开放以来，取得的巨大成就数不胜数，但最重要的成就就是走出了人与人、人与物和人与自然关系的陷阱，人们逐渐认识到，人只是自然的一员，规律只能认知，不能违背。由此，习近平总书记提出的"绿水青山就是金山银山"的"两山"理论，成为中国生态文明建设的指导思想，国家出台了严厉的生态环境保护制度，责任终身追究，筑起一道道壁垒森严的屏障；但真正落实到位还需下大功夫。乡村之于社会最重要的职责就是保障生态、粮食和文化三大安全，生态环境不安全是最大的隐患，它有可能带来亡国灭种的危险，古代四大文明古国有三个都因环境恶化而消失。

乡村振兴离不开团结协作精神。中国农业是典型的江河农业，长江黄河两大水系孕育了五千年的农业文明。中国农业发展史也是一部与水患做斗争的历史，需要上下游、左右岸通力协作，合力治水。这种长期共克水患的地理互动，培育了中国人民的团结协作精神，塑造了"以和为贵"的文化思想、"己所不欲勿施于人"的处世之道、"计利当计天下利"的价值追求。团结协作是人类生存的法则，也是社会发展的规律。当今时代社会化分工越来越细，但人的彼此依存度却越来越高，团结协作的要求也更加缜密、深刻、广泛。据史书记载，中国消亡、变迁和融合的民族共有 600 多个，即使少数民族入关，也都被逐渐同化，这可以透现出中华民族的包容性和融合力。这样一个多民族的国家，各民族也只有加强融合、团结协作，中华文明才能薪火相传，中华民族才能屹立于世界民族之林。习近平总书记提出的"人类命运共同体"所体现的团结互助、共生共荣、共同发展的协作精神，就是中国几千年延续传承的团结协作精神在处理各种复杂关系方面的具体展现。乡村振兴不只是乡村自己的事情，它需要多方合力，需要全社会方方面面的团结协作，需要政府和市场协作、城市和乡村协作、院校和地方协作、农民和干部协作等，只有各方面力量各司其职、各展所长、各得其所、同舟共济，才能培育乡村振兴的组织动能，产生乡村振兴的"能量聚变"效应。

乡村振兴离不开诚实守信精神。中国乡村几千年聚族而居，构建成一个熟人社会。熟人社会的游戏规则，诚实守信是根本，一旦失去诚信，将会被熟人社区成员集体抛弃，甚至祸及子孙。诚实守信是中国乡村社会的融合剂，是乡村社区成员的最大福利。但是，随着城乡人口的迁移和流动，乡村的熟人社会逐步向半熟人和陌生人社会转化，传统思维方式、思想观念开始面临断崖式塌陷，诚实守信在一些地方、一些领域、一些人的头脑里逐渐淡化，甚至渐行渐远。乡村振兴应重塑诚实守信精神，构建农村社区信用体系，全面建立"守信者荣、失信者耻、无信者忧"的激励惩戒机制。应以县区为单位，在基层村社、家户建立信用评级制度，全面开展创建"信用家庭""信用村社"活动，并与评优评先、贷款使用、参保抵押等方面的利益分配挂钩，有条件的村社可依托智慧社区平台，让不良行为有案可查、村内曝光，让失信者不敢为、不能为、不愿为。信用体系建设是一项系统工程，必须把农村社区信用体系建设与大中小学学生毕业、升学、评优评先等紧密衔接，从娃娃抓起，从正面激励和反面惩戒两方面做好农村社区成员"他律"，培养"自律"。人无信不立，业无信不兴，国无信则衰。培养诚信精神，构建信用体系，将使乡村振兴具有超常的凝聚力、强大的组织力、严谨的秩序性。有着五千年文明积淀的中华民族累积着厚重的人文红利，需要我们在乡村振兴的征途上不断发现、发掘、发扬，使之成为推动乡村振兴取之不尽、用之不竭的精神能量。

（本文原载于《中国发展观察》2020 年第 11 期）

用好文化的"兴观群怨"功能
助力乡村振兴

文化是指除了物质生活之外的精神生活。先秦时代学习诗经就是纯粹的文化活动,孔子对《诗经》的社会功能概括为"兴观群怨"。子曰:"小子何莫学夫诗。诗,可以兴,可以观,可以群,可以怨。"深刻阐明了文化的四大社会功能。全面推进乡村振兴,文化建设是其灵魂工程,在乡村振兴的实践中,应充分挖掘和发挥好文化的"兴观群怨"功能。

一、"兴"而提升精气神

"兴"的本意是"起兴",是指可以引发联想,激发思绪。在乡村文化建设中,"兴"的社会功能重点体现在两个方面:一是点燃激情,激发内生动力。乡村振兴需要不断提升精气神,如果没有饱满的精气神,萎靡不振,不思进取,则什么事情都难干成。红军二万五千里长征,爬过飞鸟难越的雪山,走过沼泽遍布的草地,靠的就是一股超越常人的精气神。通过典型事例宣传,弘扬塞罕坝精神、北大荒精神、红旗渠精神,点燃艰苦创业的激情。只有在实施乡村建设过程中不断激发广大农民的斗志,才能鼓足干劲,开拓进取,取得辉煌成就;二是造浓社会氛围。乡村振兴需要全社会的共同努力,只有充分认识到乡村振兴的必要性和重要性,才能形成全社会的合力。战争年代,农村包围城市;建设年代,农业支援工业;改革年代,农民服务市民。乡村为城市做出过巨大的贡献,今天我们已经结束了以农养政、以农养城、以农养工的时代,进入城市和工业反哺农村农业的时代。没有农业农村现代化,就没有整个国民经济现代化，就没有中华民族的伟大复兴。在现代化进程中，如何处理好工农关系、城乡关系，决定着现代化的成败。在享受高度现代化城市生活时，要更加关注"低度"现代化的农村，让全社会认识到城乡之间的客观差距，在是俯视还是平视、是还债还是恩赐、是主动还是被动等方面的问题上重构思维方式，调整发展顺序，坚持农业农村优先发展。只有在全社会找到情感的共鸣，有了浓厚氛围的基础上，各行各业才能勠力同心为乡村振兴献计出力，共谋发展。

二、"观"而通晓政得失

"观"的本意是"观察"，"观风俗之盛衰"，是指进行广泛深入的调查研究，通晓社会发展变化规律，了解人民所思所愿所盼，正所谓"知屋漏者在宇下，知政失者在草野"。"观"在乡村振兴中的功能主要体现为，深入田间炕头，通过走访座谈，交流互动，了解农民的真实需求。乡村振兴是一个前无古人的伟大事业，没有现成的经验和模式可以套用借鉴，因而需要做深入的调查研究。我国农村地域性差异大，各地经济、社会发展水平不一，做好"三农"工作必须因地制宜，一切从实际出发。只有不断加强农村调查研究，始终坚持问政于民、问需于民、问计于民，才能从根本上保证制定正确的决策，在工作中尽可能防止和减少失误。有一些离开家门进校门、出了校门进机关门的"三门"干部，对农村农业农民缺乏足够的了解，坐在办公室里拍脑袋决策，就会导致工作决策脱离现实。个别地方开展强拆农民房子的合村并居运动；一些地方不让农民养猪，提出建设无猪县；有些村庄房子全用一套图纸，整齐划一，像座军营，这些都引起农民的不满。"知屋漏者在宇下，知政失者在草野。"只有常用听民声察民情观察社会，才能知政之得失、人心向背，才能在深入实际调查研究，获得感性认识的基础上透过现象抓住本质，找到事物的内在规律，提出切实可行的政策建议。需要强调的是，"观者"需要配备四镜："平光镜"防止风沙尘雾遮住眼睛；"放大镜"防止细节的疏漏失察；"望远镜"拓宽视野、展望未来；"显微镜"入木三分、洞察幽微。四镜并用，观物才真。

三、"群"而增强组织化

"群"的本意是"合群"，让人有认同感、归属感，能够达到交流思想，统一认识，促进合作的效果。漫长农业社会孕育的小农意识形成了"私"的观念，各人自扫门前雪，哪管他人瓦上霜，农民善分不善合，导致分散小农难以融入现代化产业体系中。"群"在乡村振兴中的功能主要体现为：一是凝聚人心。文化应该成为一个精神共同体的凝聚点，能够反映共同体的情感，"乐在宗庙之中，君臣上下同听之，则莫不和敬；在族长乡里之中，长幼同听之，则莫不和顺；在闺门之内，父子兄弟同听之，则莫不和亲"，深刻地说明了只有凝聚人心才能做到齐心协力、团结一致。乡村振兴，政府是引领者，企业是助力者，农民既是受益者，也是参与者、创造者，决不能让农民当旁观者。只有充分彰显农民的主体地位，充分发挥好农民的自主性、能动性和创造性，不断提高他们的凝聚力、向心力，乡村振兴才能获得源源不断的动力。二是推进合作。农民需要"抱团取暖"，组织化有助于提升农民参与乡村振兴的能力。可以通过各类文体活动协会、农民专业合作社等方式把农民组织起来，提高组织化程度。尤其在经济活动中，可以对外维权，形成合力，有效降低进入市场的成本，增强在市场竞争中的谈判能力。对内监管，有效监督协会成员的生产经营行为，遵守职业道德，提高产品的质量，树立品牌意识。应借鉴乡村传统社会组织形式，在党组织的指导下发育包括各类地缘性和业缘性组织，利用新乡贤、红白理事会、村民议事会等，发挥好乡村内生性组织资源的作用，提高农民自我管理、自我服务和自我监督的能力，提升集体意识，培育现代农民的公共精神，从而增强组织力、凝聚力、向心力和归属感，从而实现共同富裕的大目标。

四、"怨"而净化软环境

"怨"的本意是排遣不满，通过针砭时弊，表达诉求，改善社会风气，影响社会环境。在乡村振兴的实践中，要畅通渠道，为农民表达诉求，倾吐心声创造机会，提供条件，发挥好"怨"的社会功能。社会矛盾和社会问题重在疏不在堵，对于广大农民痛恨歪风邪气之怨，反对官僚主义形式主义之怨，针砭铺张浪费之怨等怨声，要不怕怨，放开怨，鼓励怨。"硕鼠硕鼠，无食我黍"是古代的怨，"一支烟一两油，一顿饭一头牛，屁股底下一座楼"是今天的怨，中央八条禁令就把人民群众的这个怨气彻底消除了。要以宽容的心态、宽松的氛围和宽厚的制度，对待农民的合理诉求，不断创新方式方法，及时解决群众反映强烈的突出问题，与时俱进地利用现代科技手段，实现信访工作科技化、信息化、数字化。要引导农民用合法理性的方式表达诉求，避免出现一窝蜂地"赶大会，上大路，堵大门，找大官"等非制度化甚至非法的利益诉求表达行为。针对农村地区仍然存在着滥办酒席、沉迷赌博、不讲卫生、占道经营等一些不良风气和陈规陋习，要采用戏曲、相声、小品等农民喜闻乐见的多种文化表现形式，扬善弃恶，褒美贬丑，树正气，立新风。一方面通过鞭挞歪风邪气帮助农民排解怨气，发泄不满；另一方面，通过弘扬正能量，激发他们参加有益于身心健康的文体活动，从而启迪思维、陶冶情操，提高文化品位、精神境界和综合素质。乡风文明了，陈规陋习自然就没有了生存土壤。

孔子的"兴观群怨"思想系统地阐述了文化的感悟功用、认识功用、教育功用和批判功用，这是文化功能的方法论，也是一种独特的思维方式，影响深远。在乡村振兴实践中，应做好"兴观群怨"这篇大文章，让文化成为乡村振兴的强力助推器。

（本文原载于《中国发展观察》2021年第19－20期合刊）

乡村人才培育不可脱"乡"

乡村要振兴，人才是根本。人才培养关键靠教育。当前农村基础教育、义务教育村空、乡弱，与城挤形成鲜明反差，职业教育、技能培训与当地产业脱节，通识教育、素质教育载体不明，继续教育、终身教育一片空白。如果不引起重视、早作布局，真正的农村实用人才还将继续缺位。农民是乡村振兴的主体、主力，在瞬息万变的当今时代，绝不能让农民成为拿着手机的"山顶洞人"。

一、义务教育、基础教育不可脱离乡土环境

从世界范围看，义务教育有两大共同特征，一是就近，二是免费。我国为减轻农民负担，从 2001 年开始撤点并校，全国 3 万多个乡镇、58 万多个行政村学校数量锐减，由曾经最多时的 60 多万所减少到最低时的 20 多万所。一些村庄即便有学校，水平较高的老师也不愿留在村校，家长对本村教育质量不满意，让孩子到乡镇或县城就读。如此，便使乡村教育陷入学校大量撤并、学生越来越少、教师大量流失的恶性循环怪圈，乡村孩子面临新的上学难。义务教育虽然已经免费，但外出就读的经济负担比不免费的支出还要高出几十甚至上百倍。国家对义务教育阶段免除学杂费的政策优惠完全被学校撤并带来的额外负担抵消。义务教育两大特征的失灵还将带来诸多严重后果。

打基础的义务教育阶段正是孩子世界观、人生观、价值观孕育生成的阶段，世界观是通过"观世界"形成的，在城市读书自然会生成城里人的"三观"，而农民与市民的"三观"截然不同，农民以会种养、懂

技术、善经营为价值取向，市民则以善歌舞、能绘画、会弹琴为高素质，脱离乡土环境的生活自然生不出农民的"三观"。要带着市民"三观"的孩子再回到乡村当农民，纯属两股道上跑的车，南辕北辙。同时，现代城市的高消费生活，灯红酒绿的迷人场景，也吊高了他们的胃口，由俭入奢易，由奢入俭难，让他们再回到乡村生活，只能是一厢情愿。更何况家庭供养他们读书承担着较高的风险投资，急需得到及时的回报，他们毕业后更看重能在城里挣到月月到手的快钱，现实逼得他们不再有回村务农的念头。更令人担忧的是，不少孩子逐渐滋生了"劳动不光荣，赚钱才高尚"的心态。

人类对于知识的获取、积累、传播、创造分为三个阶段。农耕时代，读天地之书；工业时代，读文字之书；信息时代，读视频之书。农民这个职业和从事其他职业不同，务工或是经商只需要读文字之书、视频之书即可，而农民不管科技如何发达、手段多么先进，他们都必须既要读文字之书、视频之书，还要读天地之书、自然之书。农业是遵循自然规律的产业，先秦时代即孕育成形的二十四节气就是通过无数代人对大自然的观察，总结出的宝贵的人类农业文化遗产，于是就有了依托二十四节气产生的"枣芽发，种棉花，谷雨前后把种下""芒种忙，麦上场"等大量农事经验。农业的自然属性决定了生产者必须时刻拥抱自然，天人合一，与自然融为一体。何时开犁耕地、什么墒情下种、哪种作物适宜、各类病虫特征、鸡瘟猪病表现、瓜果采摘方法、收获最佳时节、产品储藏要诀等，都须通过贴近自然、仔细观察才能掌握，即便再高明的科研技术人才，再发达的社会服务体系也无法完全包揽。作为生产经营者的农民如果置身事外，不懂基本常识，不能应时反应，就无法及时、准确地为专业服务者提供解决的信息。如发生病虫，农民不能快速发现、精准地向专家报告情况，专家就无法应急施策，很可能几个小时就让农作物颗粒无收。而全方位系统性地掌握农业知识，需要从小到大都生活在乡土环境中接受熏陶。耳濡目染，练就"童子功"，才能培养出热爱自然的情感操守，遵循规律、尊重生命的思维方式，这是当好农民的基本素养。日本在城市建有几千个带有乡土特色的市民公园，就是为了培养市民尤其是城市孩子的这种情怀。

一方水土养一方人，不是那方水土养育出的人，很难适应那方水土。乡土环境是乡村人才的孵化器，不是从这个孵化器里走出来的乡村人才，只能是某方面的专业人才、技术人才，知识的残缺、情感的残缺、思维方式的残缺不是书本里、视频上能够补足的。因此，乡村教育绝不能走脱离乡土环境的"逆乡土化"邪路。

二、职业教育、技术培训不可脱离家乡需求

近些年，全国每县都建有若干职业技术培训学校，所设专业大多从提高家庭收入角度出发，目的是为家里培养一个能赚钱的人，而外出务工对于多数农村家庭来说是赚钱最快的途径，因此培训专业多为汽车维修、酒店管理、AI技术、导游导购、美容美发等能为农民外出务工服务的城市就业技能。

职业教育技术培训针对提高家庭收入的做法很正确，但地方政府，尤其是县乡（镇）级政府，对此需要放长眼光，树立为"两家"服务的新理念。应在培育农民基本生存技能的同时，从长计议，把更多的注意力放在本土产业人才培育上，围绕当地可持续发展的成长性产业，排出一二个重点予以培植，针对未来不断拉长的产业链，不断提升的价值链，不断延伸的供应链，不断植入的区块链各环节需求，花费必要的代价，未雨绸缪，超前谋划，培养自身需要的实用人才，将农村职业教育办成为家庭发展和家乡建设"两家"服务的教育。对于欠发达地区而言，乡村的建设发展可以引进人才，但引进谈何容易？引进来留得住又何其艰难。依靠的主要对象必须是本土力量，只有培育出本土人才，才能发展壮大本土产业。如果乡村职业教育只盯住眼前，仅为家庭培养挣钱能手，把培养的学生都输送到城市，输送到发达地区，那么未来的乡村将成为人才荒漠，乡村振兴也就成了无源之水、无本之木。

乡村职业教育要实现为"两家"服务的目标，不光需要放长眼光，做好规划，科学论证，谋定而后动，更需要一任接着一任干，一任做给一任看，矢志不渝，紧抓不放，切不可换一任领导变一个产业，换一任

领导变一个思路，结果前功尽弃。沙县小吃是沙县二十多年来一直全力培植的产业，县里免费培训人才，今天已经发展成门店遍及全国县乡的著名品牌。

人才带产业，产业育人才。人才与产业互促共进，全国涌现出许多成功范例。山西省 2018 年开始实施全民技能提升工程实施工作方案，每年安排 10 亿元左右用于全省 100 万人技能提升培训，强调结合本地产业实际，开展特色培训项目，提出"一技在身，一证在手，一条致富成才路在脚下"。目前全省各地特色产业蓬勃发展。浙江省缙云县以烧饼为主导发展农家特色小吃，2014 年成立"烧饼办"，注册了"缙云烧饼"集体商标，每年安排 500 万元专项资金，实施缙云烧饼品牌战略，如今已经累计培训烧饼师傅 1 万多人，从业人员 1.5 万人，在全国各地开办示范店 440 多家，发展到加拿大、澳大利亚、意大利等 8 个国家，烧饼产业年销售额达到 15 亿元。被国务院命名为"中国设施蔬菜之乡"的山东寿光，已经催生出 1 100 多家农字号企业，仅大棚建造和管理设备研发企业就多达 600 多家，种子企业达 400 多家，山东全省大棚 70% 以上、全国新建大棚一半以上有"寿光元素"。这些产业的发展壮大，关键得益于当地对本土人才坚持不懈的培育。

乡村振兴的关键是产业振兴，产业振兴的根本是人才振兴。只有培育为家乡发展所用的本土人才，才能用得上，留得住，扎牢根。

三、通识教育、素质教育不可生搬硬套

我国古代将社会职业分为四类：士农工商。自给自足的小农经济时代，农民只要做好生产就行了。如今社会和市场环境发生了颠覆性变化，农民如果想要适应这个大变革的时代，士农工商的知识都需要掌握。首先是"士"阶层的知识，即领导干部所要掌握的法规政策，农民需要掌握。中央每年出台的 1 号文件，每次都有新内容，再加上各涉农部门不断调整的涉农政策，如果这些掌握不到位，信息更新不及时，就很难做出正确的生产决策。其次是加工业知识。今天那种"披头散发（不加整理）、赤裸身体（不做包装）、没名没姓（没有牌子）、来历不明

（不标产地）"的在售农产品已经少人问津，精深加工，并且还要搭上种养加的产业链条才能大幅增值。再者是商贸知识。生产加工上去了，不懂商贸经营，不联通产供销体系，产品照样卖不出好价钱。专家测算，农产品生产环节的利润只占全部利润的10%左右，其余都隐藏在加工销售储运等后续环节中。同时，农业现代化对现代农民的职业素养、综合素质都有着很高的要求，没有与之相适应的现代农民，农业现代化就只能是画饼充饥。

"士农工商"一肩挑的现实，要求对农民全面开展通识教育和素质教育。在这个问题上，一是不可照搬发达国家的做法。世界上比较成功的范例有两条途径：一条是美国等西方国家的大农业，依靠各类企业合作组织推进。我国是小农户为主体，小农户参与许多专业合作组织代价太大，不划算。另一条是日本等东亚国家和地区的小农，依靠综合性合作组织推进，我国目前尚无这种组织。可见这两条道路都不适合中国国情。二是不可照搬城市过度倚重网络的做法。互联网自1994年进入中国至今20多年的时间里，已经成为机关团体、企事业单位发布信息、获取信息和传递信息，社会成员交流互动的重要载体。尤其在城市，人们与网络须臾不可分离。2019年5月29日11时10分，上海移动网络出现10分钟异常，于是有人开机关机，有人查验SIM卡，有人导航走错路，有人外卖点不成，有人炒股错过点，有人怀疑遭诈骗……种种场景异彩纷呈。但是，在乡村仍有大量农民没有接触过网络。

解决上述问题的现实途径就是发挥制度优势，在每个乡镇都建一所免费开放的公益性农民学校，将其打造成学习宣传党的方针政策的重要阵地，传播先进文化、传授新知识新技能、培育造就新农民的重要载体。农业农村部应成立农民教育局，专门负责与农民学校开办和运营有关的具体事宜。中国教育协会也应该专门设立一个农民教育专业委员会，配合农业农村部农民教育局抓好乡镇农民学校的教学工作，可将课程分为选修和必修，使学员掌握基本知识的同时，自由选择自己的兴趣。农业机械化的普及，使世世代代的农民从来没获得过像今天如此多的空闲时间。有关调查显示，农闲时日均闲暇时间多达476.7分钟，除了打牌喝酒、唱歌跳舞，别无他用。只要农民学校的方向定得准，内容设置好，就一定会有很强的吸引力。这不仅是他们学习知识的平台，也是他们沟通互动的平台，交流情感的平台。

四、继续教育、终身教育不可缺位

目前我国 3 亿多农业生产经营者文化结构为大专（本科）1.2%、高中（中专）7.1%、初中 48.4%、小学 37%、没上过学 6.4%。如此状况，当然不能适应农业现代化的需要。更何况我们正处在一个信息大爆炸、科技发展秒新分异的时代，各个领域随时都可能发生颠覆性变革。在农业领域，传统农具和农技已经被现代机械和现代技术、现代管理所取代，知识的老化每时每刻都在大量出现，如果不能及时更新，会迅速被现实淘汰。因此对农民开展继续教育、终身教育必须提上议事日程，提到应有的高度。

城市里各大型企业对继续教育、终身教育十分重视，经常开展各种培训，华为还摸索出"721"培训法则。相比之下，乡村尚没有一个适合农民参加继续教育、终身教育的平台。

农业农村部在农民继续教育、终身教育方面已经做了不少工作，先后遴选了一百多个全国新型职业农民培育示范基地，摸索出了一些好的经验和做法，但多是个案典型，覆盖面小，影响力低，体系性弱，制度化缺。应在乡村全面建立分层次、多形式、广覆盖、制度化、可持续的继续教育终身教育网络体系。选择重点，抓住关键，对生产经营型为主，专业技能型和社会服务型为辅的"一体两翼"新型职业农民，培植扶持一批，培育提高一批，培养发展一批，培训储备一批，为乡村全面振兴源源不断提供实用人才，为一村一乡或一个产业打造"能人丛""技术群"。应结合乡村人才振兴战略做好农民继续教育、终身教育顶层设计，从制度层面设计出发展大纲，并将其列入国家"十四五"规划。

应广开门路、多措并举，为乡村继续教育、终身教育的发展提供制度支持。美国农民每年都会为自己安排一到三个月时间到大学听课，不然，来年就无法经营。可鼓励农业院校利用农闲时间，开办农民课程，分季度招收农民入学，由国家给予经费补贴。支持地方政府、工会以及社会公益团体联合建立农民技能培训基金，与大学一起培养定向农民大学生。允许农业院校的教师到合作社、家庭农场兼职或自主经营，支持有全日制大学本科以上学历、经验丰富的农业企业家和家庭农场主与高校教师联合招收研究生，提高学生实践技能。

（本文原载于《中国发展观察》2020 年第 21 期）

谨防小康之后的"堰塞湖"

　　脱贫攻坚，决胜小康，在中华民族五千年文明史上树立起一座划时代的石碑，中国农民的生活已经发生和正在发生着前所未有的十大飞跃。

　　一是前所未有的衣食无忧。脱贫攻坚的核心目标就是"两不愁三保障"，"两不愁"即衣食不愁。我国人均粮食占有量已由1949年新中国成立时的209千克增加到2019年的470千克，增长了125%，高于世界平均水平。而中国人均年消费粮食不足150千克，中国人民基本端牢了自己的饭碗。不论是偏远的山区丘陵，还是突发性应急灾害，随时都可确保供给。这在即便是"稻米流脂粟米白，公私仓廪俱丰实"的开元全盛日也无法做到。一旦发生自然灾害，需要官仓放粮，而放粮则需朝廷批准。在交通通信不发达的古代，公文层层上报到朝廷需要走上十天半月，批准后的公文下传又要走上十天半月，嗷嗷待粮的灾民只有伸长脖子等候。今天，无论是舟曲泥石流，还是汶川地震，无论是内蒙古、新疆的多日大雪封门，还是广西、湖南的连月洪涝，救灾物资都能及时送达，灾民不致啼饥号寒。20世纪80年代，沂蒙山区曾流传一段民谣"大干部小干部，一人一条尼龙裤，前面是日本，后面是尿素，细看还有百分数"，调侃的就是村干部把上面分配的进口化肥分给农民，把装化肥的袋子留下做裤子的现象。今天服装上已经很难分出是农民还是市民。绝大多数农民由"一衣多季"转变为"一季多衣"。

　　二是前所未有的轻松劳作。"锄禾日当午，汗滴禾下土"妇孺能诵，"足蒸暑土气，背灼炎天光"是昔日农民的传统劳作方式。在技术落后、工具笨拙、方法简单的漫长农耕时代，不论是耕种收割，还是开沟挖河；不论是抗旱防洪，还是舂米磨面，都需要付出繁重的体力劳动。随着近年来机械化的普及和社会化服务的提高，"机器换人"把农民从繁重的体力劳动中彻底解放出来，从生产到生活，那种需要出尽牛力、累坏筋骨的苦役全面寿终正寝。即便需要扛挑抬搬的简单体力劳作，也被家家普及的电动车取代。

三是前所未有的居有所安。通过多年危房改造项目实施和脱贫攻坚中1 000万易地扶贫搬迁工程的完成，农村居民全面实现了居有所安。过去那种泥墙草顶，一到雨天，外面大下屋里小下的居住环境彻底消除。

四是前所未有的时间闲暇。"日出而作，日落而息"是文人士大夫对农民的理解。"晨兴理荒秽，带月荷锄归"，他们常常是"日未出即作，日虽落不息"，归来后还要延长劳动时间，"昼出耘田夜绩麻"。一年四季，春种夏耘秋收冬藏，"田家少闲月"；阴晴雨雪，田间农事家中生计，见缝插针。白天举家忙种田，晚上男人需要担水劈柴、推磨打碾，女人需要穿针引线、缝制衣衫。改革开放后，家庭承包经营制度的推行，使农民终于有了"一个月过年，三个月种田，八个月空闲"的时间自由。有关调查显示，如今，农民农闲时的日平均闲暇时间为476.7分钟。

五是前所未有的无徭无役。自公元前594年鲁国实行初税亩以来，历朝历代均以收取农业税治政养国，故使农民"任是深山更深处，也应无计避征徭"。农业税征收甚至到了"桑桑柘废来犹纳税，田园荒后尚征苗。"到2006年，在中国实行长达2 600多年的农业税终于被扔进历史的垃圾箱，农业进入"无税时代"。农民务农不仅不需要交税，还能享受到种粮等各项补贴。万里长城是多个朝代民工一砖一瓦垒起来的，据史料称秦代征用民夫修筑长城占总人口的1/10还多。京杭大运河是数百万民工一镐一锹刨出来的。劳役兵役是历朝历代压在农民头上继税赋之后的第二座大山。今天，随着机械的发达，农民再也不需为出苦役发愁。中国历史上无数次的农民起义多因不堪忍受繁重的徭役而发生，这一困扰社会发展的历史痼疾从此再也不会重演。

六是前所未有的社会分担。中国有着"老吾老以及人之老，幼吾幼以及人之幼"的优良传统，但养老育幼的责任和义务历来是以家庭为单元，社会只是扮演着道德引领、精神提倡的角色。新中国成立以来的几十年里，城市养老育幼的部分职能逐渐被社会分担，养老院、幼儿园遍布城区。但乡村一直处于盲区，村民不知幼儿园为何物，一些开办养老院的乡镇也是惨淡经营。最近三五年里，乡村幼儿园已经全面覆盖，学前教育已经成为国家的制度性安排。乡村老人不仅可以领到政府发放的养老金补贴，还有不同档次的养老保险。各类养老机构也在乡村逐步发展。家庭的养老育幼职能向社会分流，为年轻的家庭成员减轻负担、安心工作拓宽了空间。

七是前所未有的疾病统筹。神农尝百草，然后演绎出中华民族的国宝中医药，在西医传入中国的近现代以前，中国人看病靠中医，中医的理论基础是哲学思辨，临床知识靠实践经验，学习、传授比西医更难。在交通通信不发达的古代，看病难、看病贵一直是困扰中国人寿命的主因，新中国成立之初人均寿命仅 40 岁。自进入 21 世纪以来，国家建立了新型农村合作医疗制度，小病理赔，大病统筹，实行农民医疗互助共济，人均寿命大幅提升，六普数据显示已达 76.1 岁，在世界 224 个国家和地区中居 53 位。虽然乡村医疗卫生仍存在诸多尚待解决的矛盾和问题，但前所未有的寿命大幅提升说明我们走对了路子。拥有中医、西医两套医疗体系的中国人理应更健康、寿命更长。

八是前所未有的隔空面叙。2019 年中国网民 8.24 亿人，互联网普及率已达 59.6%。在互联网的作用下，世界很小，地球是一个村庄；世界也很大，村庄是一个地球。一个村庄的人到达地球上任何地方，互联网就把这个村庄的虚拟空间扩展到那个地方，村人与他可以远隔万水千山通过视频随时面对面聊天闲谈，交流情感，物理距离在感官体验上为零。比起靠鸿雁传书、靠邮件传文、靠电话传情的旧式交流，是一种做梦都想不到的神话。

九是前所未有的出行便捷。"千里江陵一日还"是古代诗人的夸张。

在交通工具高度发达的今天，"千里一日还"才是现实。20世纪80年代，民谣称乡村道路是晴天一身土，雨天两脚泥，坐车有"三跳"，即"车在路上跳，人在车里跳，心在肚里跳"。目前，全国农村标准公路已达4万多千米，通硬化路的乡镇和建制村已达99.64％和99.47％，建制村通客车率已达98％。摩托车、电动车在乡村全面普及，小汽车也随处可见。村、乡、县、省一直联接国道的路网体系全面通达，农民出行只靠两条腿的时代彻底结束。

十是前所未有的城乡两栖。在私有制国家移民社会的城市化进程中，农民想当市民卖掉土地拔根就走。我们是公有制，且是安土重迁的民族，农民在乡村的根扎得很深，且根系发达。农民想当市民，首先需要放弃农村户口，退还承包地，而退地村集体就要给予补偿，集体经济发达的村有能力补偿，但农民不愿退出，他们还想从集体中不断获取更多的利益。集体经济落后的村农民愿意退出，但村里无力补偿。再加上熟人社会的人情红利、宗族力量的护佑、安土重迁的传统观念，中国农民很难拔除扎在乡村里的深根，将长期保持一脚城里一脚乡的城乡两栖状态，农忙在乡务农，农闲进城务工，戴着"农民"与"市民"两顶帽子生活，将成为古今中外城市化进程中一道独特风景。有关调查显示，2.8亿农民工有落户城市意愿的只占21％。

曾几何时，农民描述他们的生活状态是："耕地靠牛、温饱靠救（助）、交通靠走、通信靠吼、治安靠狗、娱乐靠酒"。今天农民生活正在发生的九大飞跃，不仅史无首例，更是突如其来；不仅是全方位提升，更是颠覆性改变。面对这种数千年未有之大变局，安享清福、乐不思蜀、混沌度日的思潮正在乡村社会酝酿，主要表现为四大特征：一是生活目标模糊。不足温饱时农民为温饱流尽汗水，温饱解决后他们为"吃细粮、住瓦房"拼尽全力；当小洋楼、小汽车在乡村司空见惯时，追求的目标变得越来越不清晰，于是大把的闲散时间被用于喝酒、打牌、唱歌跳舞、四处闲逛，心里一片空虚，整天浑浑噩噩。物质享受的理性追求为人类社会发展提供了基本动力，当物欲得到满足后，生活便失去目标。二是人生价值迷茫。中国文人向来追求"修身齐家治国平天

乡村治理……

下"的宏大理想，更追求"为天地立心，为生民立命，为往圣继绝学，为万世开太平"的实践气度，这是人生价值的最高境界。在当今时代价值多元的社会背景下，一些农村青年脱离社会行为准则和社会伦理纲常，价值观被扭曲，是非善恶、美丑对错认知模糊，言行怪诞，公序良俗置于脑后。再加上多子多福、延续香火、光宗耀祖等传统观念也正发生着深刻变化，过去为子孙后代奋斗，为家族光耀门庭的价值追求正渐趋淡薄。三是内生动力缺失。在物质需求不断升级换代的背景下，一个接一个的追求目标，使农民不断产生奋斗激情，内生动力满满，创业活力四射。马斯洛把人的需求分为生理需求、安全需求、社交需求、尊重需求和自我实现五个层次。当下，农民前四个层次基本满足，需要迈过自我实现这个坎，而要超越自我，跨过这道坎是比较艰难的。农民和工人不同，工人工作相对多的依靠他律，几点上班下班，一天要完成多少工作量，都有明确的规章制度约束，不按章行事，当天就减收。农民则主要靠自律，没有谁规定每天几点下田，也没有谁要求每天的工作量，劳动报酬只有到收获时才能一次性显现。农业生产靠的就是农民内心的积极性、主动性。四是奋斗精神渐消。吃苦耐劳、开拓奋进是中华民族在世界民族之林始终立于不败之地的核心本质，不同时代创造出一个个惊世骇俗的典范。仅20世纪中叶之后就出现了大寨精神、红旗渠精神、塞罕坝精神、北大荒精神、小岗精神等，这些都是留给我们的宝贵遗产。而今这种感天动地的精神已经鲜有所闻，等靠要的思潮开始出现，尤其脱贫攻坚中的诸多优惠政策，使一些人唾手可得，安逸度日，失去了对于艰苦奋斗精神的坚守和弘扬。

在中华民族五千年文明史上，我们是全面建成小康社会的第一代。但圆梦小康之后，如果躺在小康生活的温柔乡里不思进取，势必产生温水煮青蛙的效应。长此以往，很有可能生成下一个奋斗目标乡村振兴的"堰塞湖"。日本学者三浦展2007年研究发现，日本出现"向下流动的社会"问题，一些人对生活缺乏激情，对人生缺乏热情。这种现象值得我们警醒。人生路上，由俭入奢易，由奢入俭难；由勤入懒易，由懒入勤难。古训谆谆，启迪殷殷。

乡村振兴已经全面展开，到 2050 年，乡村振兴之日，便是党的第二个百年奋斗目标实现之时。历史潮流，浩浩荡荡，顺之者昌，逆之者亡。在"直挂云帆济沧海"的征途上，难免出现暗礁险滩，但更要谨防生成阻隔前进的"堰塞湖"。首先应借鉴发达国家的先进经验，把农民教育提到重要位置。如日本就建立了从中央政府（如农林水产省、厚生劳动省等）到都道府县（如地方农政局）再到市町村（如农业改良普及中心、林业水产指导所等），从政府部门到教育系统再到社会力量（如农协等），以教育系统为主、民间团体和社会组织为辅多层次、立体化的农民教育体系。早在 1907 年，清政府派李殿璋参加奥地利万国农务学会，他考察奥国发现，全境不过中国三省之地，但务农学堂设有 190 多所，各地另有众多的冬日学堂，且更有政府出资聘任大批经验丰富的土专家随时到田间地头为农民传授知识技能，称为游行教员。建议农业农村部成立农民教育局，省市县均设相应机构专司农民教育，每个乡镇都应该办一所开放性的农民学校，定期向社会公布讲课内容，通过政府购买服务的方式，免费为农民讲解农业生产、经营管理知识、现代科技发展知识、国家政策法规、家庭教育理念以及法律维权和卫生保健等与农民生产生活息息相关的知识，同时，经常开展丰富多彩的各类文化活动，以全面提高农民的综合素质，丰富他们的精神文化生活，让他们跟上时代，明方向，燃激情，添动力，有理想。其次，从顶层设计上明确农民在享受权利的同时担负相应的责任义务。权利与责任义务是一对孪生体，二者缺一，就会发生偏斜，有权利没有责任义务便不知珍惜权利；有责任义务没有权利则责任义务无法落实。如今越来越多的乡村事务需要农民组织起来由政府资助自我服务，如生态环境保护、乡村道路管护、公共卫生保洁、生活垃圾治理、社会诚信的遵守、公序良俗的践行、公共设施的维护等。基层组织应不断强化农民的家园意识，增强主人翁精神，大力倡导奋进拼搏、开拓创新精神，充分发挥他们的主体、主力作用。通过各种方式，组织、引导农民群众积极参与农村公共事务管理与服务。再者，大力发展农村二三产业，让农民能够充分利用闲散时间就近就地就业。从某种意义上说，一部经济社会发展史就是人与

"四无劳动"的斗争史。即私有制时代的"无偿（或低偿）劳动"，计划经济大锅饭时代的"无效（或低效）劳动"，工业化时代的"无益（甚至有害）劳动"，信息时代、人工智能时代的"无处劳动"。在科技飞速发展，机器换人愈演愈烈的未来社会，无处劳动将成为社会的主要矛盾。当下的乡村就业难，主要问题在于乡村缺少发达的二三产业，大力发展农产品加工业和为农服务的服务业，以及乡村旅游、养生养老等产业是解决农民今天"无处劳动"的最佳途径。

（本文原载于《中国发展观察》2021 年第 22 期）

士农工商一肩挑　　当个农民不容易

　　法国社会学家迪尔凯姆在《社会分工论》中指出，传统社会依靠成员们高度的一致性、共同的归属感来维系，是"机械团结"的社会；现代社会成员间的差异日益增加，通过分工合作相互连接在一起，构成了"有机团结"的社会。现代社会的大部分职业和专业都在细化，专业性在进一步收窄。2018 年版《国家职业分类大典》把我国职业分为 8 个大类，66 个中类，413 个小类，1 838 个细类（即职业）。过去的"360行"被一次次刷新，传统观念里一些所谓"旁门左道"的职业正成为现代社会的新宠儿。美容师、美甲师、描眉师、陪跑员和育婴师等新兴职业层出不穷，越来越受到公众的推崇和社会的肯定。由于农业农村社会化服务的不到位，唯独农民这个职业在内涵和外延上不断扩张，农民这个概念已经摆脱了传统范畴，他们早已不是面朝黄土背朝天、只会耕种的传统农民。

　　从社会角色分工看，现代中国农民需要"士农工商"一肩挑。"士农工商"语出《国语·齐语》管子之论。依据管子的观点，社会应依据"士""农""工""商"等四个职业分层形成专业分工，四民各治其业，各得其所。现代中国农民已经突破这四个职业分层的界限，在掌握各种农业知识的同时，还要担当其他三个职业的角色。

　　一要担当"士"的角色。和政府官员一样，现代农民必须熟悉、理解和掌握各级各类涉农方针政策，才能获得最大的发展机会。改革开放以来，每年中央都出台一个关于"三农"的文件，仅 1 号文件就出台了20 多个。各涉农部门，各省市县每年也都出台相应的文件，这些不同时间、不同领域、不同层次、不断更新的涉农制度，构成了一系列复杂的支农、惠农政策体系：从家庭承包经营到发展乡镇企业，从免除农业税，到实行种粮直补；从实施义务教育，到师范生免费；从推行新型农村合作医疗，到构建农村低保；从承包地的"三权分置"到宅基地的"三权分置"，从脱贫攻坚到乡村振兴等，年年有变化，随时亮新招。在这种环境下，农民必须通过电视、广播、互联网和村干部等渠道熟悉和理解这些政策的具体内容及其变化，以便做出经营决策，更好地安排来年的生产和生活。

二要担当"工"的角色。所谓"工"指的是农产品加工和非农务工。今天市场对农产品的需求已经彻底告别过去那种"披头散发"（不加整理）、"赤身裸体"（没有包装）、"没名没姓"（没有牌子）、"来历不明"（不知产地）的粗放时代，农产品要想适应市场，卖得出，并且还能卖个好价钱，生产者必须掌握一定的加工业知识。不然，生产的产品产量再高，质量再优，效益都难提高。在地多人少的现代化国家，农民必须专业化、职业化，专门种植或养殖某种植物或动物，形成地域性的专业化分工。而中国每户"一亩三分地"的格局在相当长的一个历史时期内难以改变，绝大多数农民必须兼业，从事农业生产经营的同时，利用农闲时间外出打工，尽可能多地掌握一些非农技艺。国家统计局的数据显示，自2008年到2019年的十年间，城乡居民收入由3.31∶1缩小到2.64∶1，主要是进城务工收入快速增长，这才是真正符合中国国情、实现生活富裕的最佳途径。眼下年轻人中流行一个词叫"斜杠青年"，斜杠越多，说明掌握的技能越多。如果要套用这个概念来描绘今天的农民，他们中的一些人最多恐怕要有十几甚至二十几个斜杠：快递员、泥瓦工、保安员、摩的哥、出租车驾驶员、电器维修、装卸货物、家政服务、室内装修、蜘蛛人、保洁员等。那些最苦、最累、最脏、最危险、报酬最低的数以百计的工种，几乎全让农民工给包了。

三要担当"商"的角色。所谓"商"指的是经营和销售农产品。即使是在传统的小农经济时代，头脑敏锐的农民就已身兼农夫与商人的双重身份，利用剩余劳动时间从事副业，农忙时节是农夫，农闲时则化身行脚小贩，走街串巷售卖自己的商品。宋代的《东京梦华录》与《梦粱录》记载，当时的汴京和临安到处都是这种行脚小贩。中国农民做生意大抵从原始部落的以物易物就开始了，直到社会分工分业后，才把从事这一活动的人叫"商人"、交易的物叫"商品"、专职的业叫"商业"。中国农民从商的基因源远流长。直到今天，世界上还有很多国家的农民不会经商。苏联解体后，把地分给农民，很多人不要，因为他们不懂经营。中国的家庭承包经营一经推行，农民立马接受。不过，时下的中国农民需要的是与时俱进、革新传统的商贸之道。一直以来，农产品的销售及流通主要还是依靠经销商和农产品批发市场。近几年随着互联网的发展，逐渐兴起了以淘宝和京东等为代表的大型电商平台，创新了B2C、C2C模式。一个生活在当下的现代农民需要掌握一定的互联网知识，以及基础性数字技术知识，开展网络销售业务，利用线上线下双向通道，把市场拓展到其他地区甚至其他国家。农产品的现代营销对农业经济发展有着至关重要的作用，不掌握现代营销知识和技巧，农民所获得的收益就十分有限。同时，一个现代农民还要想方设法参与到产业链的后续分工中。传统农民由于信息闭塞和生产技术落后，存在产业链分割、生产成本高、农产品附加值低、销售渠道单一、流通环节冗长、利益分配不科学、不合理等问题。经济学家算过一笔账，农产品初始生产环节的利润只占整个农业产业链价值的 10% 左右，剩下 90% 的利润来自加工、储存、包装、设计、运输和销售等环节。因此，一个现代农民应尽可能多地挤进产业链的后续分工中，在各环节增大利益分配的话语权。

从生产经营层面看，现代农民需要遵循三大规律。首先是遵循自然规律。就宏观视角而言，春种秋收、夏管冬藏，这是最基本的农事规律。在交通通信高度发达的当下，物种大交流变得十分简便易行，农民需要根据当地的水土光热等资源禀赋找到适合种养的品种，但不是所有物种都可以随意挪移搬迁的。瞄准新奇特，引种一物，先要弄清此物有没有"随遇而安"的品性，不然将血本无归。就微观视角而言，农业生产与工业生产最大的不同点在于，农作物不像工业品生产那样可以搬

乡村治理……

187

移、可以倒序、可以间断、可以化整为零分别出成果。农作物种在哪里不能移动，从育种到田管到收获，各环节依次展开，不能倒过来，是一个生命体，需要不间断地提供养分，所有的努力只能体现在最终一次性的产品收获上。复杂多变的自然规律要认识、要把握就十分不易，要遵循更是难上加难。其次是遵循市场规律。即要讲究成本核算，种植也好，养殖也罢，不能盈利就不能发展，而农业本身就是一个弱质产业，来自风霜雨雪的自然灾害影响比其他任何产业都多都大，"靠天吃饭"的局面在一个相对长的时期内难以摆脱。再加上工农产品价格剪刀差长期以来不仅没有缩小，反而还在拉大。改革开放四十多年以来，农产品价格尤其是粮食价格上涨不足十倍，而工业品价格上涨几十倍甚至几百倍，正常年景下，农民靠经营自家土地忙活一年的收入还抵不上外出打工一个月的收入，一遇旱涝病虫等自然灾害，收入可能为负。要想在这样的自然环境和市场条件下从事农业赚到钱，谈何容易。再者是遵循社会需求规律。农产品是准公共产品，一日三餐，人人需要。社会对农产品的需求是一个铁律。因此，农民不论赚不赚钱，哪怕赔本都得生产。从事农业，从某种意义上说，是一个"良心活"。历朝历代，农民给子孙的家训传递都少不了一条：哪怕没饭吃，也要交"皇粮国税"！农民知道以农养政、以农养国、以农养城的道理，交"皇粮"对他们来说是一种神圣的职责。今天我们虽然结束了流行 2 600 多年的交税历史，但农产品作为准公共产品的性质没有变，善良淳朴的绝大多数农民遵循这一社会需求规律的责任感没有变，也不会变。

从知识获取的路径和方式看，现代农民需要"三本大书"同时读。农业文明时代，人们主要通过对大自然的观察获取知识，即读"天地之书"；工业文明时代，人们学习知识主要通过书籍文字的传播，即读"文字之书"；今天进入信息化时代，知识的传播渠道主要是图文并茂、方便快捷的"视频之书"。在社会职业不断细化的当今时代，除了搞气象研究的，其他不论哪种工作只需要读好"文字之书"和"视频之书"即可，唯独农民这个职业既要阅读"文字之书"，把老祖宗流传下来的、现代人新近创造的知识掌握好，又要浏览"视频之书"，跟上飞速发展的时代，更要遍读、深读、精读"天地之书"，观察、体悟、认识、把握自然规律，这是当好农民的必修课、基本功，是从事农业这个职业的看家本领。要练就这身本领谈何容易，从空间上看，它需要不怕吃苦，不畏艰难，与大自然融为一体，只有置身其中密切接触，才能发现自然的变化，并从变化中找出规律。从时间上看，它需要长期的积累。对规律的认识和把握不是一朝一夕的事情，没有一天天、一年年的献身、浸润，很难道出个子丑寅卯来。因此，要读懂"天地之书"，必须从"童子功"开练，自幼耳濡目染，日积月累。近年来乡村撤点并校，乡村孩子大都进入城镇读书，"逆乡土化"的环境，使得他们难以亲近自然。读"天地之书"的机会、条件一旦失去，由此带来的认知残缺、情感残缺、价值残缺，终生难补。让这些孩子再回到乡村当农民，隐忧可见。

从身处的境况看，农民没有退休制度。2018 年两会期间全国政协委员张业忠呼吁建立农民退休制度。2019 年全国政协委员王学坤再次提案建议推行农民退休制度，让 65 岁以上农民能"洗脚上田，老有所养"，充分享受小康社会带来的成果。农村年轻人大量外出、养老机构稀少的现实，使得一些老人日常照料、情感慰藉等缺失凸显。虽然农村老人也发养老金，但数额过低，有些六七十岁的老人担心"老无所依"，仍然外出打工。农民也不存在"童工"问题，几岁的孩子也需要在农忙季节帮助妈妈到田里干些力所能及的农活。当下，"城乡两栖、居业分离"已成为大多数农村青年的生活方式。农村是一个熟人社会，城市是一个陌生人社会，公共秩序、交往方式、生活习惯，乃至思维方式、行为方式，城乡迥异，"一脚城里一脚乡"的农民必须掌握两套规则，既要当好农民又要当好市民。

任何职业都可能随着高科技的飞速发展而发生变化或消亡，只有农民这个职业是永恒的，只要人类需要吃饭，就得有人种地。农民，不是拿着手机的"山顶洞人"，今天，我们需要重新认识农民，重新解释农民，重新看待农民，重新培育农民。

（本文原载于《中国发展观察》2020 年第 13－14 期合刊）

"家"的挑战：以家为核心的民情流变

家庭是社会的基础细胞，是人的"社会生命之源"，是中华文明"家国一体"大传统和"缘情制礼"小传统的基石，也是每个人解除疲劳、休憩身心的温馨港湾。在社会急剧转型过程中，家庭的结构、家庭的秩序、家庭的传承、家庭的谱系以及家庭的建构正在发生着深刻变化。费孝通在《生育制度》中指出，家庭的首要功能在于为社会培养合格的成员，实现"社会继替"功能，所谓"个人有生死，社会须持续"。家庭的全方位变化，对家庭发挥"培养合格成员"和"实现社会继替"两大功能提出严峻挑战。

一是结构之变：父系社会结构出现动摇。大约在四五万年前，当由古人进化为新人时，中国原始社会就进入了母系氏族社会。母系社会中，女性因拥有生育的能力而获得神圣性，后代只知其母不知其父，母系氏族以母系血缘维系，并且由母系关系传递。随着社会生产力的发展，尤其在农业社会出现重体力劳动以后，男子在生产部门的优势突显，男女在氏族中的地位发生重大变化，母系社会逐渐过渡到父系社会，男子开始占据主导地位，家庭结构变成以男性为核心。大约在五六千年前，中国进入父系社会，男娶女嫁，妻子从夫居，子女改为从父系氏族的姓氏，妻子和子女成为丈夫家庭的成员，财产按照父系继承，世系随父系计算。自近代倡导男女平等以来，父系社会结构出现动摇，女性主导的家庭越来越多，家庭的财权更多由女性来掌管，丈夫的收入要"上交财政"给妻子，自己偷偷藏起来的叫"私房钱"，家庭的决策权很多由女性来主导，"妻管严"现象明显。子女有的随父姓，有的随母姓，如果是两胎，则很多是一个随父姓一个随母姓。单从子女姓氏上，无法判别出两个孩子是兄弟姐妹关系，这和传统社会从姓名上就能看出是亲兄弟甚至五服世系差别很大。新婚夫妇生育小孩后，更多的是由孩子姥姥姥爷带养，"妈妈生，姥姥养，姥爷天天菜市场，爷爷奶奶来观赏"，由此诞生出跟女方家庭来往更密切，关系也更亲密。近年来在江浙一带兴起"两头婚"，男女双方各置婚房，婚后两边交替居住，既无男娶女嫁，也非女招男入赘，男女双方两头皆是婚娶婚嫁，与双方原生家庭保持一定"黏性"。在两头婚家庭里，没有外公外婆的概念，小孩对爸爸妈妈的父母都叫爷爷奶奶。哪家老人有空就来帮忙带小孩。不收彩礼、不要嫁妆，生下的孩子分别继承双方的财产，两个家庭都可以传承姓氏的香火。这些现象使父系社会结构渐趋模糊，血缘姻亲关系从姓氏中已经无法知晓，在人口大流动，且流速不断加快，流量不断加大的背景下，很难辨识的"五服"近亲，会否给社会继替埋下隐患，值得关注。

二是秩序之变：家庭主体核心正被颠倒。家庭是中国人基本的认同和行动单位，中国人以家庭为本位，而非以个人为本位。传统中国社会的本质是，中国家庭是自成一体的小天地，是个微型的邦国，社会单元是家庭而不是个人。家是基本生产和生活单元，户是基本的行政单元，古代中国乡村社会奉行的是以家户为本位的"家-户主义"，具有严密的内向性和强大的再生性，我国自古就有"国之本在家""积家而成国"之说。传统中国人的文化观念中，可以没有上帝，但不能没有祖宗，在宗法血缘观念浓厚的汉族社会，祖先崇拜是最普遍和最强烈的信仰。从形式上看，祖先崇拜主要表现为祭祀有功绩的远祖和血缘关系密切的近祖，做人不能忘本，不能忘根，不能忘记祖宗。乡土社会是礼治社会，礼治强调人有尊卑长幼亲疏之别，年龄因素是一个重要的衡量标准，长老的权威是父权制和家长制的延续，家族文化本身就体现了一种血缘等级制度，在社会变迁缓慢的农业社会，经验可以有效应付生活，年龄越大，经验越丰富，越受人尊敬，因而老人是家庭的核心。中国历来以孝治天下，子女赡养父母、对父母尽孝，天经地义。人的生命由祖先而来，老了以后由子女送终，在家庭的范畴内阐释清楚"从哪里来、到哪里去"的哲学问题。在社会快速变迁和急剧转型的过程中，经验已经不能有效应付生活，靠的是知识和技术，年轻人接受新事物的能力更强，因而更具优势，"后喻文化"取代"前喻文化"，老人权威衰落。尤其在独生子女大量出现后，孩子成了家庭的中心，一切围绕孩子转，孩子是家庭的"小皇帝"，老人被淡化，家庭秩序出现颠倒，"从哪里来"不再像过去那样受到关注。家庭小型化导致养老出现困难，养老的功能逐渐由家庭转移到社会，更多地依靠商业养老和社会养老，养老不靠孩子、也依靠不上孩子，花在孩子身上的钱远没有存起来自己养老靠谱。亲代、子代以生命延续生命的接力模式是各种人类文明家庭存在的基本理由，它包括"身之生命"的相续和"心之生命"的永生。西方家庭以接力模式为基本形式，中国家庭在此之外又多了一个"反馈模式"，即亲代抚育子代，子代又赡养亲代，西方家庭没有反馈义务，中西家庭是两种不同的社会继替模式。家庭主体核心的颠倒，使反馈义务逐渐淡出，中国几千年的尊老、敬老、养老传统面临新的挑战。父慈子孝是中国人的伦理取向，"慈"与"孝"都源于"爱"，但"孝"在"爱"之外还多一层"敬"和"尊"。"爱"是出于骨肉血脉的自然之情，"敬"和"尊"则是"爱"的境界升华。老人在家庭中的地位失落，带来的是人生精神上的垮塌，对生命追求的迷茫与困顿。"到哪里去"的问题前路茫茫。

三是传承之变：传宗接代观念日趋淡化。"上以嗣宗庙，下以继后世"，传统婚姻的缔结不是因为男女双方的两情愉悦，而主要是传宗接代。注重纵向链条的完整性，要"代代延续"，自己只是家庭血缘纵向序列上的一个中介，如果没有后代甚至进一步细化为没有儿子，就觉得是人生最大的遗憾和失败，对不起祖宗，"不孝有三，无后为大"，在浓厚的传宗接代观念下，有些人家生十个八个女孩，一直生到男孩为止。在很多时候，媳妇在婆家的地位，就与其生育子女的数目成正比，这其中尤其是生育男孩的数目，"母以子为贵"，生育了男孩就有地位，生育女孩或者根本不生育，就低人一等，遭人白眼。生育后代这一继替过程在中国传统社会中被赋予了特殊的文化含义，所谓"有子万事足"，骂人最狠的莫过于断子绝孙或让人绝种之类的话，"断了香火"就是最大的不孝。经过几十年的计划生育，在教育程度提升、住房压力加大、经济社会转型等多重因素影响下，传宗接代的观念正在淡化，出现少生甚至不生的现象。尽管生育政策近几年在不断宽松，2016 年放开二胎、2021 年放开三胎，但生育率仍然直线下降。国家统计局日前发布《中国统计年鉴 2021 年》，数据显示 2020 年全国人口出生率为 8.52‰，首次跌破 10‰，创下了 1978 年以来的最低值，同期人口自然增长率仅为 1.45‰。自 2016 年实施二孩政策以来，自然增长率由 6.53‰降至 1.45‰，人口出生率由 2016 年的 13.57‰降至 8.52‰，相对 2016 年，人口出生率下降了 37.2%，呈现断崖式下降状态。生育多个儿子的家庭现在不是被"羡慕"，而是被"同情"，儿子是"建设银行"，需要不停地投入。陈东升《长寿时代》一书指出，在长寿时代，孩子不是资产，而是负债，按照中国中等收入家庭支出计算，孩子从 0 到 22 岁需要花费大约 300 万元左右。不注重传宗接代，老了也不依靠子女，更加注重自身的生活质量和生活水平。"儿孙自有儿孙福，不生儿孙我享福"，个体正在由生育的客体变为生活的主体，以自我为中心，纵向的父子关系结构转变为横向的夫妻关系结构，让家庭纵向链条不断延续下去不再是神圣义务和人生职责，中国人几千年垂直纵向的代际关系正被平面横向的代际关系所取代。而反馈机制和接力意识的弱化，二者互为作用，使"从哪里来到哪里去"的人生哲学命题在家庭范围内陷入困境。

四是谱系之变：光宗耀祖思想逐步消解。"光宗耀祖、出人头地"是传统中国人坚守的信念。上有祖宗，下有子孙，人们才觉得有责任感，有生命的动力和意义。费孝通教授指出，中国文化的活力在世代之间，一个人不觉得自己多么重要，要紧的是要光宗耀祖，是传宗接代，养育出色的孩子。中国自古以来就以氏族为基础，以家属为中心，慎终追远，对于宗庙、祠堂、祖坟的祭祀，向来都是头等大事。不论官民，中国人历来对于清明节都十分重视，这是追根思源，藉表孝忱的表现。通过祭祖加强生者间的联系，搭建与逝者交流的平台，能唤起族人的血系观念，强化宗族的内聚力。定期的祭祖活动，既是对祖先的敬畏，对祖先恩惠的感激和报答，也是氏族家族成员之间同祖意识的确认，人们意识到相互同宗同源，以向心力推进凝聚力。去世之后要去见祖宗，人生在世，不能辱没祖宗，必须做一番光宗耀祖、光耀门楣的事业才有颜面向祖宗汇报。在安土重迁的农业社会，生命的重心和人生价值定位在乡村熟人环境，"富贵不归故乡，如锦衣夜行"，落叶归根、衣锦还乡是人们的梦想。在没有建立现代保障制度的农业社会，家庭、家族和宗族为成员提供必要的生存和发展保障，使成员获得安全感和归属感。当下，在走向原子化和个体化的社会转型过程中，宗族意识、族群观念越来越淡化，社会流动与现代化导致了家族的解体，生育数量的减少使得大家庭不复存在。一代独生子女的亲属称呼中少了兄弟姐妹，晚辈中自然没了侄子、侄女、外甥、外甥女，二代独生子女的亲属称呼中，又少了伯伯、叔叔、舅舅、舅妈……传统亲属称谓的缺失，使得独生子女出现"六亲不认"的尴尬。七普数据显示，我国家庭平均人口数从 2000 年的 3.44 人减少至 2020 年的 2.6 人，家庭人口平均数降到 3 人以下，说明"单身社会"和"独居时代"已经来临。以姓氏为纽带的大家庭、大家族的族群意识和谱系格局正在瓦解。脱离于家族、宗族的社会关系后，个体的神圣感、使命感和责任感降低，"一人吃饱，全家不饿"，得过且过、胸无大志、"躺平"成为一部分年轻人口中的流行词。回望历史，从乡村走出来能成就一番事业者，大都出自有着良好族训家规的世家大族、名门望族，浙江钱氏便是一例。族群意识的消解，那些流传千年的家训家风家教，也将后继乏人。

五是建构之变：恋爱婚姻行为正在异化。在中国古代宗法制度的影响下，在小农生产方式的渗透下，传统观念生育以"早生""生男""多生"为基本特征。在社会急剧转型过程中，传统恋爱婚姻行为出现异化，"要不要婚恋、什么时候婚恋、和谁婚恋"呈现出"结婚少了、结婚晚了、离婚多了"的特征。一是要不要恋爱结婚成了一些青年的选择题，而不是必答题。结婚对数和结婚率自 2013 年开始下滑，2013—2020 年，我国结婚登记对数从 1 347 万对的历史高点持续下滑至 813 万对，2013—2019 年，粗结婚率从 9.9‰降至 6.6‰，现在中国单身人口约 2.6 亿，其中 9 200 万人独自生活。据相关专家预测，到 2030 年，我国独居人口将进一步增加，预计达到 1.5 亿～2 亿左右，"只恋爱，不结婚"的独身浪潮正在蔓延；二是什么时候恋爱结婚，推迟婚恋成了青年的普遍选择。25～29 岁接替 20～24 岁人群成为新的结婚"主力军"，高年龄层段（40 岁以上）结婚登记占比大幅上升。2005—2019 年，20～24 岁结婚登记人数（含再婚）占比从 47.0％降至 19.7％，25～29 岁占比从 34.3％升至 34.6％，30～34 岁占比从 9.9％上升到 17.7％，35～39 岁占比从 4.9％升到 8.1％，40 岁以上结婚登记人数占比从 3.9％增至 19.9％，40 岁以上结婚人数占比增幅最大。中国平均结婚年龄在一线城市达到 30 岁以上，在一些四五线城市或者农村地区平均结婚年龄在 25 岁左右，比法定的结婚年龄推后了 5～10 年，晚婚晚育成为趋势；三是和谁结婚，那种一情定终身的现象渐行渐远。离婚对数和离婚率长期持续攀升，1987—2020 年，我国离婚登记对数从 58 万对攀升至 373 万对，1987—2019 年离婚率从 0.5‰攀升至 3.4‰，传统社会观念保守，"宁毁十座庙，不拆一桩婚"，父母、亲戚、单位领导都反感离婚行为，会千方百计地促和，离婚会让夫妻双方面对巨大的社会压力，会觉得是人生的失败，特别是女性，以前即使是娘家都不太会包容离婚的女性。现在随着女性受教育程度和经济社会地位不断提高，社会和家庭对于离婚的包容度越来越高，导致离婚率不断走高。"婚都不想结，还生什么孩子"，"婚姻能过就过，不能过就离，绝不凑合"，正在成为年轻人的选择。

家庭公有制是人类社会的第一种所有制形式，家庭共同体是人类社会的最佳共同体，以家庭建立的共情场域是人类最佳共情场域。"家"带给人们无限温情，它始终以实体形式和隐喻形式藏身于现代性之中。"家"在未来会呈现出一个什么样的走向，为哲学社会科学提出了新课题，为社会治理提出了新挑战，为政府出台政策提出了新要求，家的流变使"何以为家"成为一个值得高度关注的问题，具有重要的理论和现实价值。

「城乡融合」

以乡村振兴统筹城乡、工农关系

实现"两个一百年"奋斗目标是中国共产党向人民作出的庄严承诺。第二个百年奋斗目标的短板在乡村，乡村振兴已成为这个时代的最强音，是贯穿"十四五"到"十九五"6个五年规划的主旋律。当务之急，在于以乡村振兴战略总揽全局，统筹工与农、城与乡的关系，从思想理念上升华对乡村振兴战略所处历史方位和时代坐标的认识，构建以适应乡村需求为目标导向的政策体系。

一、应站在时代的制高点上理解乡村振兴

第一，乡村振兴是中国应对社会主要矛盾的关键战略。改革开放以来，我国经济社会形势已发生深刻变化，总体上已进入工业化的中后期发展阶段。与此同时，城乡之间、工农之间、经济社会之间发展不平衡、不充分、不可持续的矛盾也日益显现。我国社会主要矛盾已经转化为人民日益增长的美好生活需要和不平衡不充分的发展之间的矛盾。当前，我国经济社会发展中最大的不平衡是城乡发展的不平衡、最大的不充分是农村发展的不充分，全面推进乡村振兴是解决这一主要矛盾的关键。

第二，乡村振兴是生成推进中国发展新动能的关键战略。改革开放以来，家庭承包经营的巨大能量、恢复高考的人才储备、对外开放的科技引进、民营经济的市场活力是推进中国经济社会发展威力最强的四台"发动机"，乡村振兴将成为继前四台之后的第五台"发动机"。乡村的消费需求一旦被激活，将成为中国在世界上最有竞争力的市场战略储

备，其产生的新动能对整个国家经济社会的带动效应也将无与伦比。

第三，乡村振兴是中国实现强富美的关键战略。我国幅员辽阔，农业农村占大头，农民所占比例高，即便将来城镇化达到相当水平，在农村生活的群体也将达几亿人口。我国"三农"问题还普遍面临"农业不强，生产基础依然薄弱""农村不美，发展滞后于城市""农民不富，城乡收入差距大"等现实困境。"中国要强农业必须强、中国要美农村必须美、中国要富农民必须富"，建设富强民主文明和谐美丽的社会主义现代化强国，不应该也不可能落下农业农村这一头。没有"三农"的强富美，就没有中国的强富美。

第四，乡村振兴是中国实现全面现代化的关键战略。据联合国产业分类调查显示，中国是目前世界上唯一一个拥有 41 个大项 207 个中项 666 个小项门类的国家，工业体系最为完备。我国城镇化已经超过 65%的水平，信息化已经处于全球领先位置，而农业农村发展是实现全面现代化的最薄弱环节。农业是基础，基础不强，工业化、城镇化水平和质量的提升就会受到严重阻碍，进而影响经济社会发展的整体格局。没有农业农村的现代化，国家的全面现代化就实现不了。

第五，乡村振兴是实现民族复兴的关键战略。中华民族五千年文明史，乡村文化是这一文明史的主体，村庄是这一文明史的载体。中国的乡村与非洲及南美洲的乡村不同，他们是"原始型落后"，中国是"文明型"落后。实现中华民族复兴大业是建立在一个农业大国、农民大国和村庄大国基础上的复兴，只有乡村振兴，中华民族才能复兴，中国才能真正从世界舞台的边缘走进舞台的中央，重新迎来中华民族在世界民族之林中的"高光时代"。

第六，乡村振兴是有效应对新型灾难的关键战略。一场突如其来的新冠肺炎疫情，给全球经济和生产生活带来深刻影响。面对高科技的迅猛发展、人类生存环境的急剧变化、难以应对新型灾难随时突发的残酷现实，需要全面提升防范化解重大风险的能力。而在全面依赖互联网、卫星传输的当下，现代城市应对新型灾难的能力十分脆弱，只有乡村是有效的避难所，它可以形成一个对外隔绝、相对封闭的内循环系统，具有较强的应对新型灾难的韧性。陶渊明《桃花源记》就是明证。全面推进乡村振兴可以提升中国有效应对新型灾难的能力。

二、城乡融合发展需要校正工与农、城与乡的关系认知

第一，是俯视还是平视。农业文明、工业文明和城市文明是人类文明发展的轨迹，各自在不同历史阶段承载着不同的文明内涵。工业化、城镇化背景下，一些人认为只有工业文明、城市文明才是现代文明的代表，片面地认为农业文明是与自给自足的自然经济相对应的落后、腐朽、应抛弃的文明。在这种思想裹挟下，社会观念发生偏斜，社会患上了"离农越远现代化越近"的时代病。事实上，农耕文明是根，是人类文明的起点，也是其他一切文明的母体文明。伴随着农业文明的薪火相传，人类才得以从远古走到今天。没有农业文明，一切文明都是空中楼阁。要实现城乡融合发展，首先必须摆正农业文明、工业文明、城市文明之间的关系，绝不可以居高临下的俯视眼光看待农业文明。

第二，是还债还是恩赐。回顾中国共产党的百年历程，"三农"始终是我国革命、建设和改革的中坚力量。战争年代，农村包围城市，数以千万计的农民在革命战争中牺牲。建设年代，农业支援工业，工农剪刀差为工业发展提供了原始资本积累，成就了中国成为世界上唯一一个工业体系最为完备的国家。改革年代，2亿多农民工进城务工，承担着城市中最苦最累最脏报酬最低的工作。当前，随着以农养政的结束，代之以工养政、以商养政的开始，我们已经到了工业反哺农业、城市支持农村的发展新阶段，我们有条件也有能力回报乡村、回报农业和农民。一些人思想深处认为，中国之所以发展不够快，是因为"农业农村拖后腿""今天振兴乡村是对乡村的恩赐"。事实上，正是因为有了"三农"长时期、大规模、全方位的贡献，中国才发展得这么好、这么快。振兴乡村是还债。

第三，是嵌入还是融入。城镇和乡村是联系紧密的命运共同体，没有乡村也就无所谓城镇，它们对经济社会发展具有各自不同的功能。乡村事关一个国家、一个民族发展的根基，承担着确保粮食和重要农产品

供给、提供生态屏障和生态产品、传承国家民族优秀传统文化等功能。确保食物安全、生态安全和文化安全是乡村对于社会的最高价值体现。全面推进乡村振兴，强化以工补农、以城带乡，不是让工业让城市简单地嵌入乡村，像"打补丁"一样去帮助农村象征性地做点事情，而应将农村的产业发展、乡村的基础设施和公共服务看成是自身的一部分，一体谋划、一体设计、一体实施、一体监督。要一体化，要融入，不要"两张皮"。

第四，是被动还是主动。半个多世纪的城乡二元制度，催生了二元文化，城里人总有高高在上的感觉，乡下人常有低人一等的自卑。农民几代人进城办事遇到的大都是"门难进、脸难看、话难听、事难办"的尴尬。乡村振兴，乡村的命运不是掌握在乡村人自己的手里，其资源掌控者和制度设计者都是城里人。如果城市不放下身段，主动帮助乡村发展，主动根据农民的需求提供服务，还要靠农民去找、去讨、去要、去求，乡村振兴的步子就会慢很多，城乡融合的机制就很难建立。

三、构建以适应乡村需求为目标导向的政策体系

第一，补短板。农村基础设施条件亟待提档升级，基础设施"最后一公里"的问题十分突出，农村村组道路建设滞后，供水保障能力不高，部分人口还存在饮水安全等问题。农村基本公共服务水平亟待提高，普遍存在覆盖不全、标准偏低的问题，农村教育日渐衰落，硬件不足、学生流失、教师紧缺等问题较为突出；农村基层医疗设施条件和乡村医生明显不足；农村市场化社会化养老服务仍很欠缺。为此，需要加快补齐农村基础设施和公共服务短板。有序推进较大人口规模自然村（组）等通硬化路建设。提高农村供水保障水平，全面完成农村饮水安全巩固提升工程任务。扎实搞好农村人居环境整治，分类推进农村厕所革命。全面推进农村生活垃圾治理，开展就地分类、源头减量试点。提高农村教育质量，统筹乡村小规模学校布局，加强乡村教师队伍建设，重视农村学前教育和加强农村特殊教育。加强农村基层医疗卫生服务，推进标准化乡镇卫生院建设，改造提升村卫生室，加强乡村医生队伍

建设。

第二，强弱项。乡村二三产业发展不到位，存在产业层次较低、产业链条较短、经济效益相对低下、资源利用较为粗放等问题。乡村文化建设滞后，一些人错误地认为"乡村文化建设是虚的空的东西，没有实际价值"，事实上，乡村文化建设是乡村振兴的灵魂工程，做任何事情都需要一股精气神，而精气神的动力源来自乡村文化建设。为此，需要全面加强农村二三产业发展和乡村文化建设。各地要立足资源优势，打造各具特色的农业全产业链，建立健全农民分享产业链增值收益机制，推动一二三产业融合发展，加快发展富民乡村产业。让种地的农民在农闲的空档就近就地兼业，增加种地之外的收入。发展乡村二三产业的出发点和立足点不在于提高 GDP 比重，而在于让种地的农民能够兼业增收，安心务农，心无旁骛，不致远走他乡，种不好地，也安不好家。准确把握乡村文化建设的时代内涵，弘扬和践行社会主义核心价值观，持续推进农村移风易俗，深入挖掘、继承和创新优秀的传统乡土文化，千方百计活跃乡村文化，丰富农民的精神生活。

第三，解难题。城乡经济社会的二元体制是造成我国农业农村发展滞后的根源，突出表现在土地、资金、劳动力等资源要素的城乡不平等交换。为此，需要破除城乡二元体制形成的思维定式，创新制度和政策设计，下决心推动城乡资源要素自由流动、平等交换。优化农村生产、生活、生态空间布局，重点保障乡村产业发展用地，破解乡村发展用地难题，出台支持农村一二三产业融合发展用地的政策意见。建立健全激励和约束并重的金融支农机制，完善适合农业、农村、农民特点的信贷服务体系，加快扭转农村资金长期净流出的趋势。加快推进乡村人才振兴，深化乡村人才培养、引进、管理、使用、流动、激励等制度改革，促进各类人才投身乡村建设。

第四，破困局。推进乡村振兴普遍面临农业供给侧结构性改革、乡村治理有效、人口老龄化等发展困局。农业供给侧结构性改革的困局，根源在于农产品质量跟不上，缺乏竞争力，难以实现适销对路。为此，需要提高农业质量和竞争力，关键是要变只开发植物、动物的"二物思维"为开发植物、动物、微生物的"三物思维"。当前实施国家黑土地保护工程、推广保护性耕作模式就是最好的举措，应深入贯彻落实。同时应加大高标准农田建设投入，加强土壤改良力度，加快绿色有机循环农业建设步伐。破解乡村治理有效的困局，核心是要用自治、法治、德治相结合的办法，建立一个纵向上下通达、横向左右和谐的政治生态和社会生态，对此，安徽省亳州市的"邻长制"做了十分有益的探索，值得学习借鉴。破解人口老龄化的困局，需要适应未来乡村人口快速老龄化的形势发展需要，提前谋划布局，在一些适应养生养老的地方，充分发挥政府市场社会三位一体的力量，加强软硬件建设，打造一批康养示范基地。

（本文原载于《中国发展观察》2021年第8期）

进城落户：难以了断的五条根脉

　　所谓城市化，就是把农民化入城市的过程。由于制度设计、文化背景、思想观念、历史沿袭等方面的差异，中国和西方在城市化进程中有很大不同。其根本原因在于西方农民城市化后彻底斩断了和乡村的联系，而中国农民进入城市之后，根脉仍与乡村紧密相连。

　　一是难以分割的集体利益。在西方私有制国家，农民进城后，将土地一卖了之，与土地的关系就此割断，物质上也不再有任何联系。我国是公有制国家，农民是集体经济组织成员，土地是集体所有，农民只拥有土地的承包权、经营权，没有自由买卖土地的权利，要进城落户可以退出承包地，但退出后村集体要给予合理的补偿。集体经济强、土地价值高的地方，集体组织有能力补偿，但农民不愿意退出，还想从集体获得更多收益；集体经济弱、土地价值低的地方，农民愿意退出，但集体组织又无力补偿。我国58万多个行政村中，绝大多数是集体经济发展较弱的村，因此，从物质层面看，我国农民在未来很长一段时间内都无法彻底割断与土地和乡村集体经济组织的关系。

　　二是与生俱来的乡土观念。西方国家大多是移民社会，历史上一直以动态扩张为理念，到处攻城垦地，掠物殖民，缺乏故乡观念，更没有留恋故土的情结。北欧海盗自公元8世纪到11世纪盛行几百年，从北极圈到地中海，从黑海至大西洋，势力遍及西欧、东欧、北非、中东和北美；随后的大航海时代揭开了殖民历史的大幕，直到20世纪中期，英国、法国、荷兰、葡萄牙、西班牙、美国六个国家的殖民地遍布全球。中国从历史上就是农耕社会，寻求稳态的安逸，安土重迁。一方水土养一方人，世世代代聚族而居，"谁不说咱家乡好""月是故乡明"，对故乡的感情十分深厚。穷家难舍，故土难离，背井离乡是万般无奈时的选择，即使远走他乡，也会抱着"树高千丈，叶落归根"的思想，回乡安度晚年。即使生前未能回乡，死后也要"马革裹尸还"，魂归故里，回乡安葬。今天每逢春节期间数十亿人次的人口大流动，就是中国人对家的眷恋、对乡的怀念的生动写照。故乡永远是中国人的情之所系，这是融化在民族血液中的一种文化，是代代相传的民族基因。

三是根深蒂固的乡缘意识。中国人心中对家乡的语言、文化、饮食、生活方式、价值观念、宗教习俗等有着强烈的认同感。一衣带水，桑梓之谊，老乡不仅是一种地理空间上的关系，更是一份情感的联系。亲不亲故乡人，对于长期远离家乡的人来说，老乡如同亲人。农民进城打工，同乡人往往从事相似的行业，也更倾向于同乡聚居。比如浙江人从事服装、制鞋等行业，福建人经营木材生意，广东人经营铝合金、建材等，由此也形成了很多大城市中的"浙江村""福建村""广东村""河南村"等同乡聚居、行业趋同的现象。各地的同乡会、地方商会不仅遍布各大城市，甚至在县城也有分会组织，在海外更是 6 000 万华人华侨团结的载体。各类以乡缘为纽带发育出的组织也从最初的同乡联谊逐步转变为稳固的商业同盟和利益共同体。"乡缘"在华夏子孙的意识里具有独特的认同感、归属感、亲近感及向心力、凝聚力、组织力。

四是约定俗成的社会规则。移民社会是一个一盘散沙的陌生人社会，运行规则只能靠契约。契约是西方社会运行的普遍逻辑。契约关系具有普适性，同时，可以随时终止旧的契约，也可以迅速建立新的契约。靠契约建立的西方社会的团结是外律型机械组合。而中国的乡村是熟人社会，世代聚族而居的邻里关系使得人与人的关系十分密切，形成了一套建立在感情、诚信和互惠基础上的交往规则与行为规范，注重人际关系的协调，讲究人情、关系和面子。以感情生成的人际关系具有独特性，情感的建立与消除也不像契约那样可以立马兑现，它需要一个漫长的过程，因此中国人建立在情感基础上的团结是内生性的有机融合。这也使得中国农民与世代唇齿相依、休戚与共的乡村人际关系很难割舍。

五是历史积淀的价值取向。西方国家崇尚个人主义的价值观决定了他们更看重个体价值，提倡人的自由和个性发展，家族意识相对淡薄。中国人看重族群，重视家庭，崇尚大家族观念。以姓名为例，西方习惯名前姓后，强调个人特性，而中国人则习惯姓前名后，更强调家族传承。梁启超曾说，"吾中国社会之组织，以家族为单位，不以个人为单位，所谓家齐而后国治也。"受儒家忠孝、仁义及三纲五常等思想影响，中国乡村形成了以家规、家教、家训为核心的家族文化体系和宗法制度，其传统和精神理念已经渗透到社会的各个领域和层面，植根于每个中国人心中，即使远涉重洋，以姓氏族群为旗帜的寻根问祖仍是 6 000万华人华侨心中解不开的情结。

与拔根就走、彻底了断、无牵无挂的西方农民进城落户不同，中国农民在乡村的根扎得既深又广，且根系发达，千丝万缕，源远流长，既有物质层面的联系，又有精神层面的寄托。这种独特现象决定了中国不能简单照搬西方城市化的模式，而应采用集成改革的方式解决中国城市化问题。

一是变革思维方式。首先应充分考虑公私两种所有制农民选择进城的自由度不同。我国乡村集体经济组织是一个利益共同体，农民个体的自由选择权在某些方面势必受到共同体的约束。其次应充分考虑两种精神寄托的追求不同。西方移民社会以动态扩张的四海为家为追求，中国安土重迁以叶落归根和乡土乡缘为追求。再者应充分考虑两种人际关系生成的基因不同。陌生人社会以契约为基因生成的机械式组合不需时间，熟人社会以情感为基因生成的有机性融合则需要过程，爱一个人不容易，忘掉他甚至一生都难。因此，中国城市化的制度设计，必须从不同视角、不同层面弄清"拔根"与"扎根"的区别，从中国的发展现实出发。

二是变革城市化理念。中国历史上曾有过三次城市化高潮：第一次是春秋战国时代，旨在建城立邦、巩固政权，建有城池七八百座；第二次是宋代，旨在促进商贸、繁荣经济，仅 10 万以上人口的城就有 40 多座，史书上可见到名字的镇达 4 600 多个，首都汴京人口超百万，世界第一；第三次也就是当前正在进行的城市化，主要目的是繁荣经济和宜业宜居。今天的城市化，最重要的是正确理解城市化的内涵。城市化不是把人都集中到大中城市去，也不是一定要有一个聚集居住的"城"或者"镇"，而是居民无论在哪里生活都能享受到与城市相同的基础设施和公共服务。就目前情况看，我国农民进城买房大多集中在县城或集镇，因此只在大中城市下功夫不符合城市化发展规律和现实社会需求，也不是城市化的本意。大多数发达国家承载人口的主体都是小城镇，中国是一个农业大国，中国的城市化还是应以发展小城镇为重点，走费孝通先生 20 世纪 80 年代就提出的"小城镇大战略"的路子，让农民就近就地城市化。

三是变革产业布局。要实现就近、就地城镇化，产业支撑是基础，解决农民就业是关键，要围绕小城镇发展符合农村需要、适合农民就业的二三产业。应充分发挥制度优势，通过行政干预将国有企业总部及一些大学和科研院所搬迁到小城镇。从世界发达国家城市化进程来看，许多小城镇都是围绕企业和大学发展起来的，如西雅图的林顿镇、旧金山湾区的硅谷、英国的剑桥和牛津等。据调查，德国前 100 位的企业，只有 3 家企业总部设在首都，其余均在中小城镇。我国 96 家央企全挤在首都，每个省几十上百家省级国企也都挤在省会，在交通通信高度发达的现代社会，这些企业总部完全可以下迁到乡镇去。"总部经济"、大学带城的效应一旦释放，将会极大地促进和带动当地产业和小城镇发展。

四是变革治理思路。城乡两栖、居业分离的生活状态已经成为中国城市化进程中的一道独特风景。采用过去稳态的人口治理方式已经无法满足实际需要，亟须调整路径、创新方法，应探讨无论户口在哪里，居住 20 天以上的都要在社区进行登记，作为常住人口进行管理的治理思路。也可以借鉴美国社会安全号码等更加灵活的常住人口管理方式。农忙回乡务农，农闲进城打工，将农业作为副业，将农村作为退路，这可能会成为今后一个相当长的历史时期中国农民的生活常态，城乡统筹治理，变静态的被动跟踪服务为动态的主动超前服务是适应这一生活新常态的必由之路。

　　五是变革城乡体制。要从根本上改变资源配置的方式，应该按照人口密度和人口集聚程度，而不是按照城乡或行政级别配置资源。一个1万人的村庄就应该按照1万人的社区去配置资源；一个几千人的集镇，就应该按照几千人的实际需求去配置资源。只有打破按城乡、按级别配置资源的旧思路，才能从源头上杜绝城贵乡贱、重城轻乡、城乡分割的二元体制。

　　　　　　　　　　（本文原载于《中国发展观察》2020年第5-6期合刊）

"乡土中国"的场景转换

"乡土中国"是费孝通先生在20世纪40年代提出的概念，乡土社会是中国的本色特征。纵观近现代以来的中国历史演进，无论时代的大潮多么汹涌澎湃，城市化的呼声多么惊天动地，但以乡为基点的活动空间没有变，以土为基础的生存依托没有变。一个人无论智商多高、能力多强、事业多大，都要吃从土里长出来的五谷杂粮、瓜果蔬菜。这既是常识，也是一个颠扑不破的真理。人之于"土"，就像希腊神话中的安泰之于大地。汉字造字有4种方法：象形、指事、形声、会意。在中国人的语境中，"坏"是一个典型的会意字，"土""不"为"坏"，意思是世间万物以"土"为根，离"土"即"坏"，无"土"即"坏"，"土"不足即"坏"。"坏"字的产生真可谓是一个伟大的预言，它揭示的是一个人类社会发展的基本规律。

今天的中国乡村正处于转型期，中国的乡土社会发生着深刻剧烈的变化，这种变化不是自我否定、自我淘汰，而是自我革新、自我发展。在铺天盖地以农业元素为主题的乡土环境里，工业元素、商业元素、科技元素等各类现代元素不断渗透聚合，生成特色各异的不同场景，正在孕育出"商土中国""工土中国""科土中国"。

一、"商土中国"，即基于乡土环境的中国乡村商业

经济学史家德·弗里斯认为，英国之所以能于18、19世纪在欧洲诸国竞争中胜出，是因为英国人力资源具有勤奋、重教、善商三大特征。可见具有商业精神是一个国家一个民族在竞争中一骑绝尘的重要因

素。"前世不修，生在徽州。十二三岁，往外一丢"，中国的徽商是这样炼成的，被称为"中国银行乡下祖父"的晋商，以及浙商、闽商、粤商、鲁商等各省商帮也大抵如是。自明清以来，中国的商业精神已经根植于乡民之中，租赁、借贷、典当、抵押、承包、契约等商业行为遍及乡里。今天6 000万海外华人华侨就是数百年出走经商谋生乡民的后裔。当今世界仍有不少国家的人们不会经商，苏联解体后，把土地分给农民，许多人不要，因为他们不会经营，而中国家庭承包经营则一举成功。在计划经济时期，供销合作社包揽了中国几亿农民的买与卖，供销社的"金字招牌"无人不晓。偌大的中国农村商贸，靠着供销社的"统购统销"运行了几十年。改革开放后，供销社在农村商贸流通中逐渐丧失话语权、丢失影响力，取而代之的是分散的个体商户、小型商业企业和贩售商，一些大型商户，包括跨国型商业企业也正寻找入驻乡村的路径。我国参与农村商贸流通的企业和个体快速增加，乡村商贸空前繁荣。但是也造成商品流通领域的混乱局面。一是市场需求分散，流通规模较小，且主体多元化，监管困难；二是乡村商品流通无序化，假冒伪劣商品展开了"下乡运动"，严重损害了农民的切身利益；三是在流通体系建设中"重城市、轻农村"，在乡村工作中"重生产、轻流通"的观念还没有从根本上改变，导致产销脱节，农产品进城难。计划经济时期形成的流通格局、管理体系已被打破，市场经济条件下的新型农村商贸流通体系还没有形成。随着我国经济不断发展，农村消费支出不断增加，消费结构由大众消费向多层次的消费升级，农村消费需求多样化不断提高。中国的乡村蕴藏着巨大的消费潜能，一个有着5 000万农民的中部省农村消费调查显示，2018年农民人均消费支出近2万元，一个5 000人的村庄，年消费即可高达上亿元。当前我国城市化率虽然已达65％，但有关调查显示，其中有1/3的城市户籍人口仍生活在乡村环境中。系统性、全方位、立体化构建符合我国国情的新型乡村商品流通网络成为当务之急。首先应加大乡村物流体系现代化的建设力度，将连锁经营、物流配送等现代流通方式扩展到乡村市场；加快打造城乡双向商贸流通平台，促进农产品流通效率，节约农产品运输成本；其次应利用供销社熟悉农村，了解农民，在乡村中具有良好口碑和信誉的优势，发挥供销社作为农村电商国家队与农产品流通主渠道的作用，介入农产品流通、加工、仓储、物流等农业产业链全过程。

"商土中国"将是中国在国际上最具竞争力的市场战略储备。弘扬乡土社会的传统商业精神，引入现代商贸流通要素，构建符合乡村需求的新型乡村商贸流通体系，促进乡村一二三产业融合发展，是打造"商土中国"面临的新课题、新挑战。

二、"工土中国"，即基于乡土环境的中国乡村工业

在改革开放以前，我国实行了"城市搞工业、农村搞农业"的产业布局政策，工业化以城市为主，乡村工业只有以公社和生产大队经营的小作坊、小水泥、小砖厂、小化工、小煤窑"五小工业"，普遍规模较小，技术水平较低。1978年以后，中国乡村工业发展迅速，在经济增长中扮演了十分重要的角色。80年代初，我国乡村工业的增长对工业增长的贡献不足20%，到1992年，这一贡献上升到了71.15%，成为中国工业生产的重要组成部分。乡村工业是在计划经济体制下轻工业发展不足、乡村的消费需求得不到满足的背景下发展起来的，遵循的是"就地取材、就地生产、就地销售"，主要是面向当地，为农业生产、农民生活提供必需品。这是特定历史环境中的产物，今天在市场经济背景下，乡村工业过去那种遍地开花，乱铺摊子，浪费资源，污染环境的弊端已经彻底改观，正在沿着农产品加工业这一产业比较优势健康发展。农产品具有不宜储存的特点，为保证原料新鲜，避免运输损耗，农产品加工企业最适宜建在就近产地的乡村。进入21世纪以来，我国农产品加工业发展迅速，2016年规模以上农产品加工企业即达8.1万家，主营业务收入达到20万亿元，实现利润总额1.3万亿元。农产品加工业正成为农业现代化的支撑力量，农业农村经济的支柱产业。以三全集团为例，企业农产品年需求量约30万吨，带动了40余万农民增产增收。总体上看，我国农产品加工增值只有2倍多，而发达国家都在四五倍以上，其潜力巨大，精深加工亟待提升。当前农民工返乡创业逐渐成为一

种新趋势。数据显示，到 2018 年 7 月，全国返乡创业的人数达到 740 万。针对农民进城意愿减弱，政府应加大对乡镇中小企业的扶持力度，提高乡村工业的产业化程度，推动乡村工业转型升级。还应借鉴德国为振兴乡村，产业发展"逆城市化"的经验，充分发挥"总部经济"效应。德国排名前 100 位的企业，只有三家总部设在首都柏林，很多都设在乡村小镇。我国央企总部多在首都，省市县国企总部全在中心城市，应充分发挥制度优势，借鉴德国做法，将那些无污染、易生产或直接为乡村提供消费的制造业迁到乡村，既可降低运输、土地、劳动力等各项企业成本，又可促进农民就地就近就业，还能有力推动乡村城市化建设。

打造"工土中国"是农业增效、农民增富、农村增财的关键支撑。在交通通信高度发达的今天，对一些适于在乡村发展的产业实施"逆城市化"策略是建设"工土中国"的好路径。

三、"科土中国"，即基于乡土环境的中国乡村科技

新中国成立 70 年来，我国乡村科技事业发生了翻天覆地的变化。农业优良品种改良、重大栽培技术和病虫害综合防治等一大批科技成果的推广应用，支撑全国粮食单产由 1949 年的 59 千克提高到 2019 年的 381 千克，粮食总产量从 2 263 亿斤提高到 2019 年的 13 277 亿斤。我国农业科技进步贡献率已达 59.2%，农作物良种覆盖率达 96% 以上，实现了从"靠天吃饭"到"旱涝保收"的历史性转变；农作物耕种收综合机械化率 69.1%，小麦生产基本实现全程机械化，水稻、玉米耕种收机械化率超过 80%，实现了从"人扛牛拉"到"机器换人"的历史性转变，科技已成为我国农业农村经济增长最重要的驱动力。随着互联网、云服务、5G 通信技术的发展，遥感、物联网、大数据等现代科学技术与农业生产不断结合，农业信息化、智能化水平不断提高，数字农业大局初现。另外，互联网技术和人工智能加速向农业农村延伸和渗透，在农业技术推广、市场信息服务、农业农村电子商务、精准脱贫等方面已经取得了显著成效，包括阿里巴巴、拼多多、京东等在内的电商

企业，持续加大对相关技术的投入，推动农产品流通环节降本增效，在农业科技创新的实践中帮助更多农户实现增收。诸多与乡村发展密切相关的各类先进技术，一经问世，马上就会在乡村身影频现，转化为现实生产力。农民已经前所未有地摆脱繁重的体力劳作，耕、种、收、储机械化、智能化正在全面普及。但与城市相比，现代科技在乡村的发展还差距甚大，以互联网的覆盖率为例即可见一斑。截至 2020 年 3 月，中国网民规模达到 9.04 亿，互联网普及率达 64.5%。非网民规模 4.96 亿，而非网民主要集中在乡村地区，占比超过 60%。有相当多的农民依然对互联网从不问津。科学技术是第一生产力，科学技术在乡村的推广应用决定着乡村未来发展的水平，科技助农任重而道远。

"科土中国"是中国建设现代化国家的关键，推动移动互联、云计算、大数据、物联网、人工智能以及区块链等技术在乡村的应用，全面提升农事服务能力，应是"科土中国"的首要工程。

乡谚云：无农不稳、无工不富、无商不活、无科不发。"乡土中国"，只有努力打造"商土中国""工土中国""科土中国"，在乡土环境中构建五彩斑斓的各种现代化场景，才能在时代大潮中完成蜕变、实现涅槃、华丽转身。

（本文原载于《中国发展观察》2020 年第 9 - 10 期合刊）

资本下乡要"九戒"

乡村振兴需要聚集社会各方力量。自 2013 年中央 1 号文件首度提出"鼓励和引导城市工商资本到农村发展适合企业化经营的种养业"以来,资本下乡的热情被激发,一时间,热浪滚滚,席卷乡村多个领域。然而,实践中资本下乡的际遇却不容乐观,"开着宝马进去,骑着单车出来"的现象时有发生。究其原因,固然有个别乡民欺生设障,营商环境欠佳,但根本在于下乡资本不了解农业经营规律、不熟悉农村发展逻辑、不清楚农民所期所盼,导致一腔热情扎进乡村,几年后经营不善"烂尾"出局。如何避免资本下乡"笑着进去,哭着出来"的囧况重复上演?关键在于做到"九戒"。

一戒规模不适度。工商资本到农村发展应寻找与自身能力相匹配的适度规模经营。但一些企业在选择投向时或是豪气冲天,或是"醉翁之意不在酒",跑马圈地,动辄流转成千上万亩土地,盲目投资,追求短利、暴利,却忽视了企业经营与超大规模农业经营的适配性。农业是专业性很强的行业,不熟悉农村情况,不掌握农业技术,企业一遇风险则手足无措,有的甚至"毁约弃耕",不仅浪费了土地资源,损害了农民利益,企业自身也难逃厄运。农业是抵御自然风险低下的弱质产业,农业尤其是大田作物经营不能违背国情,必须走有中国特色的土地适度规模化的农业现代化道路。农产品生产相对于工业产品生产有六大自身特点:不可间断、不可倒序、不可搬移、是活的生命体、遵循自然再生产与经济再生产两个规律、结果只能最终一次性显现。这六大特点决定了农业必须由一个最佳利益共同体经营。在漫漫历史长河里,古今中外无数事例证明，家庭是无与伦比的最佳利益共同体，只有家庭才能降低高不可攀的监管代价，实现农业效益的最大化。资本下乡经营大田作物，可以采取大园区、小业主的经营模式，也可以采取为农户托管服务的方式，秉持以家庭经营为主体，实现分散决策、分散风险。不然，来自市场的、自然的、政策的以及经营管理等方面的风险随时都会自天而降，企业蒙受的损失往往无力承担，造成严重的社会问题。中国中小企业平均寿命仅 2.5 年，集团企业平均寿命也仅 7～8 年，农业企业面临的风险更多，企业寿命自然更短。

二戒农民被上楼。不少下乡资本以城市开发房地产的思路建设乡村，推掉旧村大拆大建，盖高层楼房，把农民集体赶上楼。农村房产估值低，补偿少，从旧房搬到新房，有的农户需要补贴几万甚至是十几万元，这还不算拆旧建新过程中的租房成本，一些农民的多年积蓄被一次掏空。农民感叹：城市是一拆富三代，农村是一拆穷十年。农民被赶上楼，看似住上了楼房，提高了生活质量，实质则是农民上楼后腾出的宅基地用地指标被拿到城市高价售卖，农民分不到水涨船高后的增值利益，生活成本却大大提高，用他们的话说，"早晨起来一泡尿，马桶一按，一角钱就没了"。农民上楼后，没了放置农具的场地、农产品的晾晒场地、房前屋后种植瓜果蔬菜的场地，不仅打破了传统的庭院式生活方式，而且集中居住后远离生产场所，种自己的田要骑摩托或开汽车跑十几甚至几十里，收获的农产品，还抵不上汽油钱，本来可以用于解决自给自足的大量空闲时间也白白流失，农民的世界发生紊乱，乡村的秩序出现失衡，工商资本植根乡土的社会根基也因此丧失。农民不欢迎，就不可能有生长的土壤，这是乡土社会的发展逻辑。

三戒小镇无特色。2016 年，国家提出发展特色小镇，大量工商资本蜂拥而至，不惜重金，竞相打造所谓特色小镇。许多投资者既没深刻理解特色小镇建设的内涵和标准，又不深入考察研究所建小镇的区位、历史、文化、产业和人群等特点，投资建设的目标、定位、规划、项目、运营等模糊不清，没有个性，不具有特色功能。如此盲目上马，投资方不仅难以取得持久收益，大多面临经营亏空、资金链断裂的风险，陷于覆水难收、上下两难的被动处境。全国100多个新建特色小镇所经历的断崖式发展历程为世人敲响了警钟：特色小镇盲目开发导致的风险已不再是个案问题。几度被网络热传的"中国特色小镇死亡名单"显露出特色小镇建设投资从"扎堆建设"到"批量倒闭"等一地鸡毛的结局，根源就在于资本下乡没有从当地的历史沉淀、发展基础中找寻、酝酿并发扬真正厚重的"特色"，而是急于求成，一厢情愿地盲投、盲建。网友编出歌谣讽刺这类小镇："小镇故事少，充满假和抄，外貌一个样，吃喝差异小"。一个本来令人向往的"故事"，变成了一个令人烦愁的"事故"。支撑特色小镇可持续发展的生命力在于特色产业，这是特色小镇赖以存在的基础，应差异化定位、细分领域、错位发展，聚人气、生财气、养生气。应按不同产业的建设发展进程、成长周期规律，把立足点放在特色小镇的内生动力上，以足够的耐心培育特色小镇。国内外成功的经验告诉我们，一个真正有影响力和传播力的特色小镇往往都要经过几十年乃至上百年的积淀和发展，如被誉为"世界香水之都"的法国格拉斯小镇，经久不衰，迄今仍是世界香水产业的中心。

四戒盲目造景点。乡村旅游的核心是原汁原味的乡村文化，它以农村自然环境、农业生产活动、农民生活方式为旅游的吸引物，不光具有旅游、观光、休闲、养生等多重功能，还具有传统"耕读文化""天人合一"的哲学意蕴。有关调查估算，全国只有不到5%的村庄适合发展乡村旅游。一些工商资本下乡不顾村庄建设的客观规律和环境条件，心血来潮，仓促上马，投入大量资金建设大公园、大广场、大牌坊、大游乐场，越建越时尚，越建越高档，设计前卫，建筑风格各具特色。有的还在农民的房前屋后本该用于栽植瓜果蔬菜的地方种上洋草皮，围上用城市园艺技术修剪整齐的灌木丛。但是如果深入这些村庄内部，就会发现绝大多数新造景点冷冷清清，空空荡荡，缺少人气。钱投入进去后既不实用，也非民所需，与当地的生态环境、历史文化、生产生活很难融入、融合，投资自然难以取得预期回报。还有很多工商资本一窝蜂上马民宿项目，民宿改造求洋求新，殊不知，消费者的需求是"外面五千年，内里五星级"，而有些改造正好反过来，"外面五星级，内里五千年"，很多建好的民宿最终常年空置，不仅资本运营难以为继，也造成农村资源虚耗、下乡资本空转。2.8亿农民工为乡村留下了几千万套闲置房屋，民宿开发的利益走向应与资本的逐利流向控制在均衡合理的区间，农民应当成为民宿开发最大的受益者，只有这样，乡村旅游才能向着有序、稳健、可持续的方向发展。

五戒新村无产业。产业振兴是乡村振兴的关键，失去产业基础，新村建设难以为继。一些资本下乡以开发思维而非发展思维去建设新村庄，大量资金投入到超越发展阶段的基础设施和公共服务建设，建好之后每年还需要很大一笔资金进行管理和养护。好处只是暂时的外表美，代价却是不光占用大量资金投入，且使村集体负债运转和村级产业发展无米下锅。尽管把村庄设施建先进了，但由于乡村发展没有产业支撑，带动不了农民增收和农村集体经济发展，农村外出人口就会更多，建成的新村也不过是一个个豪华的"空心村"、美丽的"荒村"。资本下乡必须厘清村庄设施建设与产业发展之间的因果关系，二者必须相匹配，割裂二者之间的联系，仅仅着眼于从硬件建设上获利，而不从长久的产业发展支持上考量，是极其短视的行为。当前我国农业正处于传统农业向现代农业转型过程中，为市场提供初级农业产品的传统农业思维尚未打破，农业的第二产业和第三产业发展严重滞后，农业产业链存在发展水平低、产业链环链简单、发展布局不平衡以及可持续能力薄弱等问题。下乡资本应重视农业产业转型升级，尽可能地将农业产业链向前后延伸，让各个环链有机结合，跨界叠加，互融互渗。尤其应加大农业科技投资，提高农业生产效率、提升农产品竞争力。推倒几个破败的"空心村"，再建起一个豪华的"空心村"是当前村庄建设的大忌。资本下乡参与村庄建设的重点应在发展产业上下大功夫、花大力气，为农民创造能够就近就地兼业的第三就业空间。

六戒农民不参与。农民是乡村建设的主体，需要一个什么样的农村，农民自己最清楚。乡村振兴靠人，尤其是靠本地的人，乡村建设从设计、规划、实施全程都需要农民参与，这样既可以赋予农民主动权，培养他们的主人翁意识，激活他们的积极性、创造性，还为农民提供劳动岗位，实现就地就近就业，让农民在建设过程中学习和掌握相关技能和管理知识。农民在全过程参与中，对自己亲手建设的村庄会产生难以割舍的深厚情感，热爱家乡的意识会更加强烈。如果把农民排除在乡村建设之外，成为旁观者，他们对下乡资本就会存在排斥心理，乡村建设自然也得不到农民的支持。资本下乡必须清楚，乡村是否宜居宜业，并不是城里人、领导和外地人说了算，最终必须当地的农民说了算。安徽农道采取"带着农民转，让他们觉悟；做给农民看，让他们信服；领着农民干，让他们参与；陪着农民练，让他们有术；帮助农民赚，让他们增收；引导农民变，让他们现代"的"六让之道"，投身乡村建设，是彰显农民主体地位的企业成功之道。应该清楚，乡村是农民的乡村，农民是乡村建设的受益者，但同时也是参与者、实践者、推动者和创造者，下乡资本脱离了农民的参与，就失去了立足的根基。

七戒利己太精致。一些投资者在农民面前居高临下，只追求一己私利，不让当地人和自己共同受益，甚至把农民当冤大头，挖空心思，一心算计、盘剥农民，把账算到骨髓里，不为农民留一点利益空间，无视农村社会结构保持稳定的关键是实现多元利益平衡，既不构建利益联结机制，又不形塑乡村利益共同体，从根子上动摇了资本的创利基础，最终也活生生地把自己置于乡村发展利益分享主体之外。能否实现下乡资本与本土农民的利益共享和利益联结，直接关乎下乡资本能否融入乡村、植根乡土。中国的乡村社会结构以小农户为经营主体，目前参与耕地承包的农户2.3亿户，时至今日，只有30%多的农户参与了土地流转，且不少农户不是全部而是部分流转，仍有近70%的农户耕种着自己的承包地。绝大多数中国农民只是出售自己生产的初级产品和原料，收益比例很低。乡村振兴的本质是小农户的振兴，没有小农户的振兴，便没有乡村的振兴，资本下乡必须直面小农户与现代化的衔接、与大市场的衔接、与产业链的衔接、与社会组织的衔接、与龙头企业的衔接以及与城镇化的衔接等诸多方面的突出矛盾。政府、市场、社会三方力量应有机协作、各尽其能、共同发力，健全完善利益联结机制，加强企业、合作社、小农户有机联合，保证利益分配的公平合理。同时，下乡资本应主动作为，提高当地农民生产技能和经营管理水平，让农民在包括加工、储藏、包装、设计、运输、销售等一系列从事全产业链的营销过程中增加收入，提升农民在利益体系中的价值和地位，实现共享共赢。

八戒情感不融入。农村是熟人社会，人际关系特殊，人与人之间交往的感情基础牢于契约基础。世代聚族而居的邻里关系使得人与人之间形成了一套建立在感情、诚信和互惠基础上的交往规则与行为规范，构成乡村熟人社会的"家园红利"。这是我国乡村最有价值的优质文化资源，它对于资源配置、矛盾调处、邻里互助、应急事务等方面的处置，起到无可替代的作用。资本下乡欲站稳脚跟并获取长效利益，首先必须融入农民，与农民产生情感共鸣，夯实情感基础。只有情感相互融合，与农民处得热乎，增强农民对投资方的认同感、亲近感，才能培育出向心力、凝聚力、组织力。只要情感认同，哪怕自己吃点亏，农民都不在乎，都会一心跟着你干。熟人社会的处世规则一般是"情理法"，陌生人社会处世规则一般是"法理情"，与农民情感上不融合，仅靠一纸合同约束，很难维系与农民的和谐交往。资本方如果仅仅把农民视作合同相对方，农民则完全可能把下乡资本看作第三方，即使有了合同，也未必保证遵守。

九戒物质做实了，精神做空了。资本下乡大都关注看得见、摸得着的物质层面，对于能提升农民精气神的文化建设常常忽略。物质文明与精神文明互为依存，偏废文化建设的乡村发展难以完整、持续，只有在投资物质层面建设的同时，把精神层面的需求同步抓起来，才能为乡村全面振兴提供不竭动力。我国乡村社会结构依托熟人社会伦理和小农经济构建，改革开放以来农村人口大量外流，使乡村社会发生剧烈变迁，农民精神文化消费品的构成和农民精神文化生活方式则无多少改观，导致农村精神文化生活长期缺失，农民对此需求特别强烈。资本下乡在投资住房、道路、环境绿化以及水、电、气等基础设施，改善乡村物质生活的同时，应高度关注农民的精神生活，把乡村文化建设放在同等重要的位置。乡村文化建设是乡村振兴的灵魂工程，如果在豪华的物质园地里呈现的是一片文化沙漠，这样的物质豪华是毫无意义的，也是难以持久的。从哲学上看，精神和物质可以相互转换。一方面，精神文化可以直接转化为物质财富，例如文化元素可以提升农产品的价值，农村文化资源、文化产业、文化品牌、文艺作品有着巨大的市场转换能力。另一方面，让农民精神生活富足，就是最好的营商环境优化，通过各类文化活动，复兴乡村教育、振兴乡村人才，守护文化基因、传承民族血脉，建立文明乡风、重拾文化自信，进而提升整个乡村社会的精气神，这是企业投身乡村建设可资利用的最强劲、最持久的精神动力。

（本文原载于《中国发展观察》2021年第23期）

「共同富裕」

共同富裕的人本逻辑

我们一切工作的出发点和落脚点，都应建立在以人为本的基础之上。改革开放以来，中国改革的人本逻辑已经推进到 5.0 版。在笔者看来，1.0 版就是让一部分人先富起来，2.0 版就是脱贫攻坚、全面建成小康社会，3.0 版就是乡村振兴、解决城乡的差距问题，4.0 版就是共同富裕，5.0 版就是构建人类命运共同体。党的十九届五中全会对推进共同富裕作出重大部署，提出到 2035 年"全体人民共同富裕取得更为明显的实质性进展"的远景目标。实现共同富裕首先需要深刻认识共同富裕的人本逻辑，它体现七个"人"的特征。

第一，从范围上看，是全体人。共同富裕既包括城市，也包括乡村；既包括发达地区，也包括欠发达地区；既包括社会精英，也包括普通民众；既包括有劳动能力的人，也包括无劳动能力的人。也就是说，只要是中国国民，不分城乡、不分地域、不分行业，都应实现同步增长的生活富裕。当前距离这一目标还有较长的路要走，根据国际标准，收入相对合理的基尼系数是 0.3~0.4，而我国始终处于 0.46 以上，仍属于收入差距较大范围。2020 年，我国 20％高收入组家庭人均可支配收入为 80 294 元，是 20％低收入组的 10 倍以上。因此，社会经济的发展必须做到区域兼顾、城乡一体、业态均衡、统筹推进。尤其要彰显劳动的价值，及时剥离资本的不当得利，不论是扫大街的，还是搞金融的，都能实现共同富裕。就空间格局看，从宏观战略上应高度关注两条线，一是秦岭淮河的南北气候分界线，南方农业生产条件好，但多发展工商业，农业渐衰；二是从黑河到腾冲的"胡焕庸线"，线东 36％的面积居住着 96％的人口，线西 64％的面积居住着 4％的人口，贫富差距东西十分显著。统筹协调南方北方东部西部实现均衡发展、共同富裕是我国面临的一个长期、艰巨的大挑战。

第二，从内涵上看，是多种需求的人。不断满足人民群众日益增长的物质文化需求，是共产党人追求的根本目标。当柴米油盐酱醋茶的物质需求满足之后，琴棋歌舞诗书画的精神需求便提上议事日程。对物质的需求属于最初级的需求，而精神需求是最高级的需求。我国城乡之间、东西之间差的不只是物质上的富有和欠缺，还有精神上的富足和匮乏。与东部、与城市中的无量前途和热闹繁华相比，西部、农村的就业机会少、精神文化生活匮乏，为了谋求更好的发展机会，全国有 2.86亿农民外出打工，其中更有 1.7 亿背井离乡异地打拼。新时代的主要矛盾是人民日益增长的美好生活需要和不平衡不充分的发展之间的矛盾。新时代的共同富裕，不能只局限于满足物质供给均衡，还要满足精神文化生活可获得的均衡，左手"烟火"，右手"诗意"；既要"富口袋"，又要"富脑袋"；既要"柴米油盐"，又要"诗和远方"。人民群众的物质需求和精神需求会随着生活水平的提高而不断增长，只有盯紧这些不断增长的多层次需求，挖掘不同地域、不同地区、不同阶层，尤其是农村地区的潜力资源，均衡政策供给，才能确保共同富裕实至名归。

第三，从时间上看，是多代人。共同富裕不仅要从横向上考虑覆盖的全面性，还要从纵向上看持续的长远性；不仅要实现当代人的共同富裕，还要让未来子孙也享受发展的成果。要解决这个问题就是要建成资源节约型和环境友好型社会，这种社会形态就是我们现在追求的最高境界——生态文明社会。实现生态文明的核心就是要克服农业文明的被动和工业文明的盲动。农业文明时代生产力低下，人在自然灾害面前完全处于被动状态，今天发达的科技正在许多方面让人类变被动为主动。工业文明的盲动就是破坏资源、污染环境，所以要克服这种盲动。近年来，随着政策的高位推动和社会思想认识的逐步转变，可持续发展理念已经深入人心，一些相应的举措也相继出台，但成果刚刚显现，举措尚不成体系，政策的系统性仍有待提高，距离我们的可持续发展目标还有很长的路要走。例如，目前我国已经实现农药的负增长、化肥的零增长，但这距离绿色化还相去甚远。美国的生物肥已占总用肥量的50％以上，我国仅10％左右。只有克服农业文明的被动，继承农业文明遵循规律、适应自然，克服工业文明的盲动，继承工业文明的高效、快捷，才能实现生态文明。这其中有个度的把握问题，那就是生态限度。人对自然消耗到什么水平，要看自然生态的容忍度、承受力和平衡态，不能超越它的容忍度和承受力，底线就是要适应它的平衡态，即须始终保持自然生态具有自我修复的能力。要把握好这个度，首先要有与之相关的评判指标和对污染程度的精准测算，但现在还远不到位。尤其是在农业领域，农业排放具有点多面广的特征，分散多点式排放导致减排核算难度很大。如果没有精准的测算，碳达峰碳中和的实现就没有依据，更不用说进行碳交易。因此，要抓紧启动农业碳排放核算的方法学研究，形成一套管理部门、生产主体、碳交易主体公认的核算方法体系，为后续碳排放的管控、交易等工作奠定基础。

第四，从目标上看，是具体人。首先，共同富裕的对象不是一个抽象概念。"人"这个概念不能被抽象，"人"一旦被抽象，就会出大问题，历史的教训已经很多。共同富裕的制度设计必须具体到各类不同群体的人，因人施策，让每个人都能真真切切受益、实实在在获得。其次，共同富裕不是平均数掩盖下的人。有个顺口溜儿叫"张村有个张千万，九个邻居穷光蛋，平均起来算一算，个个都是张百万"。平均数只是一个综合后的统计数据，从中看不到居民收入上的差距，无法体现低收入群体的存在，并不是衡量共同富裕的最佳指标。更何况，相比较于中位数来说，平均数并不能代表大多数居民的收入状况。全国居民人均年可支配收入已经超过3万元，但仍然有过亿人月收入在1 000元以下。一些人常常抱怨自己"又拖了后腿"，这些吐槽看似风趣或无奈，实则是他们对共同富裕的一种真实诉求。再者，共同富裕不仅要让有增收能力的人实现富裕，还要让没有劳动能力的人提高生活水平，这是社会主义"消除两极分化，最终达到共同富裕"的本质要求。在贫与富的两极中，贫困的一极往往由那些需要兜底的人构成，他们也应该随着社会经济的发展、社会制度的完善一起富裕。因此，还要不断提高低保收入标准，完善社会福利分配制度，根据共同富裕的总体目标要求，制定出一套完整的财富二次分配和三次分配体系，确保"共同富裕的路上一个也不掉队"。

第五，从路径上看，是缩小人的三个差距。一是收入差距。目前区域之间、城乡之间、行业之间的差距十分明显。区域上看，东部人均收入高，中西部和东北部低；南方高，北方低。近年来，东北地区人均可支配收入一直是东部地区的七成左右。城乡居民之间相对收入在缩小，但绝对收入仍在扩大。2020 年城乡居民人均可支配收入绝对差距为26 703 元，比 2013 年扩大了 9 666 元。行业间收入差距更为明显。2020 年，在规模以上企业就业的人员中，信息传输、软件和信息技术服务业人均年收入达到 175 258 元，而住宿和餐饮业人均只有 46 825 元，相差了近 3 倍。应通过适度的政策调整逐步缩小各类过大的收入差距。二是财富占有差距。目前我国国民财富占有差距较大，地区之间、城乡之间，由于财富占有的不均衡，已形成新的贫富差距。2004 年以来，随着城镇化的加速和地产经济的繁荣，城市住房价格暴涨，北京、上海、深圳等大城市的房价更是上涨十几倍，但乡村的房屋由于缺乏流动性，只具备使用价值和较低的交易价值，没有那么大的升值空间，导致城乡居民之间的财产拥有量差距不断扩大。不同地域之间也是如此。再加上城市居民占有大量优质的无形资产，也在水涨船高，使城乡之间财富占有严重失衡。因此，应千方百计缩小过大的财富占有差距，盘活农村资产，促进农村地区和欠发达地区资产的保值和增值，推动均衡发展。三是消费差距。消费分为公共消费和私人消费，二者在东中西部的差别都不小。个人消费方面，2020 年城镇居民人均消费支出 27 007 元，农村居民人均消费支出 13 713 元，相差将近 1 倍；区域间差异更明显，上海市人均消费支出是贵州省人均消费支出的 3 倍以上。公共消费方面，城乡的基础设施建设、医疗养老卫生等投入差距仍然很大，地区间也明显不同，如浙江省的人口比安徽省少了 1 000 万，但 2019 年地方公共预算支出却是安徽省的 1.36 倍。这些消费的差距也需要通过政策的创设和市场的引导逐步弥合。

第六，从程度上看，是有差别的人。共同富裕不是同等富裕、同样富裕，要求绝对平均的富裕是不现实、不客观的。共同富裕是在辩证法意义上的"有差别的同一"，而不是形而上学意义上的"抽象的同一"。人与人之间闻道有先后、术业有专攻、能力有大小、水平有高低、奋斗有强弱，富裕的程度必然有差距也应该有差距，必须允许一部分人先富起来。地区与地区之间基础不一、条件不一、禀赋不一、环境不一，其富裕程度也肯定不一，不能要求同样的生活标准。促进共同富裕也需要先行示范、重点突破。所以，中央赋予浙江省作为探索共同富裕示范区建设的"排头兵"。事物发展需要势能和动能双向发力，高低落差产生势能，自身运动产生动能。从经济发展规律看，公平而充分的竞争是市场经济的本质特征，只有充分竞争才能释放充分动力，才能持续推动发展。竞争的本质属性就是要打破原有的平衡，真正意义上的共同富裕必然是动态的、有差异的、螺旋式的共同富裕，打破平衡是为了实现更高水平、更高级别的平衡。历史告诉我们，搞平均主义、"吃大锅饭"终将陷于负向激励、共同贫穷。重要的是人与人之间的富裕差距要通过政府调节和社会捐助保持在一个合理区间，构建起两头小中间大的纺锤形社会结构。如果把共同富裕理解成绝对平均的富裕，社会便没了活力，发展就失去动力。

第七，从本质上看，是提升人的能力。人是第一生产力，实现共同富裕的根本就在于提升人的能力。人的能力分三个层面，即基础能力、思维能力和品质能力。基础能力就是我们日常生产生活所要掌握的基本技能，这个能力随着科技的发展也在水涨船高，40年前开汽车很神秘，电脑也很神秘，今天已变成很普通的生活技能。思维能力，是人与人的主要差距所在，别人想到了你没想到，所以你和别人差一大截儿，这是差距最重要的一个方面。品质能力就是人要有提升自己品质的本事，品质能力是个人能力的最高境界，国民品质能力的提升，不但有利于公序良俗的养成，还有利于道德情操的培养，促进三次分配。很多人认为农民不需要提升自身的品质，他们也没这个本事提升，这是十分荒唐的。

农民也有很多是能做出大事的人。今天的知识结构已经分成三类，一个叫明知识，一个叫默知识，一个叫暗知识。所谓明知识就是可以意会也可以言传的知识，如读书看报、听讲座；所谓默知识，就是只可意会不可言传的知识，像开汽车，像唱歌跳舞，听得再多若不实际操练也学不会；所谓暗知识，就是不可意会也不可言传的知识，像暗物质、黑洞、量子，这些用我们传统思维都无法理解。中科大量子团队 2020 年研制出"九章"量子计算机，它的 200 秒算力相当于当时世界上最先进的计算机 6 亿年的算力；2021 年，他们又宣布"九章二号"问世，一毫秒的算力已经提高到相当于世界最先进的计算机 30 万亿年的水平。这些都是我们传统的思维无法理解的，它不可意会也不可言传。知识已经发展到这样的高级水平，所以我们要提高方方面面的能力，需要不断地学习，充实自己，跟上这个时代。能力的提高关键在于奋斗，幸福是奋斗出来的，人的价值的实现是奋斗出来的，财富更是奋斗出来的。

（本文原载于《中国发展观察》2022 年第 2 期）

农村改革再出发：统筹非耕农户的土地经营权

　　所谓非耕农户，即不再耕种自家承包地的农户。改革开放以来，大量农业人口从乡村向城市快速转移，主要农业劳动力从一产向二三产业快速转移。在家庭承包经营背景下，两个"快速转移"催生出一个新型群体：非耕农户。他们承包着农业用地但不从事农业劳动生产，戴着农民的帽子但不从事农民这个职业，享受着"三农"优惠待遇但没能承担相应的责任义务。非耕化现象影响土地资源的合理利用和粮食安全，影响农业现代化进程，进而影响乡村振兴战略的全面实施。随着城镇化和二三产业的日益发达，这个群体正在快速扩张。当下，应从制度建设入手，适时调整这一生产关系与生产力之间的矛盾，探索新举措，应对新变化。

　　在承包权不变的前提下，统筹非耕农户的土地经营权是有效化解这一矛盾和问题的重要途径。其统筹对象大体有六种类型：一是承包地连续弃耕抛荒两年以上；二是户口转入城市，承包地不再耕种，连续出租五年以上；三是户口在本村，但举家居住在城市，承包地不再耕种，连续出租五年以上；四是居住在本村，但从事其他非农职业，承包地连续出租五年以上；五是老弱病残户，承包地无力耕种，长期出租；六是承包户人员去世，又无后代继承的无主耕地。应将这些农户的承包地由村级经济组织统筹经营，按当地土地出租市场价的一定比例兑现农户收益，以收益权体现经营权。对于第一种类型的弃耕抛荒承包户，因弃耕无收益不需兑付；对于第二种地在、人不在、户口也不在的"一在两不在"类型的户口迁出承包户，可按市场价的一半兑付收益；对于第三种地在、人不在、户口在的"两在一不在"和第四种地在、人在、户口在的"三在"类型的承包户，可按市场价的 2/3 兑付收益；对于第五种类型的老弱病残农户，可按市场价兑付收益；对于第六种类型因无主不需兑付。兑付价格可按最近三年市场价的平均值计算，一定五年。关于兑付农户收益的标准，也可因地制宜，由村民代表大会讨论制定。关于第二、三、四种类型承包户之所以要按低于市场价兑付收益，一是因为土地和户口不仅附着有权利，还附着有义务责任，如抗洪抢险、防旱排涝、卫生防疫等公共事务，以及保障粮食、生态和文化三大安全等方面，"人不在"便不能参与，"人在"但从事非农职业参与的概率也有限，这些负担势必需要转嫁给其他村民。二是统筹后效益提高，自然带起周边市场地租上溢，他们的收益也会跟着水涨船高。三是统筹经营土地需要提供大量服务，必须按市场规律支付服务费用。

村集体经济组织统筹的土地可采取向社会公开招标、村内优先的办法交给新型经营主体经营，也可由村集体经济组织自己经营或托管经营，哪种办法合适就选择哪种办法。但不管哪种形式，必须杜绝非农化、非粮化现象，确保粮食安全。一般情况下：一村如能统筹 1 000 亩土地，每年可获 30 万～50 万元净收益，如能统筹 2 000 亩土地，即可获得 60 万～100 万元的年收益。全国 58 万多个行政村，每村统筹 1 000亩即可确保 5.8 亿多亩的口粮田绝对安全。统筹土地的收益可按一定比例提取公积金、公益金，为调动村干部经营管理积极性，可按经营效益给予奖励，剩余部分可用于参与统筹经营权的农户分红。

统筹非耕农户的土地经营权，是一个渐进的过程。对于已经与各类新型经营主体书面签约流转的农户，应继续履约，待合同期满后再行统筹。村集体应将弃耕抛荒农户的土地、无主户的土地及新开垦的土地留作机动地，确保进城失业后要求返乡务农的农户随时有地可种，为他们系上安全带。

土地是稀缺资源，它不可再生，让土地产出最大化是土地制度追求的基本目标。"土地是财富之母，劳动是财富之父"，土地是生产资料，它本身不会创造财富，土地只有和劳动结合，才能产生价值，非耕农户让土地与劳动脱离直接关系，只有间接关系。财富的"父"与"母"不能有机结合，由此产生"两个担心"：承租方因担心出租方随时收回，不愿加大投入，出租方因担心承租方遇险"跑路"，缺乏稳定的收入预期，"两个担心"使财富的产出大打折扣。由村集体经济组织统筹非耕农户的土地经营，即可避免"两个担心"，使土地与劳动有机结合，实现土地的最佳效益。

提高土地产出率，追求效益最大化是世界各国通行的规则，尤其在发达国家，要求更为严格。比如在一些私有制国家，农场主拥有自己的土地，但如果没有经营农场的职业资格证书，便不能经营农场，必须另聘懂技术、会管理、善经营的职业 CEO 从事农场经营，以确保土地资源的最大化利用。我国人多地少，土地资源尤其宝贵，且我们是公有制国家，更应充分发挥制度优势，统筹挖掘土地资源潜力，让愿种地、会种地的人多种地、种好地，实现人尽其才、地尽其用。

实行统分结合的双层经营体制，家庭承包经营在特殊背景下具有社会保障功能，而对除老弱病残无力经营之外的其他几种类型的承包农户，放弃土地经营权的原因在于他们已经有了收入更高的稳定就业，有的还享受到城镇的福利待遇，不再需要以经营土地为生活的基本保障。因此，村集体经济组织作为土地所有权的拥有者，统筹被放弃的经营权，合情合理。这既遵循讲求效率的市场经济规律，又符合按劳分配、劳动光荣、反对不劳而获的社会主义分配原则、道德原则。

改革开放以来，统分结合的双层经营体制在"分"的方面做足了文章，但在"统"的方面尚显无力。统筹非耕农户的土地经营权是强化"统"的功能的关键环节。村民关注度最高的就是土地，土地问题是乡村最敏感的神经，牵一发而动全身。古往今来，土地安则社会安。从土地经营入手，充分发挥制度优势，做好"统"的文章，最能有效提高农村基层组织凝聚力、号召力和村民自治能力。

随着城镇化的快速推进，非耕农户越来越多，农业劳动力越来越少；随着农业机械化、智能化的快速推进，农地经营规模越来越大，农

共同富裕

233

业社会化服务能力越来越强。在承包权不变的情况下，充分发挥集体经济组织统的功能，提高土地产出率、劳动生产率和农业现代化水平，让生产关系适应生产力的发展，恰逢其时。

统筹非耕农户土地经营权，需要做深入细致的思想工作，在农民理解支持的前提下开展。应引导教育农民和广大"三农"干部，充分认识统筹经营权的重大意义。从微观层面看，农户既不须担心经营者"跑路"，有一个稳定的收入预期，又可在集体经济发达后参与分红，还可在进城失业后需要返乡务农，随时确保有地种。从宏观层面看，既能快速推进高标准农田建设、土地规模化和全程机械化及各类社会化服务组织的发育，大大提高土地产出效益，又可确保国家粮食安全。还可促进集体经济和各项公益事业发展，摆脱对政府财政的高度依赖（当前财政支付村干部工资、社保、人头补助及办公经费等，每年每村高达 40 万左右），更能提高村民的向心力、归属感，进而为乡村振兴全面赋能。

统筹非耕农户的土地经营权是一项可复制、可推广、易操作的制度创新，适用于全国任何地方的村级集体经济组织。越是偏远、欠发达的地方，非耕农户越多，村集体统筹的余地越大，受益的程度越深。当前应选择一些县市开展试点试验，深入探索，逐步完善制度，总结经验，待 2027 年土地二轮承包结束后，再适时推开。

乡村振兴的逻辑原点：
缩小源头差距

乡村振兴，蓝图既就，目标明确。当务之急重在激发活力，培育动能。而活力与动能的激发培育，关键在于出重拳、给猛药、用实招，下大功夫缩小不断拉大的源头性、基础性诸多差距，这是乡村振兴的逻辑原点。

1. 务农与务工的收入差距。10年来，城乡居民收入的相对差距在缩小，但绝对收入差距在扩大。根据国家统计局数据，城乡居民收入比已经由2008年的3.31∶1缩小到2019年的2.64∶1，但人均绝对差距却由11 020元/年，扩大到26 338元/年。而且，相对收入缩小主要是因为进城务工收入的快速增长，而不是家庭务农收入的增长。根据《中国农业年鉴（2018）》中种植业成本与收益数据，2016年和2017年，稻谷、小麦、玉米三大主粮的平均利润为负，即使将成本中的"家庭用工折价"去掉，每亩的收益也分别只有328.3元、381.4元。相比之下，2019年全国规模以上企业就业人员年平均工资为75 229元，一个家庭种一年地的收入，还不如一个人在外面打工一个月。农业的无利可图导致青壮年劳动力大量务工弃农，以至于第三次全国农业普查时，35岁以下从事农业的劳动力不足20％（19.2％）。

2. 农产品和工业品的价格差距。农业是经济发展、社会安定、国家自立的基础，农产品的提供是人类生存的基本需要和保障。但是，农产品的价值并没有在价格上得到很好的体现，农产品与工业品之间的价格差距依然很大。改革开放40多年来，粮食价格上涨不到10倍，而不少工业品却上涨了几十倍，高的甚至几百倍。100 斤小麦生产的面粉可以满足 1 个三口之家 1 个月的生活需求，但价格还不足 150 元，连一支上点档次的口红都买不到，也低于一个移动硬盘的价格，只接近 2 包高级香烟的市价。

3. 生产者和经营者的收入差距。与西方大农场不同，中国是小农户，只能从事简单的农产品初始生产，高增值的后续产业链是一家一户无力接续的，它需要通过一种组织形式建立起合理的利益联结机制才能实现。当下，中国的小农户大多只是农业生产者，不是经营者，农业的经营是指后面包括加工、储藏、包装、设计、运输、销售等一系列从事全产业链的营销过程。绝大多数中国农民只是出售自己生产的初级产品和原料，收益比例很低。专家测算，生产环节的受益只占 10% 左右，其余约 90% 的收益在后续环节中。在我国，即使最好的稻谷，1 斤也很难卖到 10 元钱，但经过加工、包装和品牌塑造后的大米却能卖出 1 斤几十甚至几百元的高价。通过后续经营可以让初始的农产品价值增加几倍甚至几十倍，但农民只参与了农产品价值实现的最初过程，所得十分有限。统计农民收入，把农业收入作为农民的经营性收入显然欠妥。

4. 粮食主产区与粮食主销区的差距。我国经济已经进入加速发展阶段，但粮食主产区由于承担国家粮食安全的责任，经济开放有限，人均 GDP 与工业发达的省份差距越来越大，陷入"产粮越多财政负担越重""贡献越大义务越多"的不利境地，"粮食大省"往往变成"财政穷省"。统计显示，2018 年，13 个粮食主产区有 9 个省区人均国内生产总值低于全国平均水平。利益和政绩驱使下，许多产粮大省对粮食生产的重视程度越来越低，粮食净调出省越来越少。2003 年，净调出率在 5% 以上的省份有 10 个，到 2010 年减少到 8 个，目前只剩下河南、内蒙古、黑龙江、安徽、吉林 5 个，更令人担忧的是 11 个粮食产销平衡省区的粮食自给率也在下滑，产生的缺口需要这 5 个省补给。长此以往，粮食发展的区域矛盾会更加激化，谁来种粮的问题也会更为凸显。

5. 粮食作物和经济作物的收入差距。近年来粮食与经济作物的市场价差越来越大。根据国家统计局公布的农产品价格指数折算，近 10

年（2009—2018年），粮食作物价格涨幅只有35%左右，而10年间水果、蔬菜和糖料的价格分别上涨了55%、73%和54%。烟叶的价格，从2009年到2015年，仅用7年时间就上涨了60%；如今50斤饲用玉米（厂家收购价：40～50元）还不及一包高级香烟。粮食安全是国家的重大战略，却不是农民的目标。农民最关心的是如何提高收入，如果种粮不赚钱的情况一直持续，市场机制作用下，可能会有越来越多的种粮农户改种经济作物。

6. 农用地和非农用地的价格差距。1998年的房地产市场化推升了房价，也带动了城市建设用地价格的飞涨，导致房地产市场"地王"频现。2016年，上海静安（原闸北）中兴社区10.98万平方米出让面积的土地拍出了成交总价高达110.1亿的天价。相比之下，农用地产出价值有限，而且不能随意买卖，一旦转为非农用地价格一般会比原来高出十几倍甚至几十倍，但分给农民的比例却很低。按照以往的补偿标准，最高补偿也只有土地产值的25倍，据此推算，如果种植粮食，即使两季，每亩地的补偿款也只有不足3万元（根据《国家统计局关于2019年粮食产量数据的公告》，全国粮食单季亩产381千克）。曾有专家测算，农民拿到的补偿金额仅占土地收益的5%～10%，村级集体占25%～30%，地方政府占60%～70%。于2020年1月1日开始实施的新的《中华人民共和国土地管理法》有了较大突破，在征地补偿方面，改变了以前以土地年产值为标准进行补偿，实行按照区片综合地价（新的土地管理法要求制定区片综合地价应当综合考虑土地原用途、土地资源条件、土地产值、土地区位、土地供求关系、人口以及经济社会发展水平等因素）进行补偿，并要求各省、自治区、直辖市至少每三年调整或者重新公布一次。但是，新的土地管理法并未对各地的地价给出明确的参考标准。

7. 城乡教育养老医疗的差距。一是城乡教育差距。为减轻农民在教育经费统筹方面的负担，自2001年开始在全国大力推行撤点并校，农村学校由原来最多时的60多万所减少到20多万所，学校布局总体上出现"村空、乡弱、城挤"的现象，农村孩子面临新的上学难，义务教育的"就近、免费"两大特点失灵。全国 58 万多个行政村，大多数"村小"被撤并，孩子只能到乡镇或县城借读，这一折腾的代价是比"就近、免费"要高出几十甚至上百倍的支出。即便没有被撤并的学校，其教学条件、教师水平、教学设施、教育质量与城市相比也是天壤之别。据统计，清华北大的农村生源仅占两成，各省高考状元也多来自城市。此外，在农村还有将近 700 万名的留守儿童，他们不但缺失家庭教育，还容易遭受冷暴力、硬暴力等校园欺凌。有学者曾在川、冀两省的 138 所农村寄宿制学校对 17 841 名学生进行样本调查，结果显示遭受校园欺凌的比例高达 16.03%。不断拉大的城乡教育差距将使乡村振兴的人才需求成为无源之水。二是养老差距。城镇企业职工可以享受到职工养老保险，还有一部分公务员和事业单位的职工可以领取更具保障性的退休金。但在农村从事农业的农民只能缴纳城乡居民养老保险。由于缴纳基数和算法的不同，两种保险的福利差距悬殊。享受职工养老保险的市民在退休时往往能获得每月几千元的养老金，缴纳城乡居民保险的农民在 60 岁后每月最多能领取三四百元。而且，城镇企业职工领取基本养老保险的年龄更灵活，男性分为 60、55、50 周岁，女性分为 55、50、45 周岁，农民却只能从 60 岁开始领取保险。此外，农村青壮年外出比例更高，2018 年到乡外就业的外出农民工达到 17 266 万人；乡村老龄化的速度比城市更快，比率更高，谁来养老的问题更加突出。三是医疗差距。根据卫生健康事业发展统计年报，近年来我国医院的数量不断增加，已经从 2012 年的 23 170 个增加到 2019 年的 34 354 个，但乡镇卫生院和村卫生室的数量却在下降，分别从 2012 年的 37 097 个、65.34 万个，下降到 2019 年的 36 112 个、61.6 万个。农村公共卫生服务与城市的差距越来越大。全国 80% 的医疗资源集中在大城市，其中 30% 又集中在大医院。因此农村看病只能往大城市挤，由此带来看病难、看病贵的问题依然困扰着农民。

8. 耕地质量与过去相比的差距。我国耕地的面积锐减，质量也在退化，化肥、农药、重金属污染愈演愈烈。改革开放以来，有 3 亿多亩耕地被城市与工业侵占。我国耕地面积不足全世界一成，却使用了全世界近四成的化肥，单位面积农药使用量是世界平均水平的 2.5 倍，土地长期高强度、超负荷利用，造成了地力的严重透支。有研究者认为，目前全国耕地面积已有 40％出现退化，东北黑土地有机质含量明显下降，南方部分地区出现土壤酸化。《2019 年全国耕地质量等级情况公报》显示，我国耕地质量等级中，中等及以下的占到 2/3 以上。工业污染产生的重金属残留更是不可小视，2018 年，中国科学院地理科学与资源研究所陆地表层格局与模拟重点实验室的抽样调查结果发现，中国粮食主产区耕地土壤重金属点位超标率为 21.49％，其中轻度、中度和重度污染比重分别为 13.97％、2.50％和 5.02％。中央提出农业供给侧结构性改革，主要是提高农产品质量。耕地质量是农产品质量的源头，从源头改起才能提高质量。

缩小上述原发性、积累型差距，是缩小城市与农村、农民与市民、工业与农业差距的基础。不把基础性差距从源头阻断，乡村振兴便无从谈起。为此，我们建议：

1. 加大政策供给强度，激发农业农村发展活力。以实施乡村振兴战略为总抓手，对标全面建成小康社会，真正落实重中之重战略要求，强化"优先发展农业农村"的政策供给，保证"生在乡村不低贱、学在乡村不犯难、干在乡村不吃亏、活在乡村不憋屈、病在乡村不惶恐、老在乡村不担心"。坚持把农业农村作为财政优先保障和金融优先服务的第一领域，从政策、人才、资金、医疗、教育、基础设施建设、社会福利保障等方面全方位加大对农业农村的投入，加速打通城乡要素平等交换机制通道，推动更多的资源要素流入农业农村，为农业农村创造平等、开放的良好发展环境。

2. 发挥补贴的杠杆作用，提升农民种粮积极性。继续加大投入，提高向农产品尤其是粮食的补贴力度，增加实施生产者补贴的作物品种，并适度扩大实施范围，提高种粮收入。重点挖掘"绿箱"政策，加大政府对农业科技、水利灌溉、交通道路、生态环保、病虫害防治、自然灾害救助、农业服务及流通设施等基础设施建设的投资力

共同富裕……

度，改善农业生产和经营的基础条件，降低农业生产成本，提高种粮积极性。

3. 完善利益联结机制，优化生产者收入比例。充分利用区块链技术，将企业、合作社、小农户有机联合。将各级利益主体的基本信息、行为信息、财务信息等纳入联合体系，通过区块链实现全程留痕，促进各环节信息通畅，并保证利益分配的公平合理。同时，以生产技能和经营管理水平提升为重点，对农民开展定向、定岗、订单式转移就业免费培训，提高农民素质，满足利益联结需求，提升农民在利益体系中的价值和地位。

4. 强化行政干预手段，提高农产品区域自给率。严格落实"米袋子"省长负责制和"菜篮子"市长负责制，督促各级政府把保障农产品适度自给放在更加重要的位置上。建议根据资源禀赋和产业特点，设定各省市农产品自给率的基础要求，并将其作为政绩考核的参考标准。粮食主产省要保证当前粮食生产，粮食主销省也要适度提高粮食自给比率，大中城市要有合理的菜地保有量，稳定和提高本地应季蔬菜自给水平。可提倡农产品产销区跨省对接，建立"飞地"，以平衡产销区的利益，保障销区供给。

5. 强调政策落实效果，增加农民土地收益。在最新版土地管理法的基础上，完善区片综合地价的定价细则，建议从中央层面设定各主要城市平均区片综合地价的可浮动参考标准，从省级层面设定省区内其他城市区片综合地价的可浮动参考标准。参考标准也要至少每三年调整或者重新公布一次。

6. 变革农业生态链，开启农业"三物思维"。大力推进农业生态链的变革，让植物、动物、微生物"三物农业"成为全社会普遍遵循的农业发展新理念。改变传统农业发展只注重植物、动物的"二物思维"为综合利用植物、动物、微生物的"三物思维"。遵循植物生产，动物（包括人）消费，微生物把植物动物残渣废料（包括人畜粪便）分解还原，作为植物肥料进行新一轮生产的自然规律，充分发挥微生物"点草成金""点粪成金""点废成金"的优势。强化政府的主导作用，加强微生物产业的技术基础研究，强力支持微生物在肥料、饲料、能源燃料、食品、药品和环境恢复等方面的研发、推广和应用，构建循环往复、生生不息的农业循环系统，形成经济价值、社会价值、生态价值的三统一。

（本文原载于《中国发展观察》2020 年第 12 期）

从源头上阻断贫困的代际传递

脱贫攻坚已近收官，绝对贫困消除之后，建立解决相对贫困问题的长效机制，将是一个长期的历史任务，其中最重要最关键的一项举措就是千方百计从源头上阻断贫困的代际传递，而加强和提升农村地区儿童学前教育正是从源头上阻断贫困代际传递的当务之要、逻辑原点。

教育学指出，儿童学前年龄段的早期智力启蒙、基础认知能力培养和文明生活习惯养成等直接关联到以后的综合素质与人格健全，因此学前教育越来越备受社会关注。中国发展研究基金会的"山村幼儿园计划"自2009年起用10年时间在全国11个省进行跟踪研究，采用国际通行的丹佛测试方法，发现贫困地区未接受学前教育的孩子与发达地区城市接受过学前教育的孩子相比，智力缺陷的差距高达8～15倍。这预示着这些儿童在成年后存在陷于贫困的极大隐患。为此，我们深入一些县乡村调研，发现农村地区学前教育发展不充分不平衡问题较为突出，亟须从供给侧入手、全方位施策。

近几年，全国各地把发展学前教育提上重要议事日程，解决了许多贫困地区学前教育设施从无到有的燃眉之急。但调研了解到，农村学前教育发展不充分不平衡问题仍然较为突出。

1. 发展不充分。一是幼师师资奇缺。以中部A省为例，2019年，全省常住人口中0～6岁儿童约500多万，其中3～6岁儿童约230万，按公办园覆盖率50%、1∶15的师生编制标准测算，全省需要配备公办幼师7万多名，而目前不足2万名，仅公办园师资缺口就高达5万多人，余下的民办园师资更是缺口巨大。A省211万在园幼儿，其中157

万在农村，接受学前教育的缺口主要在农村。二是农村幼儿失教比重大。目前 A 省 3～6 岁幼儿的毛入园率为 88.7%，剩下的 11.3% 不能入园的幼儿基本在农村。不少乡村由于师资力量、建园条件等诸多因素所限，只能设立民办幼儿看护点，截至 2019 年底全省尚有 18.2 万名幼儿在民办看护点。我国城市已普遍推行幼儿园社区化配置，3～6 岁的正常幼儿入园基本能够做到"应入尽入"。但农村则按照一中心村配一幼儿园，其辐射半径常常达到五里八里，很多孩子因路途太远、无人接送等原因无法进入幼儿园，只能依靠邻里看护、大拖小看护。三是农村幼儿学前教育内容形式单一。相比城市儿童能够获取的各种兴趣班、早教班等多形式学前教育资源，农村儿童没有条件接受幼儿园以外的其他学前教育的内容和形式，影响他们的早期素质开发。四是 0～3 岁幼儿入托难。有 80 多万人口的某县级市 2020 年有 0～3 岁儿童 23 037 人，全市公办民办托班仅 30 个，托位仅 478 个，而达到国家标准且在卫健部门备案的托育机构仅有一家，托位 150 个。我国目前入托率仅为 4% 左右，发达国家为 50% 以上。

2. 发展不平衡。一是重城轻乡的择业观使农村学前教育专业师资远远落后于城市。大部分经过正规学前教育专业学习的幼师都选择在城市就业，农村幼师资源紧缺程度显著高于城市。一些条件较好的村级幼儿园也只有 3 名幼儿教师和 2 名保育员，承担三个年级 100 多名幼儿的教学和管护工作。由于幼师教育从上到下没有编制户头，相当比重的公办在编幼师都是从小学教师转岗而来。二是农村学前教育的基础设施条件落后于城市。很多农村幼儿园都是在村废弃小学的基础上改建或由小学划出一栋楼做附设园，教育设施不全，教育场地较小，无法保证教学活动的正常开展。三是保障不到位引发农村幼师队伍不稳。城市幼儿园早已实施标准化建设与管理，但农村幼儿园目前普遍存在资金、用地、师资编制等保障不到位的缺口。特别是教师保障不到位直接影响了师资稳定，调研发现农村除公办在编教师外，学前教育机构大都未为幼儿教师购买社保，使他们医疗、养老等存有后顾之忧，人心不稳，人员思走。

3. 制度缺失多。调研中教育主管部门和基层办学主体普遍反映"制度支持不足"。在顶层设计上，国家尚未出台学前教育的专门法律，客观上使整个基础教育体系的设计在法律规制上缺了一角。目前，北京、上海、安徽、河南、陕西、福建、黑龙江7省份出台了有关学前教育的制度安排，但上位法的缺失，使各地无法可依，制度设计不深不细不透，多为临时举措。学前教育发展面临总体规划不完善、制度体系不健全和深化改革于法无据的多重困境，导致农村学前教育发展遭遇诸多瓶颈。

农村学前教育发展的困境若不及时消除，将对贫困个体、家庭乃至整个社会传导巨大的负面压力。因此，应高度重视解决农村学前教育的突出问题。

1. 定向加大要素投入。一应加大资金投入。2019年全国教育经费总投入50 175亿元，其中国家财政性教育经费40 049亿元，学前教育经费投入约占财政性教育支出的5%，专家认为应占10%更为合理。而5%的支出基本全花在城市公办园，西安第一保育院一年预算支出3 000多万元，这在全国并非个例，乡村园、民办园无法相比。为此，要加大资金支持力度，在不提高农村学前教育收费水平的前提下，加大政府对乡村民办园、普惠园的投入，省县财政应纳入预算。二应加大土地投入。受农村建设用地指标紧缺的限制，目前农村幼儿园新扩建还面临着无地可建的难题，随着建设用地审批权下放的法律和政策出台，省级政府在土地指标配备上应优先照顾农村幼儿园办学需要。三应加强人才培养。把幼师教育当成人才培育的前沿阵地，采取特殊应急措施，支持帮助有条件的大专院校开办学前教育专业，尽可能多地培养幼教急需师资。大幅增加学前教育专业对农村的定向招生指标，并通过多种方式鼓励农村初高中毕业生报考，对进入农村幼儿园任教的学前教育专业毕业生要在住房、子女入园入学等方面提供更多的政策支持。

2. 创新农村学前教育发展方式。一是大力发展政府花钱购买服务的公私合作式普惠性幼儿园。福建省政协委员谢建川指出，投入一所公办园的年财政拨款若用于支持普惠性民办园，可增加6~15倍的学位。二是利用农村集体产权改革的契机，盘活农村闲置校舍、农房等资源投入学前教育，以缓解新扩建园的用地压力。三是对下乡工商资本出台一些税收、信贷优惠措施，支持鼓励其向农村学前教育捐助，缓解农村幼儿园建设的资金压力。四是对民办看护点宜采用引导升级、监督规范与督促退出同步的方式，鼓励转型或退出。五是有条件的地方鼓励支持发展托育机构，提升农村0～3岁儿童入托率。六是打破农村学前教育发展仅靠教育行政管理部门的思维定式，加强政府各部门的协调联动，在省县两级建立农村学前教育综合协调办公室，形成用人、用地和用钱等多个环节的管理联动。

3. 加快和完善制度供给。在立法层面，明确学前教育是国民教育体系的重要组成部分，纳入基本公共服务范畴，积极推动学前教育的国家立法，尽快出台《学前教育法》，同时把学前教育列入各地"十四五"战略规划，以提升学前教育在整个国民经济社会发展和教育体系中的地位，规范学前教育办学行为和提高学前教育办学质量。尤其对农村学前教育的发展要有针对性地作出资金投入、幼儿园建制、人才培育与输送、用地保障和监督管理等方面的倾斜性规定。在体制机制优化层面，应以削减农村学前教育发展的阻力为导向。一要"专"。尽快解决学前教育在编制序列中的缺位问题，推动学前教育编制专列，适度将人事编制配额向农村倾斜。采取多种措施鼓励支持幼师专业毕业生到农村幼儿园任教。二要"稳"。抑制农村幼儿园教师流失严重的局面，以地位、待遇和保障的同步提高稳定现有教师队伍。三要"调"。尽快调整幼师年龄结构和性别结构，鼓励年轻幼师到农村任教，鼓励城市幼师到农村支教，鼓励男性报考幼师，不断充实农村幼师队伍。四要"补"。通过补学位、补支持、补人才、补托幼等多措并举的方式，改变农村学前教育发展困境。学前教育是人生智力开发的黄金期、第一关，人生路上，不过此关，将关关难过，即使做出百倍努力，也大都难逃贫困的厄运，且有产生贫困代际传递的多米诺骨牌效应。因此，应将解决农村学前教育问题作为巩固脱贫攻坚成果、推进乡村振兴的重要战略举措列入规划、明确责任、监督落实。

（本文原载于《中国发展观察》2020年第15-16期合刊）

共同富裕……

时代很快，"三农"很慢

　　跨界迭代，瞬间颠覆，飞速发展的科技革命对社会产生强烈冲击，求新、求变、求快成为时代的主旋律，各行各业、社会各界都在奋力奔跑，生怕掉队。在这样一个被"快文化"裹挟的现实面前，"三农"显然跟不上节拍，滞后于时代。在以快为特征的时代大潮中加速推进"三农"发展无疑是正确的选择，但务必看到"三农"慢的原因十分复杂，其中有社会认知的影响，有制度设计的阻滞，也有自身规律的约束，必须稳扎稳打、久久为功，慢不得，也急不得。

　　这是一个快得让人来不及反应的时代

　　农业生产动力更新换代的历史周期越来越短。人类的农业生产动力经历了刀耕火种的"人动时代"、驯化牛马的"畜动时代"、机械化的"机动时代"和"AI"横空出世的"智动时代"。人类从农业生产动力依靠人本身的"人动时代"到开始使用畜力的"畜动时代"，大约经历了 100 多万年；从"畜动时代"到以蒸汽机发明和使用为标志的"机动时代"，大约经历了数千年；从"机动时代"到数字技术在农业等领域广泛运用的"智动时代"，经历了大约 300 多年；"智动时代"的到来虽然只有短短几十年，但信息技术、数字技术的大范围应用，劳动工具智能化的演进越来越快，呈现出不是以年为周期，而是以月为周期的加速状态。

　　"智动时代"终结了人类主宰世界的格局。2017 年 5 月，谷歌公司开发的 AlphaGo 与排名世界第一的世界围棋冠军对战，以 3：0 的总比分获胜，成为第一个击败人类职业围棋选手、第一个战胜围棋世界冠军的人工智能机器人。2017年10月，AlphaGo Zero诞生，该系统在无任何人类输入的条件下，从空白状态迅速自学围棋，以100∶0的战绩强势打败了AlphaGo。AlphaGo的工作原理是深度学习，结合了数百万人类围棋专家的棋谱，以及强化学习进行了自我训练。AlphaGo Zero则"抛弃人类经验"和"自我训练"，系统一开始甚至并不知道什么是围棋，只是通过强大的搜索算法，进行自我对弈，逐渐调整，提升预测下一步的能力，最终赢得比赛。AlphaGo Zero还为围棋这项古老游戏带来了新的见解，一年之内，推翻了人类四千年的围棋理论。

算力革命推动量子霸权时代的到来。2019年9月，美国谷歌公司研发的量子计算机成功在200秒时间内，完成传统计算机需1万年时间处理的问题，在全球首次实现"量子霸权"。2020年12月，中国科学技术大学潘建伟团队构建量子计算原型机"九章"，完成传统计算机6亿年的算例，成为量子计算研究的里程碑。"算力革命"推动世界进入量子霸权时代，超越经典的量子计算能力从理论走进实验，未来超级算力将广泛运用于各学科、各领域。一年之内把算力提升了五亿九千九百九十九年，一个新的计算能力飞跃的时代不期而至。

落后于时代节拍的"三农"慢的原因复杂

首先，农业发展动力不足。一是农具滞后。中国工程院院士罗锡文认为，中国农机智能化不足10%，较发达国家落后30年。早在20世纪80年代，意大利菲亚特公司农机平均故障间隔时间是350小时，中国2019年才达到340小时。我国每亩地的平均农机动力是美国的6倍，发达国家一台拖拉机后面带3～6种农机具，我国只有1.6种，农机动力没有充分发挥，农机的开发、普及、推广较为缓慢，效率不高。二是粮食价格疲软，生产者的积极性受挫。世界粮食实际价格呈现下降趋势。过去20年，小麦价格年均增长速度为0.21%，大豆、玉米、水稻价格年均增长率为0.3%，扣除物价上涨，四大主粮价格普遍下跌，1961年以来，全球粮食产量年均增长率达到2.2%，与之相对应的是，世界人口由1961年的30.72亿增长为现在的76亿，年均增长率为2.4%；肉蛋奶的消费急剧增长，使饲料粮消费量每年增长近6%。而对粮食的消费,世界已形成口粮、工业与饲料的 4:2:4 的消费结构。生产与消费增长的不协调、与价格增长的不匹配,使农业发展缺乏动力支撑。

其次,农民需要有一个认识自然、适应规律的过程。农产品生产相对于工业产品生产有六大自身特点:不可间断,不可倒序,不可搬移,是活的生命体,遵循自然再生产与经济再生产两个规律,结果只能最终一次性显现。农业本身是一个弱质产业,一遇旱涝病虫等自然灾害,收入可能为负,"靠天吃饭"的局面在一个相对长的时期内难以摆脱。复杂多变的自然规律要认识、要把握十分不易,要遵循更是难上加难。但我国农村教育整体发展水平较低,有能力的精英又都被城市的虹吸现象抽空,要认识复杂多变的自然规律,遵循农业生产的自身特点,没有一个艰难渐进的探索过程是难以把握、无法适应的。

最后,农村地广物古,需要在传承保护中发展。在我国 960 多万平方公里的土地上,城市、县城以及乡和镇所在地建成区面积只有 12 万多平方公里,98% 以上都是乡村。要使这么大范围内的乡村基础设施和公共服务都步入现代化,绝非短期内就可以一蹴而就的易事,急不得,也快不了。西方有句谚语:上帝创造村庄,人类创造城市。乡村是自然形成的聚落,是几千年文化的堆积,有几千年积淀的乡愁。中国的乡村不同于"原始型落后"的非洲及南美洲的村落,中国的乡村是"文明型落后",它是中华民族五千年文明史的重要载体。因此,推进村庄建设、改造旧村庄,不能像城市开发一样,在一张白纸上,想怎么样画就怎么画。对乡村的改造不能一律推倒重来、大拆大建,抹去几代人的集体记忆。村庄蜕变是"迭代"而不是"换代",只能是原生态改造,原风貌建设,在保护传承中发展。

理性看待"三农"的"慢"

首先,要有适应规律的定力。工业文明的理念是"人是自然的主宰",人定胜天,改造自然;农业文明的理念是"人是自然的一员",天人合一,遵循规律。不能用工业文明的理念看待农业、发展农业。例如,农作物和畜禽种子是自然界长期筛选的结果,人类可以食用的植物有几千种，但训化成熟的只有几十种，主粮只有玉米、大豆、小麦、水稻等几个主要品种；家畜、家禽的驯化经过数万年演进，少的也有几千年，基因渐变，逐渐稳定。农作物和畜禽种子的筛选培育不同于工业品升级换代快，是一个渐进而漫长的过程。这是规律，规律不能打破，只能遵循、只能适应。在农业发展进程中，必须克服工业文明"人定胜天""驾驭规律"的思维方式，在大自然面前保持足够的定力。

其次，要有科学发展的耐心。人类对发展观的认识大致经历了经济发展观、综合发展观、可持续发展观和科学发展观四个阶段。经济发展观是以经济增长为目标。综合发展观兼顾经济发展和社会发展。可持续发展观则在综合发展观的基础上，关注未来发展。而科学发展观在可持续的同时，更加关注人的全面发展。今天党中央提出的创新、协调、绿色、开放、共享的新发展理念是依据中国国情，对发展观的又一次认识提升，创新着眼解决动力不足问题、协调着眼解决发展平衡问题、绿色着眼解决人与自然和谐问题、开放着眼解决内外联动问题、共享着眼解决公平正义问题。"三农"发展必须坚持贯彻新发展理念，这是一个复杂的、综合的、长期的过程，因此，应有足够的耐心。破解发展中的难题、增强发展中的动力、厚植发展中的优势，积小胜为大胜，而不能指望毕其功于一役。

最后，要千方百计加快推进"三农"现代化。"三农"现代化是一个庞大复杂的系统工程，需要整体谋划、分步推进、分类实施。一应变革"三农"体制、机制。把乡村与城市摆在平等的地位上，创新以工促农、以城带乡的体制机制，实现高强度、高频率的城乡相互作用，促使农村、农业和城市、工业有机结合，推动城市优质资源下乡，缩减城乡差别，消减工农产品价格剪刀差，提升农民总体综合素质，建立更加可持续的内生增长机制，实现城乡融合发展。二应想方设法在"三农"领域植入现代科技。现代科技直挂云帆，乘风破浪，而农业领域几千年来使用的农具在一些偏远山区丘陵仍然身影频现。现代科技应与传统农业广泛嫁接，农具落后的状况要加快改变，无人机喷洒农药、服务田间管理、无人驾驶拖拉机、收割机、播种机等智能农具应加快普及，互联网、大数据、云计算、物联网、机器人、算力革命更应在农业领域充分应用。加快提升农民的现代科技水平，加快建立农业现代科技服务体系，加速农业"智动时代"的步伐是实现农业现代化的标志性体现。三应推进三体共化。建设现代化强国、实现党的第二个百年奋斗目标"短腿"在"三农"。农业现代化，农业是本体，农民是主体，农村是载体，必须让本体农业和农业经营的主体农民以及农业生产的载体农村同时现代化。中国要强，农业必须强；中国要富，农民必须富；中国要美，农村必须美。实现"三体共化"是建设强、富、美的中国关键所在，也是解决当下城乡发展不平衡、乡村发展不充分这一突出矛盾的关键所在。四应牢固树立农业文明是人类母体文明的理念。一切文明都是建立在农业文明的基础之上发展起来的，农业文明是与工业文明、城市文明并行不悖的文明形态，不能因为农业文明发展缓慢而抛弃农业文明。世界上所有发达国家都没有因为拥有现代文明而抛弃农业现代化。城市国家新加坡，寸土寸金，仍然在高楼大厦上发展现代农业。只有理念现代化、思维现代化，"三农"才能跟上时代节拍。

乡村与城市不同，它可以形成一个自我封闭的内循环系统，可以与外界隔离，实现自给自足。现代社会尤其是城市，是一个开放的系统，一个环节出了问题，则可能导致整个系统崩溃。陶渊明笔下"不知有汉，何论魏晋"的桃花源只能存在于乡村，不能存活于城市。乡村在当今时代剧烈变革的移动性背景下，对于应对各种新型灾难具有特殊优势。新冠肺炎疫情突发，上亿农民工在城市无业可就，退守乡村经营农业，依旧平静度日，社会得以安然无恙。新冠肺炎疫情警示我们，在难以预测随时都有可能发生的人类各种新型灾难面前，防患于未然，遵循自然规律，守好乡村这个可以退守的后院，应是明智之举。

（本文原载于《中国发展观察》2021年第6期）

农业的思维流向

全面实施乡村振兴战略，加快农业农村现代化，一个至关重要的前提，就是用大历史观来看待和思考农业问题。从历史的纵深厘清和把握农业发展不同阶段的思维流向，才能更好地引领和指导农业发展的政策制定、生产组织、产业形态，更好地稳住农业基本盘，守好"三农"压舱石。从农业发展的历史进程看，不同时期的农业发展孕育着不同的发展思维，大体上经历了"六品"引领的迭代思维。

一、温饱思维——探索品类

人类自诞生之日起，面临的首要生存难题就是食不果腹。原始人类依靠集体的力量，以群居形式共同抵御自然界的各种威胁，最初依靠采集植物、狩猎捕鱼为生。我国上古时代的传说神农尝百草就是采集试吃的典型，进而知道自然界的哪些物种可以供人类食用，哪些草药可以治病，为黎民百姓找到了充饥的五谷，尝出了 365 种草药进而写成《神农本草经》。随着人口增多，如何获得稳定可靠的食物来源成了催生原始农业的动力。采集活动孕育了原始的种植业，狩猎则孕育了原始的畜牧业。随着人类文明的演进，在与自然界的长期共存中，人类通过观察和实践，逐渐发现了动物可以驯化，进而开始驯养家禽家畜，也逐渐学会了保留植物种子用来种植，进而获得了比较多的食物产量，这是农业生产的历史性跃进。伴随种植养殖生产技术的改良和新型生产工具的发明，人类的食物来源有了比较稳定的保障，使得解决温饱问题的可靠性进一步增强，人类得以生存繁衍。经过成千上万年的探索，到目前为止，人类已知可以食用的植物种类有两千多种，药用的三千多种。从原始社会的农业生产，直到温饱问题得到稳定解决之前，这个历史阶段，人类面临的主要矛盾是如何获取更多的可食之物以解决温饱问题，千方百计探索用以果腹的动植物品类，甚至不惜付出生命的代价，从而实现由吃不饱到吃得饱的跨越。这一温饱型思维贯穿于有史以来人类农业文明的全过程，直到今天，在非洲、南美洲的丛林里生活的一些人，仍然在为生存而奋斗，进行着不懈的探求。

二、小康思维——优化品种

"小康"是介于温饱与丰裕之间的一种生活状态和社会形态。温饱问题基本解决后，人类的关注点逐步由追求食物品类向优化品种转变，更加追捧那些易种植、产量高、品质好的农作物品种，实现了从追求解决一日三餐的基本温饱，转变为注重食物的品种丰富、来源多样，由吃得饱向吃得好演化。安徽省凤阳县小岗村 18 个农民的红手印拉开了中国农村改革的序幕，40 多年的改革开放极大解放了农村生产力，伴随农业生产技术的进步、农作物品种的选育改良和农业生产方式的优化，农业生产效率大大提高，土地产出率极大提升，农产品市场供应更加多元，品种丰富。特别是通过 8 年精准脱贫攻坚战，如期完成脱贫攻坚任务后，千百年来困扰中华民族的绝对贫困问题彻底得到解决，全面建成小康社会的成色更足。中国老百姓的餐桌更加丰富，食物品种更加多样，想吃什么基本上就能吃到什么。

三、丰裕思维——崇尚品牌

东西多了看品牌。在实现"小康"的基础上，伴随现代农业生产技术的广泛应用，现代农业产业体系、生产体系、经营体系加快构建，农业生产力得到极大提升，农产品极大丰富，市场供应十分充裕甚至供大于求。由于消费者选择空间的扩大，选择余地的增多，消费理性逐步提升，品牌产品成了首选。在这种消费理念的变革中，农业发展从单纯注重量的扩张向更加注重质的提升转变。农业生产尤其重视品牌的培育，大力发展无公害农产品、绿色食品、有机食品、农产品地理标志等"三品一标"农产品，这是保障供给端食物质量安全的重要环节，也是传统农业向农业现代化转变的重要标志。

四、健康思维——强调品质

由吃得好到吃得有营养、吃出健康，这是食物供给的又一次飞跃。这一阶段的消费追求是变"病从口入"为"病从口出"，人们不再仅仅追求品牌，而是更加注重农产品营养成分对人体健康的作用，消费者不光关注质量，还关注与质量有关的产地、周期、日期、节令、鲜度等，讲究营养平衡、时鲜原产，有利身体健康。有研究资料显示，单纯靠施用农药化肥生产的小麦比传统生态种植方式的小麦含钙量低76%，因而既营养又健康的农产品成为市场的宠儿。目前市场上这类农产品售价很高，十元一斤的米、百元一斤的肉已经不是新闻，但市场依然供不应求。在健康思维引领下，市场对农产品实行优质优价，倒逼了农业生产要走产品安全、产出高效、资源节约、环境友好的道路，更加关注农业的土地产出率、劳动生产率和资源利用率、环境承载力。

五、味道思维——欣赏品味

这一阶段，人们既要吃出健康也要吃得美味，在注重营养健康的同时，更加追求农产品的口味地道，强调原种、原法、原味。有美食消费研究报告显示，消费者第一是选择就餐环境，第二是味道，第三是食品安全，第四是价格，可见味道的重要。**原种**就是传统品种。据统计，20世纪50年代中国小麦品种达上万个，现在推广的品种只有400多个，都是改良品种，原来的土种几乎灭绝了。山东省1963年花生品种有470个，到1981年品种还有30个，现在只有15个。驰名中外的北京烤鸭，目前市场上销售的90%都不是原来的土种鸭了。中国的土猪经过了近万年的时间改良驯养，而近30年来数以千计的土猪种被国外引进的良种取代，土猪近乎绝种。全国畜禽遗传资源二普调查显示，88种地方猪有85%的数量急剧下滑，有4个猪种已经灭绝，还有30多种濒危或濒临灭绝。温州水牛因能替代奶牛产奶，且所产奶比普通牛奶蛋白质等含量还要高，从而被列入《国家级畜禽遗传资源保护名录》，甚至被载入联合国粮食及农业组织编写的《水牛》专文，但目前温州平阳土种母水牛存栏只有 210 头，种公牛只有 12 头。这些传统的种质资源是民族的宝贵财富，通过建立种质资源库对其进行保护，不仅十分紧迫，也是比较有效的手段。我国已在中国农业科学院建有可保存粮棉油果蔬等 340 种作物、50 多万份保存期 50 年以上的种质资源库。20 世纪六七十年代后，随着高产矮秆水稻的大面积推广种植，高秆水稻几乎无人种植。云南等地从国家作物种质库找回了高秆水稻"毫秕"种子，恢复了在西南地区的种植，这种水稻平均株高 2.4 米，所产的大米市场售价每千克超千元，效益十分可观，一小把种子，让群众走上了脱贫致富路。**原法**就是摒弃"石油农业"，接续绿色、有机、循环的传统农业种植方法。**原味**就是农产品的原始味道、传统风味。从世界范围看，粮食用于口粮、工业和饲料的消费比例大体已形成 4∶2∶4 的结构，也就是四成用于人类食物，两成用于工业原料，还有四成用作动物饲料。不光人类追求传统味道，动物也是如此。否则，拼命靠施用化肥农药生产的农作物，改变了传统味道，不仅人类不喜欢吃，也影响动物的食欲和生长。

六、生态思维——追求品行

人类社会已经历三大文明形态，也就是上百万年的原始文明，上万年的农业文明，三百年的工业文明，现在正在向第四种文明形态——生态文明过渡。道法自然、天人合一是古人朴素的生态道德观。工业文明以来，社会长期倡导和奉行的道德哲学是人类中心主义，在人是自然的主宰这一观念引导下，资源消耗和环境污染毫不节制、毫无顾忌，地球已经不堪重负。农业不能只从大自然索取而不去保护，否则必将被大自然抛弃。生态思维追求的是生产者品行端正，以生态道德的理念发展农业，借鉴传统农业文明的精华，推广循环农业、生态农业模式。被美国农民奉为"圣经"的《四千年农夫》一书，记载的就是中国、日本、朝鲜等东亚国家传统生态农业的做法经验，在新阶段中国更应继承发扬。

在生态文明时代，务必要超越传统价值观，激发社会成员对自然的热爱、尊重和感恩，树立在热爱自然、尊重生命、优化环境、健康发展的基础上，保障人类的发展和幸福的新理念。当务之急需要变革农业生态链，变植物、动物的"二物思维"为植物、动物、微生物的"三物思维"。植物、动物、微生物构成了生态循环农业的基本架构，从逻辑上看，植物是生产者，动物包括人类是消费者，而微生物是分解还原者，它把植物、动物的残渣废料还原为肥料进行下一轮生产。没有微生物的参与，循环、生态、绿色、有机农业都只是空洞的概念。以生态文明思维正品端行是未来农业的标杆。

以"六品"为标志的农业迭代思维，构成了农业发展的历史演进和时代脉络。思维的流向阶梯式递进、螺旋式上升，随着人类社会的发展进步，后一种思维都是在前一种思维的基础上催生出来的，它们之间又是交叠重合而不是替代关系，每种思维都是前一种思维的优化提升，而不是对前一种思维的否定抛弃。以代表一个时代消费特征的思维为引领，多重思维共生共存，是农业思维的逻辑流向，也是未来农业的发展走向和目标方向。

（本文原载于《中国发展观察》2021 年第 3-4 期合刊）

"母体文明"的尴尬应该终结

    乡村振兴已经成为这个时代的主旋律、最强音，但对农业文明的认识，社会尚处于模糊状态，或称农业文明是过时的文明，必由工业文明取代；或称必须首先发展工业文明才能带起农业文明。认知的走偏必然导致行为的走偏，从而影响乡村振兴战略的顺利实施。

    纵观近现代世界各国农业发展的路径，大体可分为三种类型。第一种类型以美国为代表，首先是农业崛起，进而推进工业化、城市化的发展。第二种类型以日本、韩国、英国和欧盟一些国家为代表，农业现代化和工业现代化基本同时并进。第三种类型以巴西、墨西哥、南非、菲律宾等为代表，这些国家率先发展城市，进而通过城市化带动工业化和农业现代化。前两种类型的国家很快实现了现代化，第三种类型的国家20世纪六七十年代发展很快，很多经济发展指数在世界排名靠前，但不久这些国家经济发展就显现出危机，直至今天还在原地踏步。农业文明、工业文明和城市文明是人类文明发展的轨迹，也是人类文明的三大基本载体。这三大文明是并行不悖、共生共荣的关系，必须同时发展、同样发展、同步发展。文明的发展有一定的规律，三大文明的突出特点是继起性，后一种文明都是在前一种文明基础上成长发育起来的。农业文明是母体文明，其他一切文明都是建立在农业文明基础之上的文明。这种构建如同金字塔，底层越厚实，整体越稳固。所谓"基层不牢，地动山摇"，离开农业文明的基石，工业文明和城市文明就成了无源之水、无本之木、无基之塔。无数事实反复证明，没有农业文明的文明是残缺的文明，没有农业文明的社会是断裂的社会，没有农业文明的经济是危险的经济，没有农业文明的发展是不可持续的发展。大力发展城市化，用城市化带动工业化，用工业化推进农业现代化，尽管主观愿望是好的，但结果可能未必理想。

美国从立国之初就确立了"以农为本"的思想。两次世界大战中，美国农业得到飞速发展，战争导致世界农产品需求旺盛，美国政府实行农产品最低价格保证，多次通过"农业信贷法"，保证对农业充足的资金投入，各种形式的农业合作社纷纷兴起，农业机械化步伐大大推进。今天，美国出口的农产品几乎占世界出口总量的一半，始终占据世界农业霸主地位。英国从 13 世纪开始到 1876 年禁止圈地历时 400 多年，圈占土地 700 万英亩*。英国圈地运动主要是经济目的，开始养羊后改为发展粮食生产，由牧而农，促进英国农业的发展，形成农业革命，粮食单产提高 1/3，人均粮食增产率达 73%，出口量飞增，英国被称为"欧洲的粮仓"。

与此相反，一些国家没有遵从人类文明发展的规律，奢望一步跨入城市化，可惜只能是"欲速则不达"，不仅没有跑得更快，反而掉入陷阱。巴西 20 世纪 60 年代城市化水平就达 80% 以上，人均收入达到四五千美元，在世界名列前茅。过快的城市化导致大量农民涌入城市，高楼大厦和"贫民窟"并存，社会治安严重恶化，城市成为犯罪的天堂。原本地广人稀，土地肥沃的国家却因无人种粮，沦落到吃不上饭的地步。为缓解城市病带来的问题，巴西政府主要做了两件事：一是让穷人能吃上饭。政府在城市社区建立大食堂，无论什么人，只要花一巴币，就可以吃上一顿有菜有肉的饱饭。二是大力发展农村。巴西成立了与农业部平级的农村发展部，政府将土地分配给无地农民种，期限为 20 年，前 10 年农民自种自收，后 10 年将收益的一部分交还政府。20 世纪 30 年代，菲律宾一批学者到美国留学，在这些归国精英的主导和支持下，西方农业跨国公司和本国资本家控制菲律宾农业和农村的诸多领域，大量的失地和失业农民涌进了城市。随着城市的就业岗位增长下降，失业

---

* 1 英亩≈4 046.86 平方米。

问题很快转化成社会问题和政治问题。今天的菲律宾,有30%的人生活在贫困线以下,每10个菲律宾人中就有一个背井离乡,仅在我国香港就有70万接受过高等教育的菲律宾女佣。这些都是发展路径带来的问题,反复出现的问题就要从规律上找原因,违背规律终将付出巨大的代价。

农业文明不能与工业文明、城市文明脱节。农业文明是母体文明的意识必须牢固树立,时刻强化,尤其对于中国这样一个有着14亿多张嘴需要吃饭的人口大国,更是松懈不得,马虎不得。"母体文明"的尴尬应该终结,也必须终结。

一应重塑农业文明的现代尊严。在大力推进工业化、城市化的今天,农业文明被视为落后的文明。民以食为天,官以食为天,城以食为天,国以食为天,当前必须下大功夫克服全社会对"三农"的偏见与傲慢,重塑农业文明的现代尊严。首先农业具有基础性。哪怕农业创造的GDP在一国的比例中微乎其微,也轻视不得,漠视不得,更忽视不得。其次农业具有准公共性。世界上没有任何一种产品,像农产品这样每个人每天都离不开,农产品在参与商品竞争的同时,还担负着公共性的社会职能。最后农业具有引领性。工业能引领、城市能引领,农业同样具有引领作用。荷兰的花卉、新西兰的奶牛、我国山东寿光的蔬菜和吉林的玉米等都已成为引领当地的主导产业。社会必须走出"离农越远离现代化就越近"这一误区。从世界范围看,农产品已被武器化。美国通过转基因技术控制种子,从源头上控制粮食主权,甚至是国家主权。美国"911"之后又制订了生物国防法,印度出台法律限时实现种子国有化,澳大利亚严厉控制种子进口,日本则严禁进口大米。世界上大部分国家都不许进口主食,这关乎民族危亡、人种危亡。现在有一种提法叫种子民主,绝不能让种子由发达国家全控,必须还各国农民种子权,让世界没有"粮奴",必须将粮食安全上升到粮食主权来认识。从国内现实看,我国农产品消费每年约需要35亿亩土地产出物,但即使加上复种面积每年农作物播种面积也只有25亿亩,每年都要进口约10亿亩土地的产出物。巨大的资源约束是中国的基本国情,不自立自强,农业一旦被人

"卡脖子"，那将是"一剑封喉"。当务之急在于全方位探索，如何像工业、像城市那样把现代技术、现代设施、现代管理、现代服务、现代人才、现代金融以及现代理念、现代思维等诸多现代元素注入"三农"，让其插上现代化的翅膀。

二应重启农业现代化议程。农业现代化与现代农业含义是大不一样的。二者都体现了现代性，但现代农业着眼于提高效率，而农业现代化，一个"化"字使其内涵更丰富，意义更深广，农业现代化不光要实现现代农业的经济目标，还要实现农业自身在经济社会发展过程中必须承担的社会目标、政治目标、文化目标和生态目标，是多目标的集合。农业现代化，农业是本体，农民是主体，农村是载体，只有本体、主体、载体这三体共同现代化，才能实现农业现代化。乡村振兴是"三农"工作重心的战略性转移，应在实施进程中紧紧围绕经济、政治、社会、文化及生态多重目标，抓住"三体共化"这一关键，因地制宜，突出重点，分步实施，渐次推进。

三应重构社会价值取向。一是根据农业主功能区的定位，重建一套考核评价体系。1995 年国家实行"米袋子"省长负责制，一直不断强调"省长负责制"对保障粮食安全有重要作用，但没有硬性指标，没有考核机制，也没有落实责任。加上种粮效益不高，甚至是赔本的买卖，"出力不讨好"让很多地方很无奈，不得不致力于"招商引资"，用在"钱袋子"上的精力超过了"米袋子"。十几年前全国粮食调出省有十来个，如今仅剩五个。因此，要以农业产出和农业综合生产能力为指标，对农业主功能区建立新的考核评价体系，加大对主功能区的支持和保护力度。二是提高两个积极性。首先要提高农民的积极性。国家要粮食，农民要票子。长期以来，我国通过工农产品价格剪刀差、农业征税等方式汲取农业剩余，长期为工业化提供原始积累，牺牲了农民的大量经济利益。近年来，农资价格暴涨，几十、几百倍的涨，粮价却只涨了几倍。农民生产成本加大，种粮没有积极性。必须让种粮农民有钱赚。其次要提高粮食主产区基层干部的积极性。对他们的评价考核主要看在农业领域的贡献，让抓农业的人在经济上、政治上都得到实惠，这样基层干部才有抓农业的积极性。三是加大对农业主产区的支持力度。世界上没有哪一个国家不对农业进行补贴的，越是发达国家补贴就越高。我国农业补贴政策已经由补贴流通环节向补贴生产环节、补贴消费者向补贴生产者全面转型，初步形成价格支持、直接补贴和一般服务支持等功能互补、综合补贴和专项补贴相结合的农业补贴政策框架。然而，相对发达国家而言，我国农业补贴支持水平仍然较低。四是协调好产区与销区的关系。有数据显示，我国地区人均财政收入、人均 GDP、地方城镇化水平、地方人均纯收入等指标与人均粮食生产量呈明显的负相关关系。国家层面要协调产区与销区的关系，不能让主产区自己承担这一责任。必须借鉴生态补偿机制的做法，让销区发挥资金技术等优势，支持粮食主产区农业发展，加大对产区的基础设施投入，以缩小产区和销区之间的发展差距，只有这样才能从根本上保证国家的粮食安全、维护国家的粮食主权。

"四无劳动"的制度性终结与社会进步

威廉·配第说：土地是财富之母，劳动是财富之父。人类社会的每一次进步总是在与社会劳动的抗争中不断推进的，迄今为止，人类的发展史就是一部与"四无劳动"不断抗争的历史。所谓"四无劳动"，即无偿（或低偿）劳动、无益（甚至有害）劳动、无效（或低效）劳动、无处劳动。

第一种抗争是在生产力低下的农业社会背景下与无偿劳动或低偿劳动的抗争。集中表现为与三种力量的对抗：一是与掠夺劳动成果的统治力量抗争。奴隶社会，奴隶主对奴隶的役使是不付报酬的。封建时代，统治者横征暴敛，"四海无闲田，农夫犹饿死"的现象也多有发生。历史上，因苛捐杂税，超越农民承受能力引发农民起义的事件不胜枚举，它加速了王朝更迭的同时，也推动了国家机器的渐向进步。二是与吞噬劳动成果的自然力量抗争。当遭受自然灾害侵袭，使人类面临无收获又无救济的困境时，为摆脱生活多艰，就会激发人们的抗争行动，而生产力水平也就是在人与自然斗争过程中逐步提高的。三是与侵夺劳动成果的社会力量抗争。当国家的统治失序时，社会的动荡就会相伴而生，兵灾匪祸不断使劳动的成果被无偿掠夺、抢劫，与失序的统治和动荡的社会相抗争的力量便同步成长起来，往往可能形成失序国家中的革命性力量，促成国家走向统一、社会趋向安定。中国古代的春秋战国、五代十国乃至近代的军阀混战历史都反复不断地在印证这个道理。在社会安定祥和、科技高度发达的当今中国，这种无偿或低偿劳动正在异化变种，有的企业把农民工最低工资标准当成执行标准，且长期不变，引起农民工不满；还有一种最普遍、最直接的表现就是因拖欠农民工工资引发的劳资纠纷，2003年时任国务院总理温家宝为重庆农民熊德明讨薪曾经引起巨大的社会反响，随后渐渐推动了中国劳动法律制度的渐趋完善。党的十八大以后，随着扫黑除恶等一系列得民心顺民意的重大举措的实施和《中华人民共和国民法典》等一系列法律法规的颁布，这种无偿劳动得到了根本的遏制。

第二种抗争是在工业社会背景下与无益劳动甚至是有害劳动的抗争。与无益甚至有害劳动的抗争，表现形式相对多样，既有发生在劳资双方之间的，如2009年河南碎石工张海超"开胸验肺"事件，也有发生在劳资双方之外的，典型的就是因工业化进程的急速推进而导致的过度污染环境、过度资源消耗，这种有害劳动所产生的负面效应往往也是难以修复的。国际环保组织为警示人类对自然的索取已经超越地球的承受能力，特设立地球生态超载日。1970年的地球生态超载日为12月29日，到2019年已经提前到7月29日，整整提前了150天。正因为如此，一些发达国家进入后工业化时代，都努力摒弃资源高消耗的经济增长方式，尤其特别注重土地资源的集约使用，但我国的工业化过程却与快速扩张的土地城镇化交织，土地浪费现象较重。到2016年，全国市、县、建制镇和乡人民政府所在地建成区占地面积就已经达到12万多平方公里，可住12亿多人。大量被圈占的土地被过度用于发展房地产，房产泡沫巨大，有些地方甚至一度出现"空城"异象，2010年美国《时代》周刊的一篇名为《中国鄂尔多斯：一座现代鬼城》的报道就曾引发一石千浪的反响。与无益劳动甚至有害劳动的抗争，促进了劳动法律制度完善的同时，也对生态立法、资源立法的进步起到了推进作用，关于职业病鉴定、工伤保险、环境保护、土地管理等法律法规逐步完善并科学化。特别是随着党中央"房住不炒"的准确定位、"三大攻坚战"的有力推进、"碳中和、碳达峰"的郑重承诺等一系列行之有效战略决策的实施，这种无益劳动得到了根本好转。

第三种抗争是在计划经济时代与无效或低效劳动的抗争。这种抗争最显性的表现就是人民公社时期的"大锅饭"现象。1967 年我国人均实际 GDP 仅为 169.71 元，到 1979 年，增长为 299.73 元，13 年只增长 130 元，年均增长 10 元；1967 年，农村居民年人均可支配收入仅为 113 元，到 1979 年增长为 160.17 元，13 年增长不足 40 元，年均增长 3 元左右。尽管历史已经过去，但并不意味着无效劳动在今天就已经完全消失，计划经济沿袭下来的习惯性思维遗患仍然存在。行政化领导、指挥造就的形象工程、政绩工程屡禁不止，劳民伤财引发一些群众不满；项目落地需要层层审批，甚至一两年都批不下来。前几年有报道称，某省一家企业在办理审批过程中，就经历了跑 33 个部门、出 147 个文件、盖 205 个公章的遭遇。有些地方的行业主管部门不研究市场，行政乱指导，一哄而上抓项目，造成群众劳动成果"打水漂"。近年来，"蔬菜灾""水果灾"频繁发生，贵州火龙果滞销被农民倾倒而染红河水的事情并不鲜见。异化的无效劳动不仅无益于产业发展，还损害政府公信。自 2013 年开始，党中央、国务院先后出台 100 多个文件推进政府职能转变和"放管服"改革，落实简政放权，推行权力清单，清理规范的国务院部门行政审批中介服务事项达 323 项，取消的中央制定地方实施的行政审批事项达 283 项。这些举措都是对无效劳动的制度性宣战。

第四种抗争是在信息化（人工智能）背景下与无处劳动的抗争。所谓无处劳动，直接表现就是"机器换人"，使劳动者找不到就业岗位。无论是以色列历史学家赫拉利所预言的人工智能将催生一个新的"无用阶级"的诞生，还是我国台湾商人李开复预测的"未来 90％的工作将被人工智能取代"，所指都是信息化社会和人工智能时代对就业市场的冲击。虽然目前人工智能对就业的冲击还没有达到上述预言的程度，但有些征兆已初现端倪，电子商务让大量实体商店倒闭、视频监控取代保安巡逻乃至"无人商店"的诞生等，都预示着"机器换人"已经由可能变为现实，并且不是任何人为力量就能轻易阻挡的浪潮。但是，信息化从来都是一把"双刃剑"，从宏观层面把握好信息化推进的"度"是关键。在目前农村产业发展不平衡、不充分尤其是二三产业发展不充分、城市接纳农民工就业空间也弹性不大的条件下，解决农业转移人口的就业问题事关民生、事关和谐稳定，因此，不宜过快地推进"机器换人"。同时，还要把握好信息化在乡村推进的成龙配套，大量农产品都是鲜活产品，难以长时间储藏或储藏成本高，近年发展起来的农村电子商务对拓展农产品销路起到了很大的推进作用，但由于配套的冷链物流和其他基础设施条件一时还难以跟上，鲜活农产品储存、运输、销售等诸多环节链条时断时续，货畅其流仍然是一大难题。近年来倡导的智慧农业发展同样需要循序渐进，综合考虑成本、收益和配套条件等多方面的因素，不宜超越现实、超越阶段，用力过猛、发展过度超前。大量劳动岗位被机器取代，劳动力无处就业，这不单单是一个经济问题，更是一个严肃的政治问题、复杂的社会问题。

高科技推动人类社会进入跨界、迭代、互渗的高速发展时代，颠覆性变革时刻都在发生，信息化让每个产业、行业乃至个体都必须不断地调整节奏去适应变革，并在不断循环往复的变革与适应中推动社会进步。人类与"四无劳动"的抗争谱写了一部人类社会发展的历史，这种抗争还将长期延续。与"四无劳动"抗争之后，第五个"无"又将以一个什么样的形态出现，这是一个大大的"天问"！但我们坚信，人类的发展一定是能够从生生不息的抗争中去获取动力的。

（本文原载于《中国发展观察》2021 年第 24 期）

中国乡村百年：从"运而不动"到"振而即兴"

20世纪二三十年代，"农村破产即国家破产，农村振兴即民族振兴"的思想潮流一时热浪滚滚，社会精英、乡村士绅乃至政界商圈纷纷投身乡村建设运动，中国大地上掀起了一场轰轰烈烈的"救济农村""复兴农村"的乡建热潮。这场运动逐步由民间转向官方，1933年，河北定县、山东邹平、山东菏泽、江苏江宁、浙江兰溪等宣告成立"县政改革试验县"。据当时南京国民政府实业部统计，到1934年，全国从事乡村建设运动的团体和机构600多个，在各地设立的实验区1 000多处。阎锡山治下的山西更是从横竖两个方面构建村治组织，编织庞大的行政网络治理乡村。但是，百年前的这场运动历经数十年却"运而不动"，最后偃旗息鼓，不仅没能扭转乡村社会萧条衰败的趋势，自身也烟消云散。

历史的车轮走过百年后的今天，党中央提出乡村振兴战略，实施的时间并不长，从2017年10月首次提出到现在不过三年多，即便从为乡村振兴打基础的脱贫攻坚算起，至今也只有八个年头，但是乡村繁荣兴旺的势头已经全面展现，960多万平方公里的土地上，农民的生活正在发生着十个前所未有的巨变。前所未有的衣食无忧，2019年我国人均粮食占有量已达470千克，显著高于世界平均水平，寻常人家已由"一衣多季"到"一季多衣"；前所未有的居有所安，各级投资由点到面推开，农村C类和D类危房已经消除，另有1 000万易地搬迁人口也入住新居；前所未有的劳作轻松，机械化的普及和社会化服务的发达把农民从繁重的体力劳动中彻底解放出来。农耕早已不是"日未出即作，日虽落不息"；前所未有的时间闲暇，调查显示，今天农民农闲时的日平均闲暇时间为476.7分钟；前所未有的无徭无役，农业进入"无税时代"，务农不仅不需要交税，还能享受种粮等各项补贴；前所未有的社会分担，乡村幼儿园已经全面覆盖，学前教育已经成为国家的制度性安排。乡村老人不仅可以领到政府发放的养老金补贴，还有不同档次的养老保险。各类养老机构也在乡村逐步发展；前所未有的医疗统筹，国家建立了新型农村合作医疗制度和大病医疗保险，农民看病难、看病贵问题已经得到很好的缓解，"六普"数据显示人均寿命已达76.1岁；前所未有的隔空面叙，2020年中国网民9.89亿人，互联网普及率已达70.4%。通过视频，一个村庄的人可以随时与远隔万水千山的亲朋好友"面对面"聊天闲谈；前所未有的出行便捷，全国农村标准公路4万多公里，通硬化路的乡镇和建制村分别达99.64%和99.47%，建制村通客车率已达98%。摩托车、电动车在乡村全面普及，小汽车也随处可见。村、乡、县、省一直连接国道的路网体系全面通达。出行只靠两条腿的时代彻底结束；前所未有的城乡两栖，农民进城的枷锁被打开，过去40年至少有3.5亿人从农村转到城市，这是人类历史上和平时期最大的人口迁徙，未必"绝后"但绝对"空前"。他们戴着"农民"与"市民"两顶帽子生活，成为古今中外城市化进程中一道独特风景。这十个前所未有的巨变，在中华民族发展史上树立起一座划时代的丰碑。

乡村振兴能在短时间内"振而即兴"，关键在于做对了四件事情。

一是找对了路子。所谓找对路子，就是首先从"治贫"这一最核心的问题入手，实施脱贫攻坚打硬仗战略。历史上，特别是20世纪二三十年代的学人普遍认为，中国农民问题的核心是"贫弱私愚"四大病。但是，他们在推进乡村建设的实践中，都没有、也无力把"治贫"放在首位。有的从教育着手，如梁漱溟领导的邹平乡村建设实践、晏阳初主持的定县平民教育实践和陶行知创办的晓庄生活教育实践等。有的从组织着手，如阎锡山在山西村政运动中建立的九层官吏制。有的从现代性着手，如卢作孚在四川北碚乡开展的乡村建设实践。在复杂的时代背景下，这些路子都没有走通。今天，我们从脱贫攻坚入手，通过采取一系列具有原创性和独特性的重大举措，组织实施了人类历史上规模空前、力度最大、惠及人口最多的脱贫攻坚战。经过 8 年持续奋斗，脱贫攻坚目标任务如期完成。现行标准下 9 899 万农村贫困人口全部脱贫，832 个贫困县全部摘帽，12.8 万个贫困村全部出列，区域性整体贫困得到解决。贫困人口收入水平显著提高，全部实现"两不愁三保障"。有近 2 000 万贫困群众享受低保和特困救助供养，2 400 多万困难和重度残疾人拿到了生活和护理补贴。有 2 000 多万贫困患者得到分类救治，救助的不仅仅是无法得到救治的病患，而是一个个被救治费用拖垮的家庭。还有 110 多万贫困群众当上护林员，守护绿水青山，换来了金山银山。困扰中华民族几千年的绝对贫困问题得到历史性解决，这场改变中国命运的伟大决战，创造了一个彪炳史册的人间奇迹。

二是找准了动力。利用举国体制，上下同心，尽锐出战，动员一切可以动员的资源和力量，凝聚成改变贫困面貌的合力。首先从实践中探索形成了纵横交织的扶贫政策体系，纵向贯穿从中央到省市县乡村，横向则囊括不同主管部门的资金体系、交通设施体系、教育体系、卫生体系、民政体系、责任体系、干部体系、动员体系、监督体系、考核体系等。其次在政策网络支撑下形成了层层压力传导的领导责任制，事业单位、社区组织、合作社、第三方机构和企业主体等不同利益主体积极参与和东西部协作推进的扶贫工作格局。从而得以动员一切可利用的人、财、物，有效解决了贫困地区的需求，实现减贫效应的最大化。再者就是五级书记一起抓，通过举国体制，形成"一把手工程""一盘棋格局"，上下左右，勠力同心，集中力量办大事。改革开放以来，没有哪项政策的实行像脱贫攻坚这样有力度有实效。2020 年 6 月公布的《中华人民共和国乡村振兴促进法（草案）》第九条要求，"国家建立健全中央统筹、省负总责、市县乡抓落实，五级书记抓乡村振兴的工作机制。"就是看到这一制度的空前奇效，对这一制度的延续推广。

三是找对了方法。这个方法就是"精准"。"五个一批""六个精准"是脱贫攻坚的方法论原则，也是克服农村工作中长期形成的"大水漫灌一刀切"和"头痛医头脚痛医脚"弊端的良方妙药。数字化生存把人类带入"精准时代",大到宏观世界的指天问地,小到微观世界的解构毫厘,无不以"精准"为圭臬。"精准"二字贯穿了脱贫攻坚的全过程,彰显追求发展质量、效益和投入产出比的经营管理理念。精准识别扶贫对象是头道工序,这是脱贫攻坚的基础,扶贫对象识别是否精准,直接决定扶贫成效。在实践中,各地依照《建立精准扶贫工作机制实施方案》探索出各种精准识别模式,比如河南省新乡县由村民代表走访农户,了解每户人家的基本情况、贫困程度及贫困原因,搜集意见整理后作为提案交给村"两委"议定。由村民代表走访调研,能够了解贫困户的真实情况,防止出现"漏评""误评",有效保证了扶贫对象的精准识别。在"怎么扶"的问题上,300多万驻村扶贫干部针对特定扶贫对象制订"一户一法、一村一策"的精准帮扶措施,不仅包括方式、方法的"既准又精",还包括思想、体制、机制、组织的"既准又精",收到了事半功倍的效果。脱贫攻坚战之所以短时间内取得如此成绩,很大程度上要归功于这种因地因人因事采取不同办法的"精准"方法论。

四是找准了时机。新中国成立初期,在政治孤立、经济封锁、军事威胁的国际形势以及国内百废待举的情境下,为实现从落后农业国向现代化工业强国的转变,中国优先发展工业,以农养城,以农养工,在短短七十多年时间里走完了发达国家几百年的工业发展之路,建立起最完备的现代化工业体系。2019年联合国调查报告显示,中国是世界上唯一拥有41个工业大类、207个工业中类、666个工业小类联合国产业分类中所列全部工业门类的国家。改革开放初期,"小城镇-农民"的发展新格局,打破了原先"乡村-农民"和"城市-市民"的二维框架,"离土不离乡"与"离土又离乡"的发展路径在促进乡村振兴上发挥了重要作用。但当时农业支持工业、农村支持城市的性质依然没有出现质的改观,城市和工业反哺农业农村的能力还较有限。经过改革开放以来特别是近些年的发展,中国的方方面面都发生了巨大而深刻的变化。2 000多年以来以农养城、以农养国、以农养政的历史已经于2006年全部终结,全面进入以工养政、以商养政时代。以工促农、以城带乡的条件已经具备，时机已经成熟，乡村振兴恰逢其时。

从"运而不动"到"振而即兴"，百年沧桑，一朝巨变。有和无、多与少、生存与发展、经济基础与上层建筑，这些本该由哲学家诠释的复杂问题，在这里被中国乡村一个个巨变的实例做了生动的回答。选准路径、强化动力、用好方法、抓住时机，建设乡村，乘势而为，中国乡村"风正一帆悬"，乘风破浪正当时。

（本文原载于《中国发展观察》2021 年第 7 期）